国家出版基金项目
NATIONAL PUBLICATION FOUNDATION

馮其庸文集

卷十五

曹雪芹家世新考 下

青島出版社

圖書在版編目（CIP）數據

馮其庸文集．第15卷，曹雪芹家世新考．下／馮其庸著．
—青島：青島出版社，2012.12
ISBN 978-7-5436-8990-9

Ⅰ．①馮…　Ⅱ．①馮…　Ⅲ．①馮其庸—文集
②曹雪芹—家族—研究—文集　Ⅳ．①C53　②K820.9-53

中國版本圖書館CIP數據核字（2012）第290939號

責任編輯　劉　詠　董建國
責任校對　張書才　任曉輝　趙　旭　孫熙春　高海英

曹雪芹家世新考

寬堂

第十章　關於《豐潤縣志》

上面我們詳細介紹了光緒三十四年重修的《浭陽曹氏族譜》以及此譜從始修到光緒三十四年第九次重修的情況，並且重繪了豐潤一支的世系圖。從這部比較詳而確的《浭陽曹氏族譜》來看，我們指出此譜並沒有反映出曹振彥、曹璽、曹寅一支的上祖是從浭陽分出去的遷到鐵嶺的曹端廣的後人。特別是此譜於康熙九年第六次重修時，監修人是曹鼎望，他恰好就是與曹璽、曹寅一家有很深的交往的人。如果說曹寅一支確是曹鼎望心目中念念不忘的分到鐵嶺去的『遼陽一籍』，那末他是不應該在監修此譜時，在這部族譜內排除這眼前的鐵嶺曹家後人的。這一道理，實際上已經是没有什麽可懷疑的了。但是為了把問題徹底弄清楚，我們姑且假定當時曹鼎望因為鐵嶺後人家族繁衍，光有曹錫遠、曹振彥、曹璽、曹寅這一支，對『遼陽一籍』還不能脉絡分明地一一入譜，因而當時并没有修入。這個理由我們儘管認為不能成立，但是我們仍把它當作一個『理由』提出來。

為了徹底弄清問題，也就是為了證實上述這一條『理由』的不能成立，我們又查閱了有關豐潤的地方志。

我們主要查閱了以下兩種《豐潤縣志》：

一、明隆慶《豐潤縣志》

此書為明隆慶四年刻本，共十三卷。王納言、石邦政纂修。前有：『隆慶四年歲次庚午九月朔日賜進士出身大中大夫山西布政使司右參政奉敕整飭荆州等處兵備益都月川楊錦撰』寫的《重修豐潤縣志叙》，以及『隆慶庚午初夏□望，賜進士出身前奉命提督事務撫治湖廣鄖陽等處地方都察院右副都御史邑人石嶠』寫的《叙豐潤縣志》。

此志目録計有：圖經、事紀、地理、建置、學校、食貨、官師、仕笈、宦迹、人物、兵制、雜識、藝文等十三目，每目各為一卷。

在第八卷『仕笈』欄内有：

成化，曹安，利濟屯人，應二年貢，授衢州府經歷。

按：這個曹安，見《浭陽曹氏族譜》第六世（參見前《浭陽曹氏族譜世系圖》）為第五世曹英之子，第四世曹端明之孫，也就是曹氏從江西武陽渡遷居豐潤以後的第三代。《浭陽曹氏族譜》上說：『安，字□□，行一，歲貢，任浙江衢州府經歷。配某氏，子一：達。』這裏縣志的記載與《洴陽曹氏族譜》的記載是完全一致的。

在同卷『雜科』欄下有：

曹宗禮，陝西西安府灞橋遞運所大使。

按： 這個曹宗禮，也是《洴陽曹氏族譜》上的人物，屬第八世，是第七世曹達之子，《洴陽曹氏族譜》說：『宗禮，字□□，行一，貢生，任遞運所大使，配傅氏，子一：思敬。』這裏縣志的記載與《洴陽曹氏族譜》的記載又是一致的。

在同卷『例貢』欄下，有：

曹思敬，號臨泉，咸寧屯人。治易。□廣湖長沙□□□縣主簿。

按： 這個曹思敬，就是上述曹宗禮的兒子，屬第九世。《洴陽曹氏族譜》上說：『思敬，字□□，行一，貢生，任主簿。配趙氏，子二：登瀛、登均。』這裏，縣志的記載與《浭陽曹氏族譜》上的記載也是一致的。我們在這部明隆慶《豐潤縣志》裏查到的就是以上三個人，這三個人，恰好就是豐潤譜上的第六世、第八世和第九世。這樣又進一步證實了這部光緒三十四年纂修的《浭陽曹氏族譜》的可信性。

二、清康熙三十一年羅景泐、曹鼎望等修《豐潤縣志》

因為這部縣志的修撰者之一是曹鼎望，時間是在康熙三十一年，這時曹璽已死，曹寅正兼任蘇州和江寧兩處織造，這時曹家的地位，比起康熙九年曹鼎望監修《浭陽曹氏族譜》的時代，是更為煊赫了，而且在此以前曹寅早已與曹鼎望一家有交往，這在曹寅的詩集裏記載很多，毋需徵引。尤其是那個曹寅曾以『恭承骨肉惠，永奉筆墨歡』的詩句奉贈的『沖谷四兄』是參與這部縣志的『訂正』工作的人，並且其中的大批編撰人員都是上面《浭陽曹氏族譜世系表》裏面的人物，其中可能還有一些人是與曹寅有過從的，至少是熟知曹寅其人的。為了讀者對這部縣志的編撰情況瞭解得更全面些，我們把此譜的有關部分介紹如下：

敘文一：康熙三十一年壬申歲孟冬之吉，文林郎知豐潤縣古廬陵羅景泐亦潭甫撰。

敘文二：《重修縣志序》，壬申仲秋之吉，邑人曹鼎望撰。

縣志總論：曹鼎望撰。

縣志目録：輿地志　風土志　建置志　賦役志　祀祠志　官師志　人物志　藝文志。

重修縣志姓氏：

文林郎知豐潤縣事盧陵羅景泐亦潭甫鑒定。

邑人進士鳳翔府知府前翰林院庶吉士曹鼎望澹齋甫纂輯。（共十人，餘不録）

評論：共三十一人，其中有曹牧、曹元（子瞻）貢監。

訂正：共三十人，其中有曹錦、曹鑛、曹鏕、曹錚、曹鏜、曹重輝、曹釆、曹鏻、曹鍠、曹鋡（沖谷、貢監）。

採輯：共十七人，其中有曹德望、曹重、曹鏕、曹鈐、曹司弼。

賦役志・田賦：除曹義退回大城地壹頃肆拾壹畝肆釐伍毫。（康熙二十四年）

人物志・鄉賢論：明，共七人，最後一人為曹繼參。（見前世系表，是曹鋡、曹鈖的從祖父）

人物志・文科論：明代共十四人，清代第四人即是曹鼎望。

舉人：曹牧。

武略：曹義。豐潤伯，南直儀真人，天順元年以戰功封，世襲。

按：這個曹義，也就是本書前面考證的豐潤伯曹義，縣志也明確標明他是南直隸儀真人。

曹霖

歲貢：明，曹安。應成化二年貢，任衢州府經歷。

國朝歲貢：曹重輝、曹采、曹鏕、曹錦、曹鑌、曹錚、曹鎧。

明拔貢：曹士直，號和石，長河縣縣丞，補安丘縣縣丞，陞鰲山衛經歷，有傳。曹繼參。(見鄉賢，有傳贊，略)

國朝拔貢：曹恩光、曹斗望、曹雲望。

國朝例貢：曹民望、曹人望、曹鏻、曹釗、曹鈖、曹錕、曹鉻、曹鍠、曹德望、曹司弼、曹鈐。

國朝旗下貢監：

曹邦，號柱清，滿洲籍。癸巳特用由吏部考功司他赤哈哈番陞户部尼堪啓心郎特用。

曹元，字子瞻，任静海縣知縣候補。

曹重，字子鄭，候補八品筆帖式哈番。

曹庶，字子餘，候補八品筆帖式哈番。

曹秉政，字坦公，候補八品筆帖式哈番。

曹玉文，國子監監生。

曹秉權，國子監監生。

貤封論・國朝：

曹登瀛，以孫邦貴，贈通議大夫。

曹士淳，以子邦貴，贈通議大夫。

曹繼參，贈中憲大夫。

曹繼祖，以子鼎望貴，封徵仕郎，再封中憲大夫。

曹邦彥，以子森貴，贈武德將軍。

隱逸：曹釗、曹鈖。（以上均有傳，不録）

藝文志：在《藝文志》中，收録了曹鼎望的文章共十五篇，羅景泐的文章共四篇，這四篇文章是：《曹太守傳》，這是寫曹首望的；《曹沛霖先生傳》，這是寫曹雲望的；《曹澹齋先生傳》，這是寫曹鼎望的；《曹氏三先生傳》，這是寫曹民望、曹斗望、曹人望的。另外《藝文志》中還録有曹釗、曹鈖、曹鼎望等人的詩數十首。

以上就是這部康熙三十一年修的《豐潤縣志》的大概。

另外，我還查閲了乾隆二十年吳慎修撰的《豐潤縣志》和光緒十七年郝增祐修撰的《豐潤縣志》，這兩種《豐潤縣志》同樣都沒有提到有關曹錫遠、曹振彥、曹璽、曹寅的任何一點材料。

三、康熙曹鼎望等修《豐潤縣志》所説明的問題

我認為特别能够説明問題的是這部康熙三十一年由曹鼎望監修，由曹沖谷『訂正』的《豐潤縣志》。在這部《豐潤縣志》裏，隻字不提曹寅一家，這確是值得我們深思的。

如果説上述《涇陽曹氏族譜》重修的時候，因為對『遼陽一籍』僅僅知道曹錫遠、曹振彦、曹璽、曹寅這一支，其餘分支都不清楚，因而『闕焉未修』成為『憾事』的話，那末現在重修《豐潤縣志》就没有這樣的問題了，因為一般修縣志時，只要與本縣有關的尤其是知名人士，總是會編修入縣志的，它不像修族譜那樣要上下左右的世系都很清楚，脉絡分明（實際上是有些族譜，殘缺很多，也照樣修撰的，《五慶堂譜》就是一例）。例如就在這部曹鼎望監修的《豐潤縣志》裏，連揚州儀真人曹義也被編入這部縣志，是因為他被封為『豐潤伯』。再有一例，就是原豐潤籍，於崇禎二年出關的曹邦一支，縣志裏全部列入了。曹邦所以被編入縣志，是因為他確是豐潤籍分出去的。既然揚州的曹義可以編入縣志，既然由豐潤分出去的曹邦也可以編入縣志，那末，現任内務府江寧織造的曹寅以及他的一家，如果説他的祖籍確是『豐潤』的話，為什麽不能編入縣志呢？難道他的聲望、地位還不够格嗎？須知這時正是曹家鼎盛的時候，曹寅當時是頗負時名的，特别是這些撰志者和『訂正』者都是與曹寅有深交的，至少他們決不會不知道曹寅其人，何況他與曹沖谷還一直有詩歌唱和之雅，對於這樣的一支曹家，在縣志裏隻字不提，是完全没有理由的。當然，實際上理由是有的，那就是

他的祖籍確實不是豐潤，他確實不是曹端廣的後代，因之他們無法把他們編修入譜，也無法把他編修入縣志。除此以外，實在没有任何别的理由了。

這裏，我們還要進一步解決曹寅《楝亭詩鈔》裏有關曹鈖（沖谷）、曹鈖的詩裏所反映的曹寅與他們之間的關係問題。也就是説，從曹寅詩裏對曹鈖、曹鈖的稱呼來看，他們的關係究竟是同宗兄弟的關係呢？還是屬於一般的同姓聯宗？因為周汝昌同志論證曹寅的祖籍是豐潤的主要依據是《楝亭詩鈔》裏的這些詩，如果不確切地解釋這些詩裏的那些稱呼所反映的實質問題，那末對曹寅一家究竟是否是豐潤籍的問題也就還留有疑問，也就没有做到完全徹底地解決問題。

查曹寅《楝亭詩鈔》包括《别集》裏涉及曹鈖、曹鈖的共有六題二十二首，計《楝亭詩鈔》卷一：《沖谷四兄寄詩索擁臂圖并嘉予學天竺書》二首；卷二：《松茨四兄遠過西池，用少陵『可惜歡娱地，都非少壯時』十字為韻，感今悲昔，成詩十首》；卷四：《西軒賦送南村還京兼懷安侯姊丈、沖谷四兄，時安侯同選三首。《楝亭詩鈔别集》卷二：《賓及二兄招飲時值宿未赴，悵然踏月口占兼示子猷》二首、《沖谷四兄歸洱陽予從獵湯泉同行不相見，十三日禁中見月感賦兼呈二兄》一首、《病中沖谷四兄寄詩相慰信筆奉答兼感兩亡兄》四首。又《楝亭文鈔》内《東皋草堂記》一篇也與曹氏兄弟有關。以上就是《楝亭詩鈔》、《文鈔》裏涉及曹鈖、曹鈖的有關詩文的篇目，當然在同一詩題下，有的詩並不都與他們有關，因此實際有關的詩，並不足二十二首。

為了認真地弄清問題，我們這裏需要較多地完整地引用周汝昌在《紅樓夢新證》裏對以上這些詩裏的一些帶有關鍵性的字眼的解釋，然後再展開商討。《紅樓夢新證》第三章第一節《豐潤縣人》說：

守常先生豐潤說，結論下得太快了。原文說：『余既交沖谷，知為豐潤人。』可見這只指曹鈐；如果是指曹寅亦為豐潤人，那麽上文早說過『曹子茘軒，與余為忘年交』，何待於交了曹鈐之後纔知道他是豐潤人呢？至於尤侗稱二人為『兄弟』，則可能是『同姓聯宗』，清代官場之習氣。是否即為血統弟兄，也難作為確證。

現在我要替守常先生找一點證據，證明這個説法，不無道理。《楝亭詩鈔》很有幾首關於沖谷的詩。《別集》卷二葉一『沖谷四兄歸涇陽，予從獵湯泉，同行不相見；十三日禁中見月，感賦，兼呈二兄』，有句云：『夢隔寒雲數斷鴻』，明以雁行喻兄弟。『二兄』指曹鈐的哥哥曹鈖，鈖字賓及，同卷同頁另一詩題即曰『賓及二兄招飲……兼示子猷』，內有『骨肉應何似，歡呼自不支……卻笑今宵夢，先輸春草池』的話。《詩鈔》卷二葉十七又有一詩，題曰『松茨四兄，遠過西池，用少陵「可惜歡娛地，都非少壯時」十字為韻，感今悲昔，成詩十首』。第二首說：『況從丱角遊，弄茲蓮葉碧。』第三首說：『恭承骨肉惠，永奉筆墨歡。』第五首說：『念我同胞生，旃裘擁戈寐。』這是兼憶子猷從軍的話。（《別集》卷三頁七《聞二弟從軍卻寄》一詩，可證）第九首則說：『伯氏值數奇，形骸恒放蕩。仲氏獨賢勞，萬事每用壯。平生盛涕淚，《蒿裏》幾淒愴。勖哉加餐飯，門户慎屏障。』又卷四有《兼懷沖谷四兄》一詩，云『涇水不可釣，松茨聞欲荒。春風苦楝樹，夜雨讀書床。骨肉論文少，公私拂紙忙』。試看『丱角』、『骨肉』、『伯氏』、『仲氏』、『夜雨床』等，無一不是兄弟行的字眼；口氣的懇摯，更不能說是泛泛的交誼。最可注意的是第三首兩句。閻若璩這位大師在《潛邱札記》卷六，有一首《贈曹子猷》的詩，首二句說：『骨肉誰兼筆墨歡，羨君兄弟信小難。』在第一句下便注道：『令兄子清纖造有「恭惟骨肉愛，永奉筆墨歡」之句。』由此可證，被引用的兩句，總不會是本有他解而被我們誤認作指兄弟的。如此，則曹寅和曹鋡確有着『骨肉』的關係，白『丱角』為童時，便在一起『弄蓮葉』，長大時『夜雨』連『床』而『讀書』，這絕不是什麽『同姓聯宗』了。

尤侗的《松茨詩稿序》，除了『乃兄沖谷』『信乎兄弟擅場』兩語外，在篇末還有一句話，說：『予既承命為序，而即以此送之；并寄語荔軒曰：君詩佳矣——盍亦避阿奴火攻乎？』阿奴火攻，本是周嵩的故事。《晉書》卷六十九《周顗傳》上說（亦見《世說》卷中之上雅量門周仲智條）：『顗性寬裕，而友愛過人。弟嵩嘗因酒瞋目謂顗曰：君才不及弟，何乃横得重名，以所燃蠟燭投之。顗神色無忤，徐曰：阿奴火攻，固出下策耳。』『阿奴』是晉人呼弟弟的口語，這也是兄弟間的典故，尤西堂引用，足見『乃兄』『乃弟』等語皆非泛詞了。

上面所引的文字，概括起來，大致是這樣三點意見：一、曹寅詩裏對曹鈖、曹鋡所用的『「丱角」、「骨肉」、「伯氏」、「仲氏」、「夜雨床」等等，無一不是兄弟行的字眼』。二、閻若璩贈曹子猷的詩裏用了曹寅《松茨四兄遠過西池……》詩裏贈曹沖谷（鋡）的『恭惟（按：原句作『承』）骨肉愛（按：原句作『惠』），永奉筆墨歡』的詩意來轉贈曹子猷（宣），這進一步證明了曹寅贈曹鋡、曹鈖的詩裏的『骨肉』這個詞，確是指兄弟，不能有別的解釋。三、尤侗在《松茨詩稿序》裏用了『阿奴火攻』這個典故來形容曹寅與曹沖谷的關係。以上三點，如果合併起來，實質上也就是一個意思：就是説曹寅贈曹鈖、曹鋡詩裏所用的『丱角』、『骨肉』等等的字眼，都是指兄弟關係，因此，曹寅與曹鈖、曹鋡的關係，是同宗的血統兄弟關係而不是同姓聯宗的關係。因之曹寅的祖籍，最早應是豐潤。

這裏我們首先對周汝昌論證這個問題的方法提出一些不同的意見。我們認為論證曹寅與曹鈖、曹鋡的關係是同宗的血統兄弟還是同姓聯宗，關鍵不在於他們互相之間用了什麼樣的字眼來稱呼對方，我們不能光從這些字眼來尋求和論證他們之間的關係的性質，相反我們卻應該努力弄清他們的真正的關係，從他們的真正的社會關係來論證分析這些字眼的實際含義。因為上述這一大串字眼，除了『丱角』一詞並不是用來專用指兄弟關係以外，其餘的一些詞，確實都是用來指兄弟關係的，這是常識範圍內的事，用不着加以論證的。但是，反過來我們卻決不能把古典詩詞裏凡是用了上述這類字眼的，都一律看作是同宗的血統關係。如前所論，我們查核了康熙九年由曹鼎望、曹首望監修的《浭陽曹氏族譜》，曹鼎望卻沒有把稱自己的兒子為『骨肉』（指稱曹鋡）的曹寅編修入自己的族譜。假如曹寅與曹鋡真是同宗的親骨肉，則曹鼎望把曹寅摒於譜外，不予入譜，那這是關係封建宗法的一樁大事了，憑當時的封建宗法制度，憑曹寅當時的地位，這件事能這樣風平浪靜嗎？同樣，我們又查核了康熙三十一年由曹鼎望參與纂修由曹鋡（沖谷）參與訂正的《豐潤縣志》，在這部《豐潤縣志》裏，又隻字不提曹寅這一家，這樣兩部反映浭陽曹氏的宗法關係和籍屬關係的書，又是被曹寅稱之為『骨肉』

的人參加編修的，卻把曹寅一家置之於族譜和縣志之外，這一事實，難道不能啓發我們反過來思考一下曹寅對曹沖谷所用的『骨肉』、『四兄』之類的字眼的實際含義究竟是什麽嗎？在上述這樣的事實面前，如果繼續堅持認為曹寅與曹鈖、曹鋡是同宗的血統兄弟關係的論點，難道不感到有點强辭奪理嗎？

其次，我們再來具體地看一看曹寅所用的『骨肉』的字眼。在《楝亭詩鈔》裏，首次對曹鋡用到『骨肉』兩字的是卷二《松茨四兄遠過西池……》十首裏的第三首，原句是『恭承骨肉惠，永奉筆墨歡』。這首詩的首句是：『閑居詠《停雲》。』這裏的《停雲》顯然是指陶淵明的《停雲》詩，陶氏此詩的小叙説：『停雲，思親友也。』那末曹寅在這首詩的開頭表明了『思親友』而此詩的末尾就是『恭承』云云兩句。我認為這末兩句是值得分析的，如果説曹寅與曹沖谷確是同宗血統關係，那末這種關係的由來，決不是因為『恭承』『沖谷四兄』的『惠』，而是繼承他們祖宗的血統關係。如果一定要説『恭承』『惠』的話，那也只能是他們共同受他們上祖的『惠』。現在詩句卻對沖谷説『恭承骨肉惠』，用白話來説就是：承蒙你把我當骨肉一樣看待的恩惠。是同宗的血統兄弟就是同宗的血統兄弟，根本不存在『恭承』『惠』的問題，這『骨肉』的關係，並不是可以『惠』的東西，既説『恭承骨肉惠』，則恰好表明了他們原來不是『骨肉』，不是同宗的血統兄弟，不過因為關係特别好，特别親密，又是同姓，因此説承你把我當作『骨肉』兄弟看待。何況此詩一開頭就表明了是『閑居詠《停雲》』，是『思親友』的詩，那末這『恭承』兩句的意思不是更清楚了嗎？再看此題第五首詩的『念我同胞生，旃裘擁戈寐』。周汝昌説：『這是兼憶子猷從軍的話。』（《别集》卷三頁七《聞二弟從軍卻寄》一詩，可證）我們認為這兩句確是指曹子猷即曹宣的，可是把這兩句與『恭承』兩句作一比較，問題不是就很清楚了嗎？一個是『恭承骨肉惠』，説得很客氣，一個是『念我同胞生』，説得很實在，這兩者不同的語氣和不同的關係不是表明得清清楚楚嗎？

至於閻若璩曾用『恭承』兩句的意思概括成『骨肉誰兼筆墨歡，羨君兄弟信才難』，用以贈送曹子猷，並注明『令兄子清織造有「恭惟骨肉愛，永奉筆墨歡」之句』。表明了他自己贈曹子猷詩首兩句的出處，兼寓借曹寅贈曹沖谷的詩意，另著詩句轉贈子猷之意。曹寅與曹宣（子猷）確是同胞骨肉，閻若璩的詩反映的確是實在的客觀實際，但是難道能因為閻若璩稱曹寅、曹宣兄弟為『骨肉』，而且這個『骨肉』確是『同胞生』的『骨肉』，因而就可以證明曹寅稱曹鈖為『骨肉』的這個『骨肉』也確是『同宗』的『骨肉』嗎？這後者怎麼可以成為前者的證據呢？至於説無論曹寅也無論閻若璩所用的『骨肉』兩字的本意，確是指『兄弟』，這個詞義的本身，我們認為是不待費事論證的。問題是分析事物，要分析事物本身客觀存在的本質，不能光憑某些詞的本義就確定事物的本質，我們的研究任務是要通過對大量的歷史文獻的調查分析來確定某些表明曹寅與曹沖谷關係的字眼的實際含義，而不是根據這些詩詞裏用的字眼來論證確定曹寅與曹沖谷的關係，這樣的論證是本末倒置，是形而上學，是『就詞論事』，而不是『就事論詞』，因此這樣的論證也就只能停留在詞句的表面上，而不能抓住事物的本質。至於尤侗所用的『阿奴火攻』一詞，其道理也同樣如此，無須再加分析。

另外，曹寅與曹鈖、曹鋡之間的關係，確是比較親密的，這一點，周汝昌的分析是符合實際的，儘管在他的這樣一部專門考證曹家家世的《紅樓夢新證》裏，并未考出曹寅與曹鋡兄弟什麼時候曾經『況從丱角遊，弄兹蓮葉碧』，什麼時候曾經『夜雨連床』，但這並不妨礙我們判斷曹寅與曹鈖、曹鋡的極為密切的關係。然而，這些判斷也只能讓我們認識到他們的交往確是很深而已，它絲毫也不能幫助我們作出曹家上世原是豐潤籍的結論來。

至此，我們對曹寅一家上世的祖籍應該是可以作出結論了。

我們認為：一、曹雪芹上世的『入遼之始祖』是曹俊，他及他的後人曾經先後居過遼陽、瀋陽等地，金州則可能是曹俊入遼時最早的一個地點。二、曹雪芹上祖的籍貫，肯定不是河北豐潤縣，而是遼東的遼陽和瀋陽。因之他們是遼東曹而不是豐潤曹。當時（明代）遼東曹氏的來源，決不只是河北豐潤一處。三、曹雪芹一家，確實屬於遼東曹氏宗譜上的第四房，康熙抄本《甘氏家譜》和抄本《遼東曹氏宗譜》兩方面的密合無間，確切地證實了這個問題。四、至於曹俊其人究竟原籍何處，則是懸而未決的問題，但譜文上寫明他是『入遼之始祖』，而且先是『守御金州，後調瀋陽』，因之他就不可能是由豐潤遷到鐵嶺去的曹端廣的後人。因為如是曹端廣的後人，則『入遼之始祖』就應該是曹端廣而不應是曹俊，而且曹端廣流離到鐵嶺後也很難設想就一朝發迹變泰，第二代（假定）就當官守御金州。由此可見，雖然曹俊的出處尚是懸案，但把他與鐵嶺的曹端廣因而也就與豐潤的曹端明聯繫起來的可能性看來是不存在的。五、曹雪芹的上祖（包括他的上世的族祖），是明代遼東的軍官，瀋陽指揮使是他上世的世職，曹雪芹的直系上祖，是在曹錫遠、曹振彥的這兩代歸附後金的，很可能當時直接歸附後金的是曹振彥，曹錫遠或已年老故未見著録。他們最初是屬佟養性部下的烏真超哈即紅衣大炮的部隊，是漢軍旗，大約在天聰六年（明崇禎五年，一六三二年）佟養性死後轉到多爾袞屬下成為滿洲鑲白旗的。即崇德末年或順治初年，多爾袞與多鐸互換旗纛，多爾袞為正白旗，曹振彥一家也就隨之變為正白旗。

以上幾點，也是我們對《遼東曹氏宗譜》（後來到同治年間稱《五慶堂曹氏宗譜》）初步研究的結論。

一九七八年七月十一日清晨七時寫畢於瓜飯樓

一九七八年七月二十六日清晨雨窗重校一過

第十一章　關於曹雪芹

一、曹雪芹與《遼東曹氏宗譜》的關係

五慶堂重修的《遼東曹氏宗譜》，無論是正本或副本，在第四房的十四世，都只是曹天佑而無曹雪芹，在『另譜』的世系表上，曹璽、曹鼎、曹寅以下的人一個也没有，更不用説曹天佑和曹雪芹了。那末，這一現象能否説明這部《遼東曹氏宗譜》與曹雪芹無關，能否把曹雪芹與遼東曹氏分開來呢？我們認為決不可能，其理由如次：

（一）《五慶堂重修曹氏宗譜》的真正的始祖不是曹良臣而是曹俊，這一點我們在本書的第三章裏已經考

證清楚了。據《五慶堂譜》，曹俊有五個兒子：昇、仁、禮、智、信。這部曹氏宗譜就是三房『禮』房的後代修的，所以三房人口特詳。我們在三房第十世的曹權中名下，得知他有一個女兒嫁給甘文焜的堂兄甘體垣，我們又在康熙抄本《甘氏家譜》上，查到甘體垣確是娶瀋陽指揮使曹全中女，而曹寅在《過甘園》詩裏，不僅悼念了忠果公甘文焜，而且還稱甘文焜的兒子甘國基字鴻舒為表兄，這樣就確切地證明了《五慶堂譜》上的四房確是與三房同宗，四房『智』與三房『禮』是親兄弟，四房『智』決不是從別譜竄入的。

（二）無論在《五慶堂譜》的正本或副本上，也無論在『另譜』的世系表上，曹雪芹的上祖曹錫遠、曹振彥、曹璽、曹爾正、曹寅、曹宣、曹頫等等，都是在四房『智』以下的，因此曹錫遠、曹振彥以下的這些人，都是『智』房的後代，這一點也是毫無疑問的。

（三）曹寅只有一個兒子叫曹顒，在曹寅死後不久也就死了，死時其妻有孕。在曹顒去世後，康熙命曹宣的第四子曹頫過繼給曹寅並任江寧織造。起先大家認為曹雪芹就是馬氏所生的遺腹子，也就是曹顒的後代。但是《五慶堂譜》明載：『十三世。顒（正本顒字缺末筆，作『顒』），寅長子，內務府郎中，督理江寧織造。誥授中憲大夫，生子天佑。』在『十四世』下載：『天佑，顒子，官州同。』這樣，曹天佑是曹顒的遺腹子這一點就確定無疑了，因而也就排除了曹雪芹是馬氏遺腹子之說。

（四）曹雪芹的血統關係，在乾隆時期及稍後的一些著作裏，確是有很多矛盾的。袁枚說曹雪芹是曹寅的兒子，① 西清說曹雪芹是曹寅的曾孫。② 明我齋則籠統地說曹雪芹的『先人為江寧織造』，③ 總之說法很多。但是在許多不同的說法中，曹雪芹的知交宗室詩人敦誠在《寄懷曹雪芹》一詩的注裏說：『雪芹曾隨其先祖寅織造之任。』這句話的重要性是最早指出了曹雪芹是曹寅的孫子，並且指出曹雪芹幼年是在南京江寧織造府裏生活的（西清在《樺葉述聞》裏也有同樣的說法）。這兩點對於研究曹雪芹的血統關係和他的創作都是十分重要的關鍵性的問題。當然敦誠說曹雪芹曾隨先祖曹寅在織造任上，這一點他把時代弄錯了；但這一錯誤也給予我們另一啓發，即曹雪芹在江寧織造署生活的時間是比較接近於曹寅的時代的，曹寅死於康熙五十一年，曹雪芹的生年距離這個年代大概不至太遠（所以我們定他為康熙五十四年）。正因為如此，所以與曹雪芹如此交深的敦誠會誤認為他是隨曹寅在江寧織造任的。如果曹寅的死與雪芹的生相隔真是有十多年的話，像敦誠這樣的人就不大可能產生這種錯誤的印象了。另一條重要材料是庚辰本《石頭記》在五十二回末『祇聽自鳴鐘已敲了四下』句下脂批說：『按四下乃寅正初刻，寅此樣（寫）法，④ 避諱也。』這裏明確指出曹雪芹避『寅』字諱，聯繫上面敦誠指出曹寅是曹雪芹的『先祖』，那末，這兩條材料不是更合拍了嗎？第三條重要材料，是楊

---

① 袁枚《隨園詩話》卷十六說：『雪芹者，曹楝亭織造之嗣君也。』

② 西清《樺葉述聞》說：『雪芹名霑，漢軍也。其曾祖寅，字子清，號楝亭，康熙間名士，累官通政，為織造時，雪芹隨任，故繁華聲色，閲歷者深。』按西清是鄂爾泰之孫，時代約在嘉慶初。

③ 明義《緑煙瑣窗集》抄本，在《題紅樓夢》題下自注云：『曹子雪芹出所撰《紅樓夢》一部，備記風月繁華之盛，蓋其先人為江寧織造府。』。

④ 原批無『寫』字。

鍾義《雪橋詩話》續集卷六説：『雪芹為楝亭通政孫。』這裏説得更為明確。這句話也確實就是這一問題的結論。那末，曹雪芹是曹寅之孫明確了，同時曹雪芹又不是曹顒的遺腹子也明確了，這樣，剩下的就是一種可能性了，即曹雪芹是曹頫的兒子。因為曹頫是過繼給曹寅，而且『自幼蒙故父曹寅帶在江南撫養長大』①的，所以把曹雪芹作為曹頫的兒子，則一切問題都可以得到合理的解釋。當然，從血統方面來説，曹雪芹實際上還是曹宣的嫡孫，而不是曹寅的嫡孫。

既然落實了曹雪芹的血統關係，既然他確是曹宣和曹寅的孫子，那末，儘管這兩部《五慶堂譜》的正本上和副本上都没有曹雪芹，我們也無法把曹雪芹排除在《遼東曹氏宗譜》以外，他毫無疑問地是屬於《遼東曹氏宗譜》上的人物。至於他未能入譜的原因，前文提到曹儀策先生所述的傳聞可以作為參考，這裏無需再加重複了。

二、關於曹雪芹其人

——駁曹雪芹並無其人，是所謂『抄寫勤』三字諧音的謬説

自從《石頭記》以抄本的形式於乾隆十多年開始傳抄以來，對於曹雪芹其人就有種種猜測。如前所論，有的説是曹寅的兒子，有的説是曹寅的曾孫，有的説是漢軍，有的説是内務府旗人，還有的人説他『身胖頭廣而

① 見康熙五十四年七月十六日『江寧織造曹頫復奏家務家産摺』。《關於江寧織造曹家檔案史實》第一三二頁。

色黑，善談吐』。還有人說《紅樓夢》是『江南某孝廉』作的等等。總之，當時就有種種的說法。但是在這許許多多的說法中，有一點是共同的，就是認為曹雪芹是實有其人的，從來沒有人提出過曹雪芹是個子虛烏有的虛構人物（認為是『江南某孝廉』作的或另人作的，不等於說根本沒有曹雪芹這個人）。自從一九二一年胡適考定曹雪芹為曹寅之孫，《紅樓夢》是曹雪芹所作以後，一九二三年魯迅作《中國小說史略》就採用了這個結論，半個世紀以來，還沒有出現過與此根本相反的意見。相反倒是證實這個結論的材料愈來愈多。但是，沒有想到，到一九七二年，臺灣卻出版了一本杜世杰著的《紅樓夢原理》，對曹雪芹其人，提出了大膽否定的說法，認為曹雪芹根本無其人，不過是『抄寫勤』三字的諧韻。此說自有『紅學』以來，還是破天荒第一次的『創說』，不可謂之不新奇，現在摘錄兩節妙論於下：

林語堂在《平心論高鶚》一文，即採否定說，胡適採肯定說。應以否定說為當，先有風月寶鑒，這是非常合乎邏輯之事。按紅學上之風月寶鑒為賈瑞致死之因素，賈瑞本射洪承疇，在明末洪承疇之降清，真是一大新聞。另幾種是太后下嫁，吳三桂借清兵，及世祖削髮為僧事，皆風月大新聞。是文人的著作材料，蓋為遺老所為，遺傳到雪芹手中，雪芹抄寫增刪，勤苦多年始完成《紅樓夢》一書。故依紅學命名法，應名之為抄寫勤（曹雪芹），（着重點原有——庸）故曹雪芹應是一個化名。

……

曹雪芹是誰則不詳知，按紅學上之名詞，多由動詞或形容詞化出，如假語村言叫賈雨村，真事隱

> 叫甄士隱，僥幸的人叫嬌杏，胡來的人就名胡斯來，跑腿子的走狗叫來旺（往），做事公平的人叫平兒，背明的人叫焙茗，通叛的人叫通判，石頭記的事叫《石頭記》，情僧録的事叫《情僧録》。曹雪芹一詞又頗似抄寫勤的諧韻。依程小泉之原序二云：『惟書中記雪岑曹先生删改數過。』曹雪岑是不是曹雪芹，不得而知，是與不是都可證明曹雪芹（岑）衹是一個化名，這位先生目的在取近乎抄寫存的諧韻而已，最初的目的，可能是抄寫存藏，故名抄寫存（曹雪岑），結果披閲十載，增删五次，出現抄寫勤的現象，乃以抄寫勤（曹雪芹）為名。芹岑二字，都可諧韻讀金，拆名後又都出現一個金韻的字——斤今——曹雪芹又題《石頭記》為金陵十二釵，曹雪芹亦可讀抄寫金（金陵十二釵）。第一百廿回説：『原來是敷衍荒唐，不但作者不知，抄者不知，并閲者也不知。』根據上文，則作者與抄者判為二人。曹雪芹諒係抄寫勤的諧韻。（以上見該書第六十二頁）
>
> ……
>
> 曹雪芹既是一個化名，則乾隆年間記載雪芹之事，都是不足恃之資料。（見該書第六十四頁）

這位杜先生的高論確實是『石破天驚』。『曹雪芹既是一個化名，則乾隆年間記載雪芹之事，都是不足恃之資料』。這裏只有簡單的兩句話，一句斷然否定了曹雪芹其人的真實性，另一句斷然推翻了乾隆時代關於曹雪芹的全部歷史記載。這裏的兩個問題實際上還是一個問題，即曹雪芹其人的真實性問題。我們説曹雪芹確有其人，是因為從乾隆時期曹雪芹的朋友和他的同時代人的著作中得到了證實，杜先生想憑空推倒乾隆一代有關曹雪芹的許多記載，徒託空言而欲否定實事，以為杜先生的空言可信，而乾隆一代有關曹雪芹的記載的實事不可信，以為杜先生的空言是真實的，倒是乾隆一代遺留下來有關曹雪芹的記載是不真實的，是虛偽的，這樣的治學方法，確實令人驚奇，而杜先生的欺世之膽量，也確實大得出奇！

這裏我們有必要略舉一些曹雪芹同時代人的記載來請杜先生看看，並請一一作出符合科學的站得住的否定性的結論來，否則杜先生的空言總歸還是空言——本來我們是可以不必引這些東西的，因為當世之治紅學者，有誰沒有看過這些東西而且毫不懷疑這些東西呢？但既然杜先生對此視而不見，那末我們就只能引出來請他看看，並請他作答了。

（一）《四松堂集》這部書，現知有三種版本，最全的是一九二二年胡適買得的此書付刻前的底本。這是一個手抄本，保留了不少刻本未收的詩，並且在詩題下注明了作詩的年代，北京大學藏。其次是刻本《四松堂集》，此本從嘉慶丙辰（嘉慶元年，一七九六年）紀昀的《序》和敦敏寫的《敬亭小傳》來看，可能就是這時刻的。此書最初也是胡適先得到，我於一九五四年也得到了此本，這個本子比起上述底本來詩的數量要少一些。第三種是一九五六年吳恩裕同志得到的《四松堂詩鈔》抄本（一九五七年吳恩裕同志又得到了敦誠的《鷦鷯庵雜詩》抄本，裏面也有關於曹雪芹的詩）。這個抄本（《四松堂詩鈔》），據吳恩裕同志説『只抄到敦誠乾隆四十九年（甲辰）的詩，當時敦誠年五十一歲』，但這個抄本裏，保存着刻本所未收的詩共三十九首。

《四松堂集》和《鷦鷯庵雜詩》的著者敦誠，字敬亭，他是宗室詩人，所以卷一署『宗室敦誠敬亭』。他是清太祖努爾哈赤第十二子英親王阿濟格的五世孫，理事官瑚玐的次子。他們弟兄共五人，敦敏是他的哥哥，也是曹雪芹的好友。保留在上述這些詩集裏的有關曹雪芹的詩，共五題六首：

寄懷曹雪芹霑

少陵昔贈曹將軍。曾曰魏武之子孫。君又無乃將軍後，於今環堵蓬蒿屯。揚州舊夢久已覺，（雪芹曾隨其先祖寅織造之任）且著臨邛犢鼻褌。愛君詩筆有奇氣，直追昌谷披籬樊。當時虎門數晨夕，西窗剪燭風雨昏。接䍦倒著容君傲，高談雄辨（辯）虱手捫。感時思君不相見，薊門落日松亭樽。（時余在喜峰口）勸君莫彈食客鋏，勸君莫叩富兒門。殘杯冷炙有德色，不如著書黃葉村。

佩刀質酒歌

秋曉遇雪芹於槐園，風雨淋涔，朝寒襲袂。時主人未出，雪芹酒渴如狂，余因解佩刀沽酒而飲之。雪芹歡甚，作長歌以謝余，余亦作此答之。

我聞賀鑒湖。不惜金龜擲酒壚。又聞阮遥集，直卸金貂作鯨吸。嗟余本非二子狂。腰間更無黃金珰。秋氣釀寒風雨惡，滿園榆柳飛蒼黃。主人未出童子睡，斝乾瓮澀何可當？相逢況是淳于輩，一石差可温枯腸。身外長物亦何有？鸞刀昨夜磨秋霜。且酤滿眼作軟飽，誰暇齊鬲分低昂。元忠兩褥何妨質，孫濟緼袍須先償。我今此刀空作佩，豈是呂虔遺王祥。欲耕不能買犍犢，殺賊何能臨邊疆。未若一斗復一斗，令此肝肺生角芒。曹子大笑稱快哉。擊石作歌聲琅琅。知君詩膽昔如鐵，堪與刀穎交寒光。我有古劍尚在匣，一條秋水蒼波涼。君才抑塞倘欲拔，不妨斫地歌王郎。

以上見刻本《四松堂集》

贈曹芹圃 即雪芹

滿徑蓬蒿老不華。舉家食粥酒常賒。衡門僻巷愁今雨，廢館頹樓夢舊家。
司業青錢留客醉，步兵白眼向人斜。阿誰買與猪肝食，日望西山餐暮霞。

《四松堂集》付刻底本

挽曹雪芹 甲申

四十年華付杳冥。哀旌一片阿誰銘。孤兒渺漠魂應逐，（前數月伊子殤，因感傷成疾）新婦飄零目豈瞑。
牛鬼遺文悲李賀，鹿車荷鍤葬劉伶。故人惟有青山淚，絮酒生芻上舊坰。

《四松堂集》付刻底本

挽曹雪芹

四十蕭然太瘦生。曉風昨日拂銘旌。腸回故壠孤兒泣，前數月伊子殤，因感傷成疾淚迸荒天寡婦聲。
牛鬼遺文悲李賀，鹿車荷鍤葬劉伶。故人欲有生芻吊，何處招魂賦楚蘅。

開篋猶存冰雪文。故交零落散如雲。三年下第曾憐我，一病無醫竟負君。
鄴下才人應有恨，山陽殘笛不堪聞。他時瘦馬西州路，宿草寒煙對落曛。

《鷦鷯庵雜詩》抄本

除以上數詩外，在《四松堂集》付刻底本和《四松堂詩鈔》裏，還有一首《荇莊過草堂命酒聯句，即檢案頭聞笛集為題，是集乃余追念故人録輯其遺筆而作也》，其中有兩句『詩追李昌谷』、『狂於阮步兵』。在句下都注明是指『曹芹圃』。在刻本《四松堂集》卷四《哭復齋文》裏說：『未知先生與寅圃、雪芹諸子相逢於地下，作如何言笑，可話及僕輩念悼亡友之情否？』在卷三《寄大兄》文中說：『每思及故人，如立翁、復齋、雪芹、寅圃、貽謀、汝猷、益庵、紫樹，不數年間，皆蕩為寒煙冷霧。』在《四松堂集》刻本卷五《鷦鷯庵筆麈》中，作者還說：『余昔為《白香山琵琶行》傳奇一折，諸君題跋，不下幾十家。曹雪芹詩末云：「白傅詩靈應喜甚，定教蠻素鬼排場。」亦新奇可誦。曹平生為詩大類如此，竟坎坷而終。余挽詩有「牛鬼遺文悲李賀，鹿車荷鍤葬劉伶」之句，亦驢鳴吊之意也。』

(二)《懋齋詩鈔》原稿本。此書的著者就是敦誠的哥哥敦敏，字子明。他生於雍正七年，大約死於嘉慶元年或以後。他也是曹雪芹的好友，他家住在北京城内西南角太平湖旁邊的槐園，是雪芹常去的地方。在《懋齋詩鈔》裏，也保留着六首關於曹雪芹的詩：

芹圃曹君霑别來已一載餘矣。偶過明君琳養石軒，隔院聞高談聲，疑是曹君，急就相訪，驚喜意外，因呼酒話舊事，感成長句

可知野鶴在鷄群。隔院驚呼意倍殷。雅識我慚褚太傅，高談君是孟參軍。
秦淮舊夢人猶在，燕市悲歌酒易醺。忽漫相逢頻把袂，年來聚散感浮雲。

題芹圃畫石

傲骨如君世已奇。嶙峋更見此支離。醉餘奮掃如椽筆，寫出胸中磈磊時。

贈芹圃

碧水青山曲徑遐。薜蘿門巷足煙霞。尋詩人去留僧舍，賣畫錢來付酒家。
燕市哭歌悲遇合，秦淮風月憶繁華。新愁舊恨知多少，一醉𣰆㲣白眼斜。

訪曹雪芹不值

野浦凍雲深，柴扉晚煙薄。山村不見人，夕陽寒欲落。

小詩代簡寄曹雪芹

東風吹杏雨，又早落花辰。好枉故人駕，來看小院春。
詩才憶曹植，酒盞愧陳遵。上已前三日，相勞醉碧茵。

河干集飲題壁兼吊雪芹

花明兩岸柳霏微。到眼風光春欲歸。逝水不留詩客杳，登樓空憶酒徒非。
河干萬木飄殘雪，村落千家帶遠暉。憑吊無端頻悵望，寒林蕭寺暮鴉飛。

（三）《春柳堂詩稿》光緒刻本。著者張宜泉，生平事迹不詳。宜泉是他的字，只知他貧窮落魄，困居西郊為塾師，他自己說：『家門不幸，書劍飄零，三十年來，百無一就。』他也是旗人，并且是曹雪芹生平的好友之一，他的詩寫得極好，與敦誠、敦敏可以并稱，他的《春柳堂詩稿》裏直接寫到曹雪芹的詩共有四首，都寫得極有神味。

懷曹芹溪

似歷三秋闊，同君一別時。懷人空有夢，見面尚無期。
掃徑張筵久，封書畀雁遲。何當常聚會，促膝話新詩。

和曹雪芹西郊信步憩廢寺原韻

君詩曾未等閑吟。破刹今遊寄興深。碑暗定知含雨色，墻隤可見補雲陰。
蟬鳴荒徑遥相喚，蛩唱空厨近自尋。寂寞西郊人到罕，有誰曳杖過煙林。

題芹溪居士

姓曹名霑，字夢阮，號芹溪居士，其人工詩善畫

愛將筆墨逞風流。廬結西郊别樣幽。門外山川供繪畫，堂前花鳥入吟謳。
羹調未羡青蓮寵，苑召難忘立本羞。借問古來誰得似，野心應被白雲留。

傷芹溪居士

其人素性放達，好飲，又善詩畫，年未五旬而卒

謝草池邊曉露香。懷人不見淚成行。北風圖冷魂難返，白雪歌殘夢正長。
琴裹壞囊聲漠漠，劍横破匣影鋩鋩。多情再問藏修地，翠疊空山晚照凉。

（四）《延芬室集》。原稿殘本，現存北京圖書館。此書著者是宗室詩人永忠，字良輔，又字敬軒，號臞仙。生於雍正十三年（一七三五年），死於乾隆五十八年（一七九三年）。他是康熙第十四子胤禵的孫子，多羅貝勒弘明的兒子。康熙死後，胤禛奪取了皇位。胤禵便被終生禁錮，直到乾隆時纔被釋放。永忠的思想，受他家庭的這種特殊的遭遇影響很大。在他的《延芬室稿》第十五册戊子年（乾隆三十三年，一七六八年）的詩稿裏，有三首關於曹雪芹的詩：

因墨香得觀紅樓夢小説吊雪芹三絶句

傳神文筆足千秋。不是情人不淚流。可恨同時不相識，幾回掩卷哭曹侯。

顰顰寶玉兩情痴。兒女閨房語笑私。三寸柔毫能寫盡，欲呼才鬼一中之。

都來眼底復心頭。辛苦才人用意搜。混沌一時七竅鑿，爭教天不賦窮愁。

（五）《綠煙瑣窗集》抄本。本書著者是明義，姓富察，號我齋，滿洲鑲黃旗人，都統傅清的兒子。在乾隆時做過上駟院侍衛，生於乾隆五年（一七四〇年）左右。他在《綠煙瑣窗集》裏收了他詠《紅樓夢》的詩竟有二十首之多，詩題為《題紅樓夢》，題後有一段小叙，也是很重要的資料，現將這段小叙摘録於下：

曹子雪芹出所撰《紅樓夢》一部，備記風月繁華之盛，蓋其先人為江寧織府，其所謂大觀園者，即今隨園故址，惜其書未傳，世鮮知者，余見其抄本焉。①

乾隆時的有關曹雪芹的記載，還可舉出一些，例如脂硯齋的批語，裕瑞《棗窗閑筆》裏的記載等等，我們就不必一一列舉了，只舉出上面這五種著作裏有關曹雪芹的文字已足夠説明問題了。杜先生説曹雪芹三個字是『抄

① 按：大觀園即隨園的説法，應以此為始。袁枚《隨園詩話》乾隆五十五、五十七年兩次自刻本尚無此説，至道光四年刊本始增入此説。後來袁枚的孫子袁祖志又否定了這個説法。

寫勤』三字的諧韻，那末，難道敦誠、敦敏、張宜泉、永忠、明義等人都一律用了『抄寫勤』三字的諧韻『曹雪芹』嗎？就算『曹雪芹』是『抄寫勤』的諧韻，用諧韻的目的是為了把真名隱去，那末為什麼敦誠偏偏又在詩句下自注『雪芹曾隨其先祖寅織造之任』，把他的祖父的名字都寫出來了，那末這樣的諧韻還有什麼意思呢？不僅如此，敦誠在《寄懷曹雪芹》這個題目裏，在曹雪芹的名字下還加注一個『霑』字，既然用了諧韻，隱去真名，又要把他的名揭示出來，這怎麼説得通呢？在敦敏的詩裏也是如此，詩題就叫《芹圃曹君霑，别來……》，這裏連『抄寫勤』三字的諧韻都諧不成了，而到張宜泉則更是一會兒寫『曹芹溪』，一會兒又寫『曹雪芹』，一會兒又説『姓曹名霑，字夢阮，號芹溪居士，其人工詩善畫』，簡直好像要把他的姓名和字號和盤托出似的。以上種種，難道不是充分説明所謂『抄寫勤』三字的諧韻云云，完全是望文生義（確切點説是『聽音生義』）的無根之談嗎？

歷史有時是會走回頭路的，回顧《紅樓夢》的研究史，就可以看到這一點，在二十年代，《紅樓夢》研究史上曾出現過索隱派，他們的方法與今天的杜世杰先生一模一樣，所不同的是杜先生比他們有了長足的『進展』，『進展』到索隱的結果連曹雪芹這個人都被取消了，從這一點來説，連當年的索隱派見了杜先生的著作，也要驚嘆，自愧弗如了。這一點，杜先生自己也是這麼看的。他説：

蔡元培《石頭記索隱》謂：《石頭記》者，清康熙朝之政治小説也，作者持民族主義甚摯，書中本事，在吊明之亡，揭清之失，而尤於漢族名士仕清者，寓痛惜之意。當時既慮觸文網，又欲别開生面，特於本事以上加以數層障幕，使讀者有橫看成嶺，側看成峰之狀況……第一回所云：『這日三月十五日，葫蘆廟起火，燒了一夜，甄家燒成瓦礫場，即指甲申三月間，明愍帝殉國，北京失守之事也……所謂賈府即偽朝也……』

這段見解非常正確，但蔡氏索隱的結果，僅着重在康熙朝幾個名士，沒有發現紅學真實結構，而愈走愈偏，給胡適以攻擊之弱點。

對紅學真事隱發現最多的，要算王夢阮之《石頭記索隱》，但王氏之方法一無可取。王氏熟悉明清史實及清宮掌故，完全以歷史故事，附會《紅樓夢》上各情節，因而有許多情節被他射中，而他自己所留下的矛盾，也足以否定他自己，所以經不起胡適的攻擊。（《紅樓夢原理》第九十一頁）

請看以上兩段話不是說得很清楚麼？一是說蔡元培的『見解非常正確』，王夢阮『對紅學真事隱發現最多』，二是說他們都還經不起胡適的攻擊。言下之意，自然是他的《紅樓夢原理》是超過了他們而經得起攻擊的了。因此我們說杜先生的《紅樓夢原理》比起蔡、王二家的索隱更具有索隱的味道，更『前進』了一步，這是完全符合他的原意的。當然，這個更『前進』了一步，只是在歷史的回頭路上，也就是在《紅樓夢》研究的道路上，倒退得更遠更遠而已！然而歷史的總趨勢是前進而不是倒退，《紅樓夢》研究的歷史的總趨勢也只能是前進而不能是倒退，儘管個別的人願意朝着相反的方向走，把倒退當作是前進，但是，這畢竟只是個人的錯覺，而不是歷史的真正的動向，不是《紅樓夢》研究或學術研究發展史的真正動向。

三、駁《紅樓夢》是曹頫所作説

近年來，流行着一種新的説法，認為《紅樓夢》的作者不是曹雪芹，而是曹雪芹的父親曹頫。曹雪芹只是《紅樓夢》的整理者和修補者。

這個説法雖然没有否認曹雪芹其人的存在，但卻否認了曹雪芹對《紅樓夢》的著作權。我所見到的發表這一觀點的著作就是前面提到的那本小册子。這本小册子是以批判胡適開始的，作者寫道：

> 曹雪芹一名，見於《紅樓夢》書首的楔子；就中説，《石頭記》底稿經雪芹批閲十載增删五次纂成目録分出章回；據此可知，他是書的整理者。（着重點為引者所加，下同）事實上，《石頭記》手稿確是經了雪芹之手方成就了八十回《紅樓夢》的，他對是書有莫大貢獻，雖然他并不是著書人。
>
> 五十多年前，買辦文人胡適寫了個《紅樓夢考證》，硬指曹雪芹是此書作者；這個荒謬論點竟又為許多人所接受，并加以發揮。本來，胡適的論證非常勉強和脆弱，祇因其流布年深日久，在人心目中形成了牢固的觀念，故有必要對這個問題加以詳細地考察，從而摧破他的胡考妄證。（第一頁）

作者在另一處還説：

後來偏偏又生出了個有『考證癖』的洋博士胡適，著書立說，大談起什麼『紅樓夢是曹雪芹作的』，以致謬種流傳，遺害至今。（第三十頁）

胡適的哲學思想是主觀唯心主義的實用主義，他在學術思想和方法上，提出了一套唯心主義的主張，就是『大膽的假設，小心的求證』。他的考證，是以唯心主義的主觀主義為指導思想的，因此他的考證，確是謬誤百出。對於錯誤的東西，自然應當用馬列主義來進行批判。但是馬列主義的一個基本原則和基本態度，是對待任何事物，一定要實事求是，即使是批判胡適也不例外。因為只有實事求是的批判，這個批判纔具有科學的真正的批判作用，反之就不能起到真正的批判的作用，而只會把問題越搞越亂，越搞越糊塗。這本小册子的作者把胡適考證出來的《紅樓夢》的作者是曹雪芹這一結論，說成是『荒謬論點』，是『謬種流傳，遺害至今』。這種說法究竟是否科學呢？我們知道胡適的《紅樓夢考證》是一九二一年十一月寫出來的，到一九二三年魯迅印《中國小說史略》就採用了胡適的這一結論，說：

然謂《紅樓夢》乃作者自叙，與本書開篇契合者，其說之出實最先，而確定反最後。嘉慶初，袁枚（《隨園詩話》二）已云：『康熙中，曹練亭為江寧織造，……其子雪芹撰《紅樓夢》一書，備記風月繁華之盛。中有所謂大觀園者，即余之隨園也。』末二語蓋誇，餘亦有小誤，（如以楝為練，以孫為子)但已明言雪芹之書,所記者其聞見矣。而世間信者特少,王國維(《靜庵文集》)且詰難此類,以為『所謂「親見親聞」者,亦可自旁觀者之口言之,未必躬為劇中之人物』也,迨胡適作考證,乃較然彰明,知曹雪芹實生於榮華,終於苓落,半生經歷,絶似『石頭』,著書西郊,未就而没;晚出全書,乃高鶚續成之者矣。

雪芹名霑,字芹溪,一字芹圃,正白旗漢軍。祖寅,字子清,號楝亭,康熙中為江寧織造。清世祖南巡時,五次以織造署為行宫,後四次皆寅在任。然頗嗜風雅,嘗刻古書十餘種,為時所稱;亦能文,所著有《楝亭詩鈔》五卷,《詞鈔》一卷,(《四庫書目》)傳奇二種。(《在園雜志》)寅子頫,即雪芹父,亦為江寧織造,故雪芹生於南京。時蓋康熙末。雍正六年,頫卸任,雪芹亦歸北京,時約十歲。然不知何因,是後曹氏似遭巨變,家頓落,雪芹至中年,乃至貧居西郊,啜饘粥,但猶傲兀,時復縱酒賦詩,而作《石頭記》蓋亦此際。乾隆二十七年,子殤,雪芹傷感成疾,至除夕,卒,年四十餘(一七一九?——一七六三)。其《石頭記》尚未就,今所傳者止八十回。

到一九二四年七月魯迅在西安暑期講學時,仍然説:

《紅樓夢》的作者,大家都知道是曹雪芹,因為這是書上寫着的。至於曹雪芹是何等樣人,卻少有人提起過;現經胡適之先生的考證,我們可以知道大概了。雪芹名霑,一字芹圃,是漢軍旗人。

他的祖父名寅。（下略）①

這本小冊子的作者如此大張旗鼓地批判胡適考證出來的《紅樓夢》的作者是曹雪芹的論點的時候，是不可能連魯迅的《中國小說史略》也沒有看過的，那末作者所說的『謬種流傳，遺害至今』這些話，難道僅僅是對胡適嗎？②

這裏我們姑且不論他的批判是否是僅僅針對胡適，我們且看一看他『新考』出來的否定曹雪芹對《紅樓夢》的著作權，提出《紅樓夢》的作者是曹頫的主張，有沒有點科學性，也就是有沒有點實事求是的精神，是否真正被他求到了『是』——客觀真理？

作者否定曹雪芹對《紅樓夢》的著作權的理由主要是以下三點：

（一）作者認為曹雪芹卒於乾隆二十七年（一七六三年）壬午除夕，只活了四十歲，抄家時只有六歲，《紅樓夢》是自傳體小說，曹雪芹沒有經歷這種豪華生活，因此他寫不出這樣的作品來。

---

① 見《魯迅全集》第八卷，《中國小說的歷史的變遷》，一九五七年人民文學出版社版。

② 我的意思當然不是說魯迅的話就句句是真理，不能有所商討。時代不斷地前進，學術方面隨着新的資料的發現，有的問題已得出了新的正確的結論，當然不能再拘守舊說，哪怕是魯迅說過的，只要是事實證明是不確切的，就應該用新的有科學根據的更正確的結論來代替它，否則學術就不能發展，思想就不能前進。所以我這裏絲毫也不是說凡是魯迅說過的話一概不能有不同意見，這一點我想是不應該引起誤解的。

大家知道，關於曹雪芹的卒年問題，壬午説和癸未説一向是有争論的，這個問題并没有得到統一的認識，我自己原先也是主張癸未説的，一九九二年北京通縣張家灣鎮公布了在一九六八年『文革』高潮時農民平墳改田發現的一塊曹雪芹墓石，上刻『曹公諱霑墓壬午』七字。『壬午』二字略小，刻於墓石的左下端，經考證，此墓石是真的，絶無可疑。因此我修正了我的觀點，認為壬午説證據確鑿，癸未説純屬推測，因此我認為雪芹的卒年確為乾隆二十七年壬午除夕。同時，我又是認為張宜泉説的『年未五旬而卒』比較可靠，因而我主張他的生年大約是在康熙五十四年乙未（一七一五年）左右，他大約活了四十八歲左右（虚歲四十九歲），雍正五年底抄家時，雪芹虚歲為十三歲，因而少年時代的一段『秦淮風月』的『繁華』生活對他是有深刻影響的。而十三歲那年的抄家敗落，對他的生活、思想都起了極大的作用，所以他并不是像小册子的作者所説的既没有《石頭記》作者（按：《石頭記》的作者本來就是曹雪芹，卻偏偏不承認，硬要另找《石頭記》的作者，豈非怪事！）的生活體驗，更没有類似書中賈寶玉的人生經歷，那他怎麽能『追踪躡迹』寫出『傳體小説《石頭記》』呢？這樣的懷疑我認為至少是没有充足理由的。當然，在這裏我並不想扯開去重新提出這個争論，因而也不再詳細申明理由。我們就按原來争論的現狀把這個問題看作懸而未決的問題（因為小册子的作者並未提出任何新的曹雪芹只活了四十整歲的材料來，因而他的説法没有任何一點新内容），那末，作者把自己提出的這個否定曹雪芹的著作權的新的論點建立在這樣不穩固的基礎上，難道能站得住嗎？難道能具有説服力嗎？

（二）作者根據他對幾條脂批的主觀解釋，認為脂批透露了曹雪芹不是《紅樓夢》的作者而是整理者和補續者。

小册子的作者引第一回賈雨村中秋吟詩，脂硯齋的批語云：

這是第一首詩。後文香奩閨情皆不落空。余謂雪芹撰此書中，亦為傳詩之意。

脂硯的意思是說，『雪芹將此詩添進書中，有傳詩的意思』，但這並没説書是雪芹所撰。此係甲戌本雙行批注，亦見甲辰本；但甲辰本漏脱了一個『中』字，則意義就全走樣了，將『撰此詩到書中』變為『撰這本書了』，真是一字之差，千里之謬。

小册子的作者的這種解釋完全是主觀的解釋，並不符合這段批語的實際，也不符合《紅樓夢》本身的實際。大家瞭解，研究脂批，首先必須注意到現在我們所能看到的這些脂批都是轉輾過録的，其錯謬的情況各本雖然並不一樣，各本各條批語的錯訛情況也不一樣，有的有錯，有的没有錯。但總起來說，脂批錯漏訛奪的情況比較嚴重，必須各本參互對照，並結合《紅樓夢》本身來加以研究考查，而不能孤立地、主觀地加以解釋。小册子的作者在這裏所引的這兩段批語，在甲戌本和甲辰本上，都是寫在『口占一律云』這句下面的，是雙行小字，并且是一氣直下，並不分段的。因此解釋這段批語，不能截取後半句而丢掉前半句。其實這段批語並不難解，意思是說：『這是第一首詩，後文還有香奩閨情等詩都不落空。』以上是一層意思，說的是整部《紅樓夢》裏不止這一首詩，後面還有香奩閨情等詩。這裏『第一首詩』和『後文』云云，是互相關聯的。下面兩句，是説：『曹雪芹撰作這些詩在這部《石頭記》裏，也有為了要傳這些詩的意思的。』這裏『撰此書中』的『此』字，既是指這首中秋詩，也包括後文香奩閨情等詩在内。決不是説曹雪芹只想傳這一首詩。這裏關鍵是『撰此書中』①四個字的理解，特别是對『撰』字的解釋。按照小册子作者的解釋，是『將此詩添進書中』，這樣，就把『撰』字訓為『添』字。按『撰』字亦作『譔』，《説文·言部》：『譔，專教也。』有著述修撰之義。《魏志·衛凱傳》：『凡所撰述數十篇。』又《劉劭傳》：『凡所撰述《法論》、《人物志》之類百餘篇。』《唐書·百官志》：『史官修撰，掌修國史。』所以它的本義是『著述』的意思，也可聯用作『撰述』，它從來也不能訓作『添』字。小册子的作者在這裏用偷改字義的辦法，來曲解這段批語，這決不是實事求是的態度。特别是作者在把這個『撰』字的字義偷改以後，按照主觀的解釋，硬把《石頭記》這部書的作者和這首詩的作者分開來，這完全是一種強詞奪理的説法，如果實事求是地細按這段文字，是無論如何得不出作者的這種結論來的。

小册子的作者所舉的第二個例子是第二回的回前詩及其批語，作者説：

類似的例子還有，第二回各脂本正文皆有題詩，詩曰：

一局輸贏料不真，香銷茶盡尚逡巡。

---

① 有的同志將此句的『中』字屬下點，成為『余謂雪芹撰此書，中亦為（有？）傳詩之意』。可參考。

欲知目下興衰兆，須問旁觀冷眼人。

脂硯齋批云：

祇此一詩便妙極。此等才情自是雪芹平生所長。余自謂評書，非關評詩也。

這裏脂硯齋分明是將添補之詩與原書分別作論，聲明自己祇是評書，而不涉及此類詩，這豈不等於明說，雪芹并非書之作者嗎？否則，如認為作詩的雪芹即此書作者，那怎麽能將詩、文分家呢？

小册子的作者對這段脂批的分析，同樣表明了他的主觀武斷的思想和方法。按這段批語，分三層意思，第一句是一層意思，是稱贊也即是評論上述這首詩的。第二層意思就是第二句『此等才情自是雪芹平生所長』這句話不是評上面這首詩，而是評《石頭記》的這一回書，也就是這回書前面的那段長長的評語稱贊這回書的寫法的同樣的意思。第三層意思，是末後兩句，説明第二句『此等才情』云云，是針對《石頭記》這回書發的評論，而不是在評上面這首詩。這後面二句，純粹是説明性的，怕讀者誤解上面兩句話的意思，才加以説明。如果按照小册子的作者的理解，脂硯齋只是『聲明自己祇是評書，而不及此類詩』，這樣的解釋，根本不符合這段脂批的實際情況。事實是這段脂批開頭第一句『祇此一詩便極妙』，明明是評「此一詩」的，怎麽能視而不見，硬説這段評語『不涉及此類詩』呢？小册子的作者企圖用曲解這段批語的辦法，硬説這段批語『等於明説，雪芹並非書之作者』，這完全是對這段批語的任意曲解。

上述這種對脂批的任意曲解，充滿着這本小册子，本來我們完全可以逐條加以分析和批駁的，為了避免行文的繁瑣，就不再一一加以列舉了。總之，此書作者企圖用這種曲解脂批的辦法來剥奪曹雪芹對《紅樓夢》的著作權，儘管其用心良苦，但這是徒勞的，經不起認真分析的。

（三）此書的作者認為：『乾隆時代的人，皆未認雪芹是著書人。』這個説法，更是荒唐得出奇，簡直是不負責任地瞎説一氣了。我們姑且不提敦誠的『不如著書黄葉村』，『牛鬼遺文悲李賀』，『開篋猶存冰雪文』等詩句，因為這些句子没有明確説曹雪芹著的『書』和箱子裏存的『文』就是《石頭記》，但是永忠的《因墨香得觀紅樓夢小説吊雪芹三絶句》是明明白白寫着曹雪芹寫了《紅樓夢》小説的，詩裏説『可恨同時不相識，幾回掩卷哭曹侯』，前面已經提到永忠生於雍正十三年，卒於乾隆五十八年，確是與曹雪芹同時，怎麽能無視這一鐵的事實呢？其次是《緑煙瑣窗集》的作者富察明義，他生於乾隆五年左右，雪芹死時，他二十多歲，前面提到的他的《題紅樓夢》一詩的小叙開頭就説：『曹子雪芹出所撰《紅樓夢》一部……』奇怪的是小册子的作者在引這段叙文時，竟將開頭這一句話删去。這我們不禁要問，你一方面在説『乾隆時代的人皆未認雪芹是著書人』，另一方面，卻把上述這些明明是乾隆時代，而且是曹雪芹同時代的人明確講到曹雪芹著《紅樓夢》的文字有意删去或故意不提，這種治學的作風，難道是誠實的實事求是的作風麽？其實企圖用這種手法來瞞哄讀者，樹立新奇的論點，這只不過是欺人與自欺而已，讀者是不會受蒙騙的。

以上三點，就是小册子的作者否認曹雪芹對《紅樓夢》的著作權的所謂『理由』。

下面我們再來看一看他所提出來的《紅樓夢》的作者是曹頫這一説法的根據，看一看這些根據究竟可靠不可靠。

（一）作者說：

我們首先關心的是，與書中主人公賈寶玉相對應的歷史人物，即《石頭記》的作者，到底是誰？第二十八回，寶玉薛蟠等在馮紫英家縱酒作樂，寶玉說：『如此濫飲，易醉而無味；我先喝一大海，發一新令，有不遵者，連罰十大海，逐出席外，與人斟酒。』此句甲戌本有眉批云：

誰曾經過，嘆嘆！西堂故事。（着重點原有——庸）

這是說，飲酒行令是誰所經歷過的事呢？可嘆，這是西堂舊日的往事啊！這『西堂』一名既出現在這裏，指到寶玉門下，那當然就是作者。

這一段話的意思就是說賈寶玉就是曹西堂，曹西堂就是《紅樓夢》的作者。

（二）作者在另一處，又舉《紅樓夢》五十二回提到避寅字諱的脂批，說：

第五十二回，晴雯帶病夜間補裘，在工完難支時，『一時祇聽自鳴鐘已敲了四下』，庚辰本此句下雙行批注云：

按四下乃寅正初刻，寅此樣寫（庸按：原批無『寫』字，此是小冊子的作者增添的）法，避諱也。所謂『避諱』，即避曹寅之『寅』字，由此可知，作書人定是寅子無疑。曹寅有兩子：長子曹顒、次子曹頫。曹顒早死不能寫書，更無法寫出他死後方發生的抄家等事，**故斷定**（着重點是引者所加）《石頭記》作者必是曹頫。

這樣，小册子的作者就得出了曹西堂就是曹頫，也就是《石頭記》的作者的結論。於是：

（三）作者就根據這一結論列出了一張表：

書中形象：　寶玉——賈政——賈母

歷史人物：　西堂——曹寅——寅母

我們認為作者的這種論證方法是荒唐的，曹頫根本不可能叫曹西堂，這我們在前面已經駁辯過了，無需重複。封建時代，不僅兒子要避父親的諱，而且孫子也要避祖父的諱，一直要避到七世，七世以外就可以不必避諱了（當然實際上未必見得能嚴格地避七世諱，但第三代要避祖父輩的諱是很普通的事），這叫『已祧不諱』，這我們在前面曹頫一節裏也已説清楚了，此處也不再重複。這裏要進一步指出的是，按照作者的説法，曹西堂就是曹頫，也就是《石頭記》裏的賈寶玉，而曹寅就是賈政。果真這樣，我們就不能不想到《石頭記》裏賈寶玉與賈政的關係，他們從血統上來説是父子，但是從思想上來説，他們是一對對立的典型。我們又知道曹寅對曹頫極為器重，對他寄予很大的希望，曹頫對曹寅也是極為尊重的。① 我們還知道曹寅本人確是康熙時代的一位著名學者和文人，他差不多結交了當時所有的著名文人，特別是當時一批著名的明遺民，都與曹寅有深交，這只要看一看他的《楝亭圖》後面題咏的大批名單就可以十分清楚了。由此可知，曹寅決不是一個庸俗之徒。那末，我們就不能理解，曹頫為什麼一定要把曹寅寫得那樣庸俗不堪，而且與自己在思想上處於勢不兩立的敵對地位，讓賈政（按照小册子作者的觀點就是曹寅）必欲置賈寶玉（按照小册子作者的觀點就是《石頭記》的作者自己）於死地而後快呢？

我們特别還要指出，這本小册子的作者把小説裏的人物，一一與生活裏的人物相對應，連渺渺真人、空空道人、茫茫大士、癩頭和尚都『考』出了他們的真實人物，這樣的『考證』加索隱的方法，實在是洋洋大觀，可以説簡直是超過了王夢阮和蔡元培。

我們不能忘記作者在這本小册子的一開頭就是以批判胡適開始的，但他的批判胡適，不是批判他的反動政治立場，不是批判他的主觀唯心實用主義的考證方法，更不是批判他的主觀唯心主義世界觀和方法論，而是批判他考證出來的《紅樓夢》的作者是曹雪芹這個結論。相反，對於胡適的《紅樓夢》是曹雪芹的自傳説，除

---

① 參見《關於江寧織造曹家檔案史料》一書中的《内務府奏請將曹頫給曹寅之妻為嗣並補江寧織造摺》（康熙五十四年正月十二日），可以推知。

了把曹雪芹改成曹頫外，非但没有作任何批判，① 反而大加發揮，發揮到把《紅樓夢》裏的主要典型人物，賈寶玉、賈政、賈母甚而至於連渺渺真人、空空道人、茫茫大士、癩頭和尚都一一與曹家的人或與曹家有關的人『對應』了起來，把胡適的自傳説發揮到了淋灕盡致的地步。對胡適的這樣的『批判』，難道與用馬列主義、毛澤東思想為武器對意識形態領域裏的資産階級世界觀的批判有一絲一毫共同之處嗎？難道不是大大發展了胡適的錯誤觀點嗎？

四、曹雪芹對《紅樓夢》的著作權不容否認

毛澤東同志在他的《論十大關係》中説：『我國過去是殖民地、半殖民地，不是帝國主義，歷來受人欺負。……除了地大物博，人口衆多，歷史悠久，以及在文學上有部《紅樓夢》等等以外，很多地方不如人家，驕傲不起來。』毛澤東同志對《紅樓夢》的評價這樣高，這在我國三千年的古代文學史上是僅有的，這對於偉大作家曹雪芹來説，是無上的光榮。

① 按：『自傳説』本身是有它的合理成分的，其錯誤之處是把這樣一部内容深廣的偉大作品僅僅歸結為作者的自傳，這樣就大大貶低和抹煞了這部小説的深刻的思想内容和社會意義。小册子作者的這種主觀主義的臆想的『對應』方法，更是把小説中的典型人物和歷史上的真實人物等同了起來，甚至把未必真是據真實人物塑造的藝術形象也硬去比附歷史上的真實人物，這就更加發展了『自傳説』的錯誤的一面。

自從《紅樓夢》於乾隆初年（姑且從乾隆十九年甲戌年算起①）抄閱問世以來，已經經歷了兩個多世紀，在這兩個多世紀的歷程中，它經歷了種種的遭遇，它感動了千千萬萬的讀者，也遭到了各個時代的封建衛道者們的惡毒攻擊和誣蔑，直到現在，老式的誣蔑和新式的歪曲還仍然不時襲來，然而《紅樓夢》和它的作者曹雪芹不僅贏得了億萬人民的熱愛和欣賞，贏得了毛澤東同志的高度評價，而且還贏得了世界性的聲譽。現在在東方和西方的不少國家裏，已經擁有專門研究《紅樓夢》的專家和權威，已經出版了大量的翻譯和研究《紅樓夢》的著作，作為一門學問的『紅學』，從來没有像今天這樣具有世界性的規模。這一事實，理所當然地引起了我們的民族自豪感，也理所當然地督促着我們去努力繼承這一份寶貴的遺產。

然而有的人卻企圖憑空剥奪曹雪芹對此書的著作權，異想天開地提出了《紅樓夢》是曹頫所作説。衆所周知，有關曹頫的材料，特别是他抄家以後的踪迹，至今仍然無可查考。在這樣的情況下，提出《紅樓夢》是曹頫所作説，除了惑亂視聽以外，能起什麽作用呢？學術研究工作，只能老老實實地去做，來不得半點虚假。曹雪芹對《紅樓夢》的著作權以及兩個多世紀以來他所享有的崇高聲譽，決不是幾句空言所能動摇的，韓愈諷刺那些攻擊李白、杜甫的詩的人説：『蚍蜉撼大樹，可笑不自量。』要剥奪曹雪芹對《紅樓夢》的著作權，其結果也只能是如此。

① 現今流傳的甲戌本，并不是甲戌（乾隆十九年）抄的，但書中説『至脂硯齋甲戌抄閱再評仍用《石頭記》』，可見在甲戌年已有抄閱的再評本了。

曹雪芹對《紅樓夢》的著作權是不容否認的，我們在本章裏引的那許多曹雪芹同時代人寫的資料，已足够説明這個問題了。為了充分説明問題，這裏我們再引幾條脂批。

甲戌本卷一『滿紙荒唐言』一詩的眉批云：

能解者方有辛酸之淚，哭成此書，壬午除夕，書未成，芹為淚盡而逝。余嘗哭芹，淚亦待盡。每意覓青埂峰再問石兄，奈余不遇獺（癩）頭和尚何？悵悵！

今而後惟願造化主再出一芹一脂，是書何本（幸），余二人亦大快遂心於九泉矣。

甲午八日淚筆

這段批語説：『能解者方有辛酸之淚，哭成此書。』『書未成，芹為淚盡而逝。』對照『滿紙荒唐言，一把辛酸淚。都云作者痴，誰解其中味』這首詩，批語裏的『能解者方有辛酸之淚』和詩裏的『一把辛酸淚』完全是指一個人，批語裏的『哭成此書』和詩裏的『都云作者痴』的『作者』，也是同一個人，兩相對照，不是清楚得很嗎？

甲戌本第一回『後因曹雪芹於悼紅軒中披閲十載，增删五次，纂成目録，分出章回，則題曰金陵十二釵』一段的眉批云：

若云雪芹披閲增删，然後（則）開卷至此這一篇楔子又係誰撰？足見作者之筆狡猾之甚！後文如此處者不少。這正是作者用畫家煙雲模糊處，觀者萬不可被作者瞞弊（蔽）了去，方是巨眼。

針對着『批閲十載，增删五次』等等的説法，批者一語道破，提醒讀者『萬不可被作者瞞弊（蔽）了去』，『足見作者狡猾之甚』，在這短短的一段批語中，連用兩個『作者』，問題説得這樣明白，難道還有什麽可懷疑的嗎？

甲戌本第十三回末脂批云：

『秦可卿淫喪天香樓』，作者用史筆也。老朽因有魂託鳳姐賈家後事二件，嫡（豈？）是安富尊榮坐享人能想得到處？其事雖未漏，其言其意，則令人悲切感服，姑赦之，因命芹溪删去。

庚辰本第二十二回末，眉批云：

此回未成而芹逝矣，嘆嘆！丁亥夏，畸笏叟。

庚辰本第七十五回前單頁上記云：

乾隆二十一年五月初七日對清。缺中秋詩，俟雪芹。

上面這些脂硯齋的批語，不是把曹雪芹寫《紅樓夢》的事實記得歷歷分明嗎？這樣的白紙紅字，文字又寫得如此明明白白，毫不含糊，怎麽能容許任意地歪曲篡改呢？偉大作家曹雪芹是用畢生的心血和生命凝成他的偉大作品《紅樓夢》的。他對此書的著作權，難道是用歪曲、篡改批語的伎倆所能剥奪得了的嗎？

曹雪芹對《紅樓夢》的著作權是不容剥奪的！

偉大詩人杜甫在稱贊初唐詩人『王、楊、盧、駱』（王勃、楊炯、盧照鄰、駱賓王）時，説他們的詩『不廢江河萬古流』。同樣，曹雪芹的名字和他的作品《紅樓夢》，也必將與長江、大河一樣，穿過綿綿無盡的歷史，穿過每一個世紀，永遠奔騰不息地流瀉在人間！

曹雪芹這個名字，是我們中華民族的光榮和驕傲！

一九七八年九月十九日、舊曆戊午
中秋後二日凌晨五時寫畢於寬堂

第十二章　關於李煦

李煦與曹寅是『誼屬至親，而又同事多年』，康熙五十一年七月曹寅在揚州病故後，其後事都由李煦料理，包括曹寅名下所有鹽務上的虧空，亦由李煦奏請補賠。康熙五十四年正月曹顒在京病故，其後事及家庭事務，也都是李煦一手料理的，李煦在給康熙的奏摺裏説：

奴才與曹寅父子誼屬至親，而又同事多年，敢不仰體聖主安懷之心，使其老幼區畫得所。奴才謹擬曹頫於本月内擇日將曹顒靈柩出城，暫厝祖塋之側，事畢即奏請赴江寧任所。①

①《關於江寧織造曹家檔案史料》第一一二件，中華書局一九七五年版。

所以要研究曹雪芹家世是離不開李煦的，為此，本書特辟『關於李煦』這一章。

一、李煦的家世

（一）李士楨

李煦的父親李士楨，是山東都昌（今昌邑）人，本姓姜。一九九一年我曾去昌邑調查，在李煦的祖居還看到有關的碑刻。另外，當地人均稱昌邑的絲織業就是由李煦的蘇州織造來傳授技術的，至今昌邑仍是一個絲綢之鄉。特別是當地人還傳説，昌邑是曹雪芹的祖姥姥家。這是因為李煦之『妹』（按：實際上李煦與曹寅之繼妻李氏，並無堂兄妹關係，説已詳前）嫁曹寅之故。

李士楨如何從姓『姜』變為姓『李』的？這其間也有一段辛酸的歷史。據杜臻撰《廣東巡撫都察院右副都御史李公士楨墓誌銘》説：『公本姓姜，世居東萊之都昌。……壬午，從龍遼左，繼正白旗佐領西泉李公，即以李為氏。』這裏寫得冠冕堂皇，没有什麽問題，但其實並非如此。據徐恭時先生查出，就是這個『崇禎十五年壬午十二月，大清兵圍昌邑，十六日城破』①。李士楨就是在這次城破被俘，歸李西泉的。其身世略如曹雪芹的上祖曹錫遠和曹振彦，所不同者，曹是明朝駐防遼東的軍官，李是昌邑的民人而已。二年後，甲申（明崇

① 乾隆七年周來邰纂修《昌邑縣志》卷七『兵燹』門。

禎十七年，清順治元年），明亡，李士楨就真正從龍入關了。後來在三藩之亂時建立了大功，當時陸元輔稱頌他說：『國家建官樹屏，外設大方伯以理財賦，其重與內之大司農等。故總天下之食貨，為之權其出入，時其贏縮，以裕經費，而不使有仰屋之嗟者，大司農也；總一方之食貨，為之慎其管鑰，清其征解，以廣積儲，而不使有中飽之蠹者，大方伯也。然為方伯於他省易，為方伯於兩浙多事之日尤難也。昌邑毅翁李公，以三輔斗山之望，膺兩浙蕃宣之寄，宦居都會，時值兵荒，內外交訌，滿、漢援剿之師，雲屯星聚，凡糗糧芻茭之需，弓矢甲冑之器，帷幙扉屨之物，鈹鐸炮礮之資，一切取給於藩司，軍檄如雨，刻期責辦，即素號才能者，莫不斂手太息。公幹略夙優，如干將莫邪，應機立斷，以惠感民，而輸將者不敢後；以正率寮，而催科者不敢私；以嚴馭吏，而守藏者不敢盜；故軍需常足，而士飽於伍，馬騰於槽，旌旗蔽空，甲兵耀日，藩王諸將遂得有所倚賴，而敵愾受降，奏膚功於閫外矣。使非公之足食以足兵，雖良將勁卒，方且脫巾之不暇，亦安能奮揚武威哉？昔蕭何鎮關中，饋餉不絕，以給軍糧，淮陰、絳、灌輩因得展其才勇，而項籍以衰；王堯臣為轉運，充蓄積以佐軍興，韓、范、种師道輩因得抒其謀略，而元昊自服。今公佐於倥傯之際，能易人之所難者如此，視蕭、王二臣，殆有過之，無不及焉。』① 這篇文章，把李士楨在平耿、尚之亂時的作用寫得極為充分，把他比之於漢代的蕭何和宋代的王堯臣，可見其作用之大。關於李士楨的政績，當時人是一致稱頌的，張志棟在《李大中丞實政録序》中寫道：『中丞李公，為都昌望族，世有隱德。我朝定鼎燕都，公為從龍碩彥，歷陟

① 《萄隱文集》卷十，《壽兩浙方伯毅翁李公六十序》。

顯仕，宦績不可枚舉，洊晉使相，開府豫章，旋撫南越，治行卓卓，擬之李西平之六遷大鎮，柳仲郢之屢易外藩，何多讓焉。』① 魏象樞在《保舉疏》中說：『其人操守清介，才品優良，有守有為，在任之時，與陞任之後，父老子弟頌清廉愛民者，如出一口。』② 直到他晚年在廣東『致政歸』的時候，當地老百姓還『輟耕罷市，無不奔走哀號而不能舍』。李士楨『致政』後退居通縣，康熙北巡歸來，還去看望他，『慰勞再三』，『出尚方之膳以賜』。封建時代的大臣中能如此善始善終，清聲被遐邇，的確是很難得，所以尤侗稱贊他說：『膺高爵，享令聞，而又能潔身告老，優遊戚里之中。』『豈不善始善終哉！』③ 李士楨一生，雖然以被俘掠開始，但卻遇上了康熙明君盛世，能盡其所長而有所建樹，且又得善始善終，不能不說是他個人的特殊際遇。到了他的兒子李煦，其始雖很『善』，其『終』卻很慘了。

（二）李煦

李煦生於順治十二年乙未（一六五五年），長曹寅三歲。康熙十七年（一六七八年）他初任韶州府知府，這時他二十四歲。後來又調浙江寧波府知府，以後又任暢春苑總管。康熙三十二年（一六九三年）改任蘇州織造，後來又任兩淮巡鹽御史，與曹寅輪番更替，到李煦任職的年份有康熙四十四、四十六、四十八、五十、五

① 《李大中丞政略》。
② 《寒松堂全集》卷三：《奏議》。
③ 尤侗《艮齋倦稿》卷十一，《東萊政紀序》。以上均參見王利器先生《李士楨李煦父子年譜》。北京出版社一九八三年版。

十一（當年屬曹寅任，曹寅於七月二十三日去世，由李煦代管）、五十二、五十五、五十六年，先後共任八任。

李煦與康熙是有特殊關係的。一、李煦的生母文氏，是康熙的保姆，所以李煦是康熙的奶兄弟，這一點與曹寅的身份一樣，但曹寅不是生母而是嫡母孫氏當康熙的保姆，康熙對文氏和孫氏都很親切，曾稱孫氏為『此吾家老人也』①，李煦在《謝召見李鼎摺》裏説『蒙温旨下詢及奴才，兼及奴才之母，天顔開霽，宛若家人父子』，在《李鼎蒙允追隨哨鹿謝恩摺》裏説：『奴才九十三歲之老母，復蒙萬歲垂慈訊及，一家老幼叠受聖主天恩。』在《生母病逝遵遺命代具謝恩摺》裏説：『竊奴才生母文氏，於十一月初五日忽患内傷外感之症，雖病勢甚重，心神甚清，吩咐奴才云：「我蒙萬歲隆恩，賞給誥封。就是歷年以來，汝面聖時節，必蒙問及，即今秋孫兒熱河見駕，又蒙萬歲温顔垂問。我是至微至賤的人，竟受萬歲天高地厚恩典。」』② 以上可見李煦與康熙之間的特殊親密關係；二、李士楨的内侄女，李煦的舅表妹王氏，是康熙的『密嬪』，後來改封為『順懿密妃』，所以從親屬關係來説，康熙是李煦的舅表妹夫。另外，據考李家還有一位秀女被選入宫中。③ 從以上這些情節來看，李煦與康熙的關係，自然非比一般，事實上，康熙對他以及曹寅，也是特殊關切，康熙四十五年六月二十五日，康熙曾命孫文成口傳諭旨給曹寅説：『三處織造，視同一體，須要和氣，若有一人行事不端，兩

① 馮景《解春集文鈔》卷四《御書萱瑞堂記》。
② 以上三摺，見《李煦奏摺》三八〇、三八四、三八八號。中華書局一九七六年版。
③ 見徐恭時先生《那無一個解思君》。《紅樓夢研究集刊》第五輯，上海古籍出版社一九八〇年版。

個人説他改過便罷，若不悛改，就會參他。』① 康熙給李煦的硃批也説『曹寅於爾同事一體』②，實際上康熙對曹、李兩家也是『視同一體』的，所以曹、李兩家終康熙之世，一直是地位穩固的；反過來説，曹寅和李煦兩人也是政績斐然的，張志棟《實政録》序以為李煦的『器識文藝』與其父李士楨『後先』，他們『世濟其美』。李煦調離韶州時，韶州人為立『去思碑』，建『遺愛祠』。鄭際泰的『去思碑文』還説：『全無白璧之瑕，久有青天之譽。』李煦與曹寅曾四次接辦康熙南巡，道光四年的《蘇州府志・雜記》四説：『南巡四次，克己辦公，工匠經紀，均沾其惠，稱為李佛子。』詩人趙秋谷在悼念李煦的詩裏説『三十年中萬賓客』，李煦實任蘇州織造三十年，可見他結納了多少天下名士，由於他和曹寅兩個人在東南一方數十年的工作，對東南的安定、社會的安定起了不少積極作用，他們的結客江鄉，文酒高會，詩歌詞曲，書畫琴棋的活動，也為康熙盛世增加了不少色彩。所以康熙對李煦和曹寅也是特別信任的，不僅是他們鹽課虧欠的事，康熙説『朕知其中情由』，就連李煦的家人將李煦進摺在途中遺失，康熙也竟『將爾家人一并寬免了罷，外人聽見，亦不甚好』③。可見康熙對李煦信任和照顧到何等程度。再從曹寅、李煦所進的密摺以及康熙對密摺的批語來看，也可看出康熙是極其信任他們的。密摺的内容，從秘密派莫爾森去東洋（日本）（為了瞭解日本的動向準備開海禁），到江南科場案、南巡的事先準備、十八阿哥薨逝及異常之變、訪查巡撫張伯行事、密訪李陳常巧飾清官大改操守

① 《關於江寧織造曹家檔案史料》第三六件。中華書局一九三五年版。
② 同上第一五〇號。
③ 《李煦奏摺》第四八號。

等，都是十分機密的事，康熙硃批也說：『此摺斷不可叫人知道。』這種密摺奏報，首先是要奏報的人十分可靠，不存個人恩怨私見，完全是忠實於客觀事實。對於當權者來說，必須是兼聽則明，不能偏信。從曹寅、李煦的大量密摺來看，他們確實是不存私見，完全忠實於客觀事實，忠實於康熙皇帝的，而康熙也能兼聽則明，所以從未發生過因密摺而處置大臣的事。

所以李煦和曹寅的一生政績是斐然可道的，其個人的品節，也是『曹以明察，李以寬和，無煩擾以樹威，風清吏肅』①。所以後來雍正上臺後一個月，就將李煦抄家，從表面來看，完全是經濟虧空，但實際上仍牽涉到政治問題，李煦後來因為曾經為允禩買過蘇州女子，被判成奸黨問斬，後又改為『發往打牲烏拉』。更明顯是政治問題。

二、李煦與曹寅的關係

李煦與曹寅的關係，以前都認為他們是內親關係，曹寅的繼妻李氏，是李煦的堂妹。但根據新發現的《朱竹垞文稿》裏《李月桂墓誌銘》（見前曹寅譜文所引），曹寅繼妻李氏與李煦的『兄妹』關係，最多只是『旗兄旗妹』的關係，連堂妹都說不上。但李煦在奏摺裏卻一直稱李氏為『臣妹』。李煦在《宣示曹頫承繼宗祧襲

① 李果《儀徵江亭記》，《在亭叢稿》卷八。

職織造摺》裏説『路上聞臣妹曹寅之妻李氏，感激萬歲命曹頫承繼襲職隆恩』，『臣妹已至滁州仍回江寧矣』，『臣煦於三月初二日到江寧織造署內，即向臣妹宣示恩旨』，『臣妹李氏跪聽之下，感激涕泣』。以上這些話，把李煦與曹寅的『內親』關係説得十分明確。而這位李氏與康熙的關係來説，也有雙重關係：從曹寅這邊來説，曹寅是康熙的奶兄弟，李氏是康熙奶兄弟的妻子；從李家來説，李煦也是康熙的奶兄弟，李氏是康熙的奶兄弟的『堂妹』。再加上曹寅、李煦都是康熙的親信。康熙把他們完全看作是心腹重臣的，由於這種特殊關係，所以康熙五十四年（一七一五年）三月初七日，曹頫有《代母陳情摺》：

江寧織造主事奴才曹頫謹奏：為皇恩浩蕩，代母陳情，恭謝天恩事。

竊奴才母在江寧，伏蒙萬歲天高地厚洪恩，將奴才承嗣襲職，保全家口。奴才母李氏聞命之下，感激痛哭，率領闔家老幼，望闕叩頭。隨於二月十六日赴京恭謝天恩，行至滁州地方，伏聞萬歲諭旨，不必來京，奴才母謹遵旨仍回江寧。奴才之嫂馬氏，因現懷妊孕已及七月，恐長途勞頓，未得北上奔喪，將來倘幸而生男，則奴才之兄嗣有在矣。本月初二日，奴才母舅李煦前來傳宣聖旨，奴才母跪聆之下，不勝感泣，搏顙流血，謹設香案，望北叩頭謝恩。竊念奴才祖孫父子，世沐聖主豢養洪恩，涓埃未報。不幸父兄相繼去世，又蒙萬歲曠典奇恩，亘古未有。奴才母子雖粉身碎骨，莫能仰報高厚於萬一也。

謹具摺代母奏聞，恭謝天恩，伏乞聖鑒。奴才母子不勝激切感戴之至。

硃批：　知道了。

康熙五十四年曹顒去世後，康熙特諭：『務必在曹荃之諸子中，找到能奉養曹顒之母如同生母之人纔好。他們弟兄原也不和，倘若使不和者去做其子，反而不好。汝等對此，應詳細考查選擇。』① 康熙在諭旨中所説的『曹顒之母』，也即是上面這位向康熙陳情的曹寅之妻李氏。這位李氏，是曹、李兩家親戚的紐帶，同時她又是康熙『密嬪』王嬪的姑媽，因此她也連繫着與康熙的姻親關係，所以這個李氏的身份，在曹、李兩家以及康熙帝的姻親關係中，是具有特殊地位的，所以她可以直接向康熙陳情，康熙在選擇曹家的後嗣時，會首先提出要『能奉養曹顒之母如同生母之人纔好』。

由於以上幾重姻親關係，加之曹寅、李煦本人的氣質修養和操守，都不是一般的封建官僚，他們兩人能分别結納東南一帶這麽多具有很高聲望的大思想家、大學者、大藝術家、大詩人，説明他們自己也是出類拔萃的人物。曹、李兩家的親戚關係始終是很融洽和親密的，這種關係遠遠勝過曹寅曹顒兩代人之間的兄弟關係。所以在康熙五十一年七月曹寅去世，曹家遭受第一次嚴重的打擊的時候，除了上面有康熙的最有力的維持外，底下就是全仗李煦為之周全。特别是鹽課上的虧空，在康熙的諭旨下，李煦確實作了極大的努力。康熙五十一年九月初六日，《李煦奏蒙準代管鹽差一年償還曹寅欠項摺》説：

① 《關於江寧織造曹家檔案史料》第一一一件，中華書局一九七五年版。

臣因曹寅任内錢糧未楚，冒死具摺，求代管鹽差一年，令曹寅之子清還各欠。乃蒙我萬歲殊恩，特賜俞允，天高地厚，亘古未有。臣即恭設香案，望闕叩頭謝恩訖。容臣於十月十三日接任後，將曹寅應得餘銀着伊子連生收領，務必清還各欠，不敢辜負天恩。而臣煦亦斷不敢有一毫欺隱，以仰體我萬歲期望之天心也。

惟是曹寅懸欠錢糧，其妻、子粉骨碎身不能賠補，幸蒙我萬歲許臣代管，因得清楚欠項，而曹寅妻、子仰賴聖恩曲賜矜全。不但曹寅感泣泉下，凡屬臣子無不謳歌聖德，盡為鼓舞，而臣與曹寅親身共事，犬馬下忱，尤深感激。謹具摺奏謝。

再，曹寅妻、子聞命自天，感深涕泣。

……

隔了一年以後，康熙五十二年十二月二十五日，曹頫奏報『今錢糧俱已清補全完』，尚『餘剩銀三萬六千兩』請求上交時，康熙硃批説：『當日曹寅在日，惟恐虧空銀兩不能完，近身没之後，得以清了，此母子一家之幸。餘剩之銀，爾當留心，況織造費用不少，家中私債想是還有，朕祇要六千兩養馬。』① 這説明在這一年内，

---

①《關於江寧織造曹家檔案史料》第一〇八件。

李煦確是努力為曹寅補還鹽課虧空的。

在康熙五十四年正月曹顒突然在京病故，曹家遭到第二次嚴重打擊時，關於曹顒後事的安排以及康熙指定要選『能奉養曹顒之母如同生母之人』的繼承人時，仍是李煦在下邊主持安排的。現存《蘇州織造李煦奏安排曹顒後事摺》、《蘇州織造李煦奏宣示曹頫承繼宗祧襲職織造摺》、《江寧織造曹頫代母陳情摺》等文獻資料，都能證明這一事實。

實際上，曹家自從曹寅去世後，李煦就成為曹家的保護人，上面是靠康熙，下面是靠李煦，所以曹家雖然經歷了兩次巨大打擊，仍勉強地維持下來。到康熙一死，只隔一個月，李煦也就被抄家，從此曹家就一無倚靠了。所以從康熙五十一年到康熙六十一年這十年間，李煦是為曹家盡了最大的力的。

特別要指出的是，雪芹約生於康熙五十四年，這時曹寅已去世三年，曹顒亦於當年正月去世。這時能見到雪芹的只有雪芹的祖母李氏，還有曹頫、曹顒之妻馬氏（主遺腹子說的認為就是雪芹的母親），親屬中的長輩就只有李煦。

解放前我在蘇州時，還聽傳説説雪芹是生在蘇州織造府的，還曾到過拙政園，因為拙政園有一部分房子是曹寅任蘇州織造時買的，後來歸了李煦。還傳説，李煦很喜歡雪芹，因為雪芹聰明，雪芹則因為李煦喜歡他，所以常到李煦家來玩。

總之，在曹家的親戚中，李煦最為年長因而是能够見到雪芹的，李煦在竭力維護曹家時，當然也就保護了雪芹。在曹家的家屬中，雪芹的祖母李氏是經歷了多次風浪，直到最後還經歷了抄家、徹底敗落、『落了片白茫茫大地真干净』的。在曹家抄家的時候，她大約是七十歲左右。抄家以後，她回到了北京，雍正七年的《刑部移會》説：『查曹頫因騷擾驛站獲罪，現今枷號。曹頫之京城家産人口及江省家産人口，俱奉旨賞給隋赫德。後因隋赫德見曹寅之妻孀婦無力，不能度日，將賞伊之家産人口內，於京城崇文門外蒜市口地方房十七間半，家僕三對，給與曹寅之妻孀婦度命。』① 可見她回京後是住到蒜市口了。這就是説，在雍正元年李煦抄家時，她因為是嫁出到曹家的，② 所以當時没有波及，直到雍正五年底自己的家被抄後，纔遷回北京。以後的下落就一無消息了。雍正七年曹頫仍被枷號時，曹頫約三十四歲左右。雍正十三年，『恩詔』寬免欠項，在被寬免的名單中，有『雍正六年六月內，江寧織造員外郎曹頫等騷擾驛站案內，原任員外郎曹頫名下分賠銀四百四十三兩二錢，交過銀一百四十一兩，尚未完銀三百二兩二錢』。這年曹頫四十歲，而李煦已於六年前在流放地黑龍江最北處打牲烏拉凍餓而死。這時的李氏是否還在已不得而知。

① 《歷史檔案》一九八三年第一期。

② 曹寅的妻子不是李煦的堂妹，前已引新發現的史料證實，但李煦給康熙的奏摺裏卻一直稱曹寅之妻李氏為『臣妹』，所以從朝廷來説，未必都清楚這些細節，而李煦稱『臣妹』，或許還有我們未能完全瞭解的歷史細節。不管怎樣，當時的李氏，已是曹家的人，所以李煦抄家未能波及。

三、李煦抄家透視

雍正元年正月初十日，『李煦因奏請欲替王修德等挖參，而廢其官、革其織造之職，請咨行該地巡撫等嚴查其所欠錢糧，將李煦之子並辦理家務產業之所有在案家人，以及李煦衙門之親信人等俱行逮捕，查明其家產、店鋪、放債銀兩等，由該巡撫及地方官匯總另奏』。這時，距離雍正上臺只有一個多月。雍正上臺伊始，就抄李煦的家，這本身就顯得這件事非比尋常。從李煦被廢官、革職、抄家的緣由來看，是因為李煦『奏請欲替王修德挖參』，既是『奏請』，當然還未成事實，那末大可不準就了結此事。例如康熙五十三年七月初一李煦『奏請再派鹽差以補虧空』，康熙硃批就說：『此件事甚有關係，輕易許不得。』這樣，此事也就作罷。又如康熙四十五年正月『曹寅呈請借銀給韓楚安經營貿易』，康熙同樣以不准了結。現在李煦『奏請欲替王修德挖參』，一紙『奏請』，竟然弄到革職抄家，究竟是什麼緣故，因為缺乏史料，還難以論斷。

但李煦此案，後來再也未提『挖參』之事，惟一的問題就是『所欠錢糧』。到雍正元年六月十四，抄查的結果是『李煦虧空銀三十八萬兩，查過其家產，估銀十萬九千二百三十二兩餘，京城家產估銀一萬九千五百二十三兩餘』。到同年七月二十二日，隆科多特陳查弼納奏摺，『查出李煦虧空銀內，商人少給擔賠銀額及短秤銀共三十七萬八千八百四十兩，應由商人頭目等追賠』。依上面清查的數字，除去商人應賠之數，李煦實際上『虧欠』只有一千一百六十兩。其兩處家產的估銀是十二萬八千七百五十五兩。實際上應餘十二萬七千餘兩。

至於所謂『虧欠』的一千一百六十兩，實際情況究竟如何，又待另説。光憑上面這個『虧欠』情況，其罪名就頗值得懷疑。

那末，究竟為什麼應由商人賠款三十七萬八千八百四十兩呢？細讀《兩江總督查弼納為審訊李煦家人及查其家産事奏摺》，其中李鼎等人的供詞，頗值得我們翫味深思。因全部供詞太長，現摘録數段於下，以供探討，其全部文件，仍附本章之末，以備查考。

一、李鼎供詞一

又，李鼎、錢仲璿自蘇州解來後，本官詳審李鼎，爾父李煦虧空銀米，已由織造衙門查明，歷年共虧欠織造應餘銀三十八萬六千八百四十二兩九錢餘。又以備用銀二千兩買米，未入倉廒。又虧欠歷年備用銀五千一百二十四兩餘；又欠局米一萬四百七十一石餘。爾父原係如何侵漁侈費如實供出。據供：我父虧空織造衙門應餘銀，我先前已有明確供詞。實因以前虧空太多，以管理鹽課任内所得餘額銀兩賠償。最後一年所餘四十餘萬兩銀，經奏准捐納兵餉。從此，生計窘困，但每年又有應辦官事，無奈方挪用應餘銀兩，何敢侵用。動用備用銀二千兩，買米四千一百二十三石七斗一升，此係康熙三十三年之事。今年我剛三十歲，那時還是吃奶小孩，不知實情。可問書辦或清查檔册即可得知。至備用銀一案，實因我父每年所辦官差無銀可用，而無奈挪用，皆為公事不敢私吞。織匠口米，因係計口按量發給，不可少有不足。各州縣所送局米皆不足數，歷年皆未交齊。細册已送布政司轉行户部，此情可查文案。各州縣每年所送米數不足，又不能讓工匠等忍饑勞作，故挪新補舊，每年皆照數給足。六十一年，各州縣送米一萬一千零五石三斗，除用於補發先前虧欠工匠之米外，又賑濟用米五百三十三石七斗，實無一點私用之處。若照前年所送米數，尚缺十萬四百七十一石六斗，而各州縣歷年所交之米，虧欠一萬一千四百七十五石二斗一升二合，較此數尚多一千餘石。此係李鼎我問過書辦時，如此告知於我的。李鼎催徵而未完各項檔册現也俱在，可以查之，並無虧空之處。

二、李鼎供詞二

審問李鼎：爾父李煦係行止不端之人，任織造多年，又管兩淮鹽務五年。虧空皇上銀糧三十八萬兩、又備用銀五千一百二十餘兩，又動用備用銀二千兩買米四千一百二十餘石，及六十一年蘇州、松江二府屬地送來局米一萬餘石亦全部虧空。現查出任所和京城家產僅折銀十二萬餘兩，尚欠二三十萬兩。今遵旨嚴查賠償，你將你在家人和商人處所藏家產、財物全部供出，若仍隱瞞不供，必用夾刑。供稱：我父虧欠銀兩理應賠補，以前再三夾審，我皆已明白供出，京城、任所房産亦全部供出。此外，無一點隱瞞。在商人處，亦無一點家產買賣，我不敢陷害無辜者。今既嚴查，則我父管理鹽務時之情由不可不予以陳明。我父管理鹽務時，因商人有虧欠未完銀糧，我父每年以盈餘銀替其補償，先後共賠補百萬餘兩。因此我父反而虧欠。代商人賠補虧欠錢糧之處，我父已明確具奏。鹽運司、户部山東司皆有檔可查。管鹽差任內盈餘銀兩皆不足額。康熙四十五年初次鹽差，盈餘銀四十餘萬兩，其後四次每年盈餘銀五十餘萬兩。管理鹽課事務官於十月到任，該項銀兩則於來年六月撈鹽過秤時才給。因我父接任，急用銀兩，預領該銀，時皆減額與之，其中以七十兩為百兩，八九十兩為百兩者不等。匯總核算，每百兩衹得九十兩。又因秤小，百兩僅有九十四兩，又少得六兩。五年裏盈餘銀內，減損數目加之少秤數目，共計少給銀三十七萬八千八兩有餘，衹我家人錢仲璿收領。此項銀兩既在盈餘銀內，各商理應出銀賠補。我父若無虧項，亦無需向伊等計較。今既嚴查虧空，我李鼎豈能知而不言耶？況我父有代商人賠補虧欠錢糧之事。今商人若拿出此項減損少秤銀兩，即可賠補我父虧項。五十六、五十七兩年，我父又管鹽課事務，盈餘銀兩未有減損之處，惟有秤數仍缺。我父欲捐納盈餘之銀，商人為此事曾許諾出銀五萬餘兩賠補。今可查部催文。如能轉告令查，我李鼎父子即可得生。至我父管理鹽課事務之時，為欽遵上諭事，其衆商人所欠銀一百一十六萬兩餘，諭令以曹寅、李煦二人所得多餘銀內賠補。我父於康熙四十七年鹽差時，捐助銀二十三萬餘兩代賠。康熙四十九年鹽差時，又捐助二十三萬餘兩代賠。兩年共賠補銀四十六萬餘兩。再至聖上十分仁愛商人一事，康熙五十年，江寧、蘇州二織造會同具奏商人尚虧欠錢糧一百三十餘萬兩等情，奏旨：着鹽差三年內代賠銀七十萬兩，商人賠補六十餘萬兩。欽此。我父於康熙五十一年任鹽差時，捐助盈餘銀二十三萬餘兩代賠。五十二年任鹽差時，又捐助二十三萬餘兩代賠。五十三年任鹽差時，又捐助銀二十三萬餘兩代賠。總共代賠銀七十萬兩，皆於限內賠完。計先前四十七年、四十九年兩年代賠銀四十六萬餘兩在內，共代商人賠償銀一百一十六萬餘兩，此皆以盈餘銀內賠補。商人支給盈餘銀時，衹以七八十兩作為百兩。我父替商人代賠之銀，皆以好銀送部，又用庫秤，其虧損數額皆我父一人承擔，故代商人賠還錢糧時，又虧損許多銀兩。遇有別項急需應辦要事，無銀支用，不可不預先支領。無奈衹好認領伊等折損額銀。

三、李鼎供詞三

又問李鼎，爾父在織造任事多年，又管理兩淮鹽務五年，虧空聖上錢糧三十八萬餘兩，必將爾家人、商人之中所隱家產、買賣全數查出，以補所欠錢糧。爾現將商人之中窩藏爾家產、買賣者姓名、財產、户數，有何買賣，一一供出。供稱：我父在織造任內，無有進項，仍拆東補西，以致虧空。故聖祖仁皇帝特施鴻恩，著將管理兩淮鹽務，以鹽差内所得餘額銀賠補以前虧空，并代商人賠補所欠錢糧。今年又以四十餘萬兩銀捐助西路軍餉，仍欠織造錢糧三十四萬兩，又焉能將家產、買賣隱匿於商人住所。況時以虧欠聖上錢糧，如何得以盡快補完為念，誠有家產、買賣於商人住所，則早已供出，索還賠補，則我父一案亦可略有寬解，又何苦隱瞞呢？

四、錢仲璿供詞

又問錢仲璿，據爾小主李鼎所供，爾主管理鹽課事務之際，有代商人賠補虧欠錢糧之事，盈餘銀兩又皆以折損數額支給，而秤又小，此等事宜皆經爾之手等語，爾要明白供出。供稱：康熙四十五年，我家主開始管理鹽課事務，盈餘銀兩除應送織造衙門者外，頭一年盈餘銀四十六萬兩，以後四年每年皆得銀五十餘萬兩，共得銀二百四十六萬兩。五年間，我家主替諸商人賠補虧欠錢糧銀百萬餘兩。而盈餘銀皆數額不足。十月十三日到任前，若支領此銀，則僅以七十兩作為一百兩支給。十月十三日以後支領則以七十五兩作為一百兩支給。第二年正月以後支領，則以八十兩作為一百兩。四月以後支領，則以九十兩作為一百兩。六月間，正是曬鹽過秤季節，方不減其數。今且不論以七八十兩作為百兩，而一律以九十兩作為百兩計算，則少給銀共二十四萬六千兩。過秤時，名為百兩，而祇得九十四兩，又共少給銀十三萬二千八百四十兩。我家主人五年鹽差，名上盈餘銀為二百四十六萬兩，而實際少得銀三十七萬八千八百四十兩，此皆由小人經手。五十六、五十七兩年，我家主又管鹽課事務，雖未減其盈餘銀額，但秤數不足。因此，我主捐納盈餘銀時，商人許諾以銀五萬餘兩贈補，可查檔册。我家主先前曾代諸商人賠補虧空錢糧銀百萬餘兩，而今卻無人代我主賠補所虧錢糧，其諸商人所減銀、短秤銀皆為我主應得者，若將此項銀兩追回賠補，則我主即可得生路等語。

五、華武、單元等人的供詞

審問華武，爾主虧欠錢糧甚多，於爾主家人、商人中必有窩藏家産，買賣財物者，爾應據實招供。供稱：我家主虧欠錢糧，理應賠補，但在家人、商人處並無窩藏其産業、財物，若有窩藏，而今正值嚴審之際，豈敢不供？實無隱瞞情形。又夾審華武，除爾以前所供之外，應供出所藏家産、財物，若不據實招供，必用夾刑。供稱：小的我所有宅地，先前審問時皆已供出。此外，再無隱瞞之處。即使將小的夾死，亦無應供之情等語。又審問華武，府縣初審時爾供稱，沈毅士向爾主借銀三四萬兩，在紹興府城開設當鋪。而前次由司審時，又稱係道聽途説，并無實據。沈毅士誠若無借銀，爾為何供出？顯係妄供。今已將沈毅士押解前來，爾若仍隱瞞，而不如實招供，即行鞭笞。供稱：我家主并未借銀予沈毅士開設當鋪，我家主待沈毅士甚好，據聞他家有産業，還開當鋪。因我家主虧欠錢糧甚多，想讓他代我家主少作賠補，故將他供出，確實未借銀開設當鋪，乞請鬆刑等語。

審問單元、邱子，爾等皆係李鼎信用之人，今將爾等隱藏未供之家産、財物據實供出。一同供稱：小的祇受小主人差遣，並未管事，實無家産、財物，以前審訊皆已明白供出。又問，爾等若不據實招供，則夾刑審問。一同供稱：小的等實無隱瞞財産，將我等夾死，亦無應供之情等語。又問單元、邱子，爾主於家人、商人住處所藏財産亦須供出，倘不供出，即行鞭笞。供稱：我等祇受小主差使，家人内有家産者，先前追查時皆已供出，並無隱瞞之情。近幾年我主家計甚為困難，皆以典賣為生，如何還有銀兩購置産業存留於商人住所？請寬恕之等語。

六、沈毅士供詞

又問沈毅士，據李鼎所呈康熙五十年曹寅、李煦奏稿内稱，三年内代商人賠銀七十萬兩等語。此係如何賠償？李煦應賠多少？再者，奏稿末尾書稱以後依限賠完，僅入檔奏銷等語。此奏銷原檔，如今是否存於管理鹽課事務衙門？應照實回答。供稱：該項銀兩乃因聖上十分仁愛商人，康熙五十年，曹寅、李煦會奏商人欠銀一百三十餘萬兩時，奉旨：著鹽差三年内代賠銀七十萬兩，商人本身應賠銀六十餘萬兩。欽此。李煦於五十一年鹽差任内，拿出盈餘銀二十三萬餘兩代賠；五十二年任内，又出銀二十三萬餘兩代賠；五十三年任内，又代賠二十三萬兩。皆依限賠完，載入奏銷檔册，行文户部。該檔皆存於管理鹽課事務衙門，可為憑證。又問沈毅士，今將爾處所有宅地、財物、當鋪，如實供來。供稱：近五六年來，李煦家計日漸困難，應給我之禮銀分文未得，故賣田養家，僅有田六十畝。再祖、父遺留房屋二座，加之當鋪房共四十餘間，當鋪本銀衹有三千兩。又有一塊園子，内有書房四間、小湖二個。除此，並無其他産業。

七、李鼎、錢仲璿供詞

按察使葛繼孔查得，原蘇州織造李煦因歷年虧空織造之銀三十八萬六千餘兩，前遵旨拿審連同家産等項一併稽查，共折銀十萬九千二百餘兩，造册呈詳具奏。奉旨：著再行嚴加核查。欽此欽遵。故將李鼎等及京城解來之沈毅士、拿到之湯倸柱之弟湯八十及郭茂之妾舒氏等人，逐一嚴加夾訊。經審李鼎、錢仲璿等供稱，所有家産等項先前皆已查出，實無半點隱瞞。但又供出李煦鹽差任内，於康熙四十七、四十九、五十一、五十二、五十三年，以其盈餘銀一百一十六萬餘兩代商人賠償所欠錢糧。自四十五年起，衆商人支給李煦之盈餘銀，皆因急用而預先支領。故以七十兩為一百兩、八九十兩為百兩者不等，而秤又小，百兩衹得九十四兩。而李煦替商人賠償所欠錢糧皆為好銀。以此核算，折損銀額及秤上短少之銀共三十七萬八千八百餘兩，追徵此項銀兩可補虧空等語。以此審問沈穀士，所供亦同，所供沈穀士用李煦銀兩開設當鋪一事，經與華武對質，實無此事。所供高萬順用借李煦之銀開設當鋪一事，經與華武對質，亦實無此事。高萬順將所借李煦之銀陸續還清。共取銀文契和借銀文契內所書記號，經送總管內務府，著李煦親自辨認，確係其親手所寫。今詢問保人沈穀士所供皆同。由此觀之，並無可疑。

八、沈穀士所供李煦多領一綱錢糧不實事

又沈穀士供出李煦於康熙五十五年多領一綱錢糧一事，由兩淮鹽運使何順派員前來告稱：查得兩淮每年解送蘇州織造衙門銀十萬七千五百兩。按例由管理鹽課事務衙門發行牌文，依照此文，由運司轉解織造衙門，每年皆照數起運，領取回批在案。凡新舊運司交接之時，皆有鈐印檔冊，斷不致於錯。本年五月間，臣衙門兩次派員命將江寧、蘇州兩處織造管理鹽課事務任內盈餘額銀及預領庫銀數目，自初年至六十一年皆造冊送來。對此，司員我即將兩處織造任內歷年預領庫銀細數詳造清冊咨送在案。今又稱，五十五年李煦多領一綱錢糧銀十萬七千五百餘兩，並未載入所報檔冊內一事，臣已遣員令查。各運司任內歷年解送織造衙門錢糧檔冊、回批，經臣再三查核，每年皆照數起運，並無多領錢糧、遺漏呈報檔冊之情。康熙五十五年，應解送蘇州織造衙門丙申綱錢糧銀十萬七千五百兩，亦係

前任運司遵照咨文，照數解送，並領取鈐印回批，並無多領之處。誠若有之，則錢糧之事關係重大，分文不可遺漏，豈敢不小心稽察。差遣之處，皆已查明具詳等情到臣。臣即派員前往江蘇按察司，著將沈毅士再行詳審。繼而按察使葛繼孔來告：先前沈毅士所供，李煦於五十五年多領辛丑綱錢糧銀十萬七千五百兩一案，報臣衙門後，即遣官命赴兩淮鹽運司查核。回文告稱，應送織造錢糧皆照數解送，領取回批，并無多領等情咨行到司，經司員我查得，應送織造衙門錢糧誠若有多領之處，織造衙門檔册必有所載。將此咨行織造胡鳳翬，令其查核。回文內稱，我去年接任後，已將織造處錢糧查明繕摺奏聞。沈毅士所供李煦多領辛丑綱錢糧，本屬已查出虧欠三十八萬八千兩銀以外之事。經問本衙門物林達（司庫）及辦事書辦等，皆稱不知。先前沈毅士所供多領錢糧一事，既由爾衙門審出，是否多領？尚應詢問沈毅士，著管理鹽課事務衙門查核。多領及如何花用之處，因皆係前任之事，本衙亦無領銀檔册及銷算織造事項檔册等語。再行提問沈毅士，供稱：我在織造衙門祇辦理書信、晴雨録檔，並不管錢糧事務。聞得李煦多領一綱錢糧，是先前查問虧空一案時，即如此而亂供。總之，皆因我年老糊塗誤聽所致。織造衙門既無領取錢糧檔册，運司衙門又無解送錢糧文書，而多領錢糧則為無影之事等語。司員我查得，沈毅士所供李煦多領一綱錢糧一案，經派官赴鹽運司查核，則無解送該項錢糧之文書；咨行織造衙門令查亦無銷算預領錢糧檔册；問沈毅士，又稱因年老糊塗誤聽所致。由此觀之，妄供無疑，理應陳述緣由等情。

九、李鼎、錢仲璿供詞及此案的審結

至於隱匿李煦家產、買賣一案，經嚴審李鼎、錢仲璿和自京城解來之沈毅士等，則堅供不諱，聲言實無半點隱匿，商人住處亦無買賣等語。唯李鼎所供，其父在鹽差任內，商人所給盈餘銀兩則以九十兩作為一百兩，故少給銀二十四萬六千兩。又因短秤少給銀十三萬二千八百四十兩，共少給銀三十七萬八千八百四十兩等情，經由臣衙門命司員我會同鹽運司查辦。即召衆商詢問，衆商請以十二年為限，情願照數賠償等情在案。經查，李煦一共所欠款項有：歷年虧欠織造處銀三十八萬六千八百四十一兩有奇；又預支壬寅綱銀五萬兩；又查出動用備用銀二千兩買米，因米無下落，應仍虧銀二千兩；又歷年虧欠備用銀五千一百二十四兩有奇；又歷年虧空局米一萬四百七十一石，現扣除各州縣已完納銀二千一百九十二兩，折米二千一百九十二石及所欠未完米八千八十二石外，實際虧欠一百九十六石，司官我酌將每石米折銀一兩，共折銀一百九十六兩。以上共虧空銀四十四萬四千一百六十二兩餘。先前查出李煦家產及借出等項，共折銀十萬九千二百三十三兩，制錢一千四百〔文〕。今各商人擔賠銀三十七萬八千八百四十兩。鄭之舍之房宅及典押他人之房宅變折價銀一萬八百八十五兩。又沈毅士家產及其承交銀共一萬四千兩。又湯琛柱賣田變折價銀二百兩。除京城所查出李煦家產外，其蘇州先後查出之家產等項銀兩，賠補其虧欠後，尚餘銀六萬六千八百零五兩，制錢一千四百〔文〕，前已造冊呈報。

細讀上面這些供詞，可知李煦所虧欠的三十八萬兩，其中商人所虧欠的就有三十七萬八千八百四十兩。李鼎等人的供詞，説出了官場中許多隱秘，也説出了李煦窮於應付，左支右絀的困難。正如李鼎所説的：『實因我父每年所辦官差無銀可用，而無奈挪用，皆為公事不敢私吞。』據以上這份審訊材料，到結案時，全部虧空補清外，還『餘銀六萬六千八百零五兩，制錢一千四百文』。應該説這個虧空案至此算是了結了，其結果是革職抄家，家人交崇文門變賣，真正傾家蕩産，家敗人亡。

然而，事情並没有就此結束。到雍正五年二月，又發生了『為胤禩買女子』的罪名。買女子的緣由，李煦説得很清楚，是胤禩讓太監來要他買的，李煦如何能不買？於是李煦因此立刻從經濟罪犯變成了政治罪犯，罪名是『奸黨』。審理結果是『議以斬監候，秋後斬決』。不知什麼緣故，雍正又改變主意，批了個：『李煦着寬免處斬，發往打牲烏拉。欽此。』雖然死罪改成了活罪，但七十三歲的老翁，發往北國苦寒之地，哪裏還有生路，到了雍正七年（一七二九年）的二月，終於凍餓而死，終年七十五歲。

通過李煦這個案件，特别是一九八五年第四期《歷史檔案》發表的《查弼納奏摺查抄李煦家産及審訊其家人史料》，對我們進一步瞭解這個案件的實質，有重要的作用。通過這份史料，我們進一步瞭解了李煦織造虧空的真相，也進一步瞭解了李煦『奸黨』罪名的真相。一句話，李煦的虧空，『皆為公事不敢私吞』，李煦的『奸黨』，也是『欲加之罪，何患無辭』！歸根結底，李煦的垮臺，不管他表面上是什麼原因，其實質是政治原因。

李煦案件所給我們的寶貴啓示，是可以讓我們重新認識曹家敗落的原因，其經濟虧空的實質，我認為與李煦是一樣的性質。

四、李煦抄家的史料

內務府奏請拿獲李煦之子及管事家人等并查明其家産摺

雍正元年正月初十日

內務府謹奏，為遵旨會議事。

雍正元年正月初五日，李煦為王修德①等人採參具奏一事，經我衙門議覆：採參之事甚為繁亂，請寧古塔將軍宗室巴賽，盛京副都統來文、阿沙那，會同户部，公同詳加議定。等因具奏。奉旨：

① 王修德，正白旗包衣第四參領第一旗鼓佐領下人。王氏家族乃內府世僕，皇商世家，其家族成員王惠民、王濟民兄弟及其子侄王修德、王慎德、王至德、王榮德等，亦官亦商，世代承辦人參、鹽引、銅鉛等項貿易。

王修德等六人，俱係大亂之人，實為六光棍①，現將此等人立即拿獲，交慎刑司②，將伊等先前所欠之銀，嚴加追還。伊等若全部交出，再奏聞；若不全交完，斷不得寬宥伊等，定嚴加治罪。李煦，伊不安分，仍然替此等六光棍如此具奏，甚屬不合。伊謊用、虧空③織造衙門之銀亦不少，理應將李煦立即拿獲，嚴加治罪，惟伊為皇父有稍盡力之處，且已年邁，將此交內務府總管大臣議罪可也，欽此。欽遵。

臣等議復，看得李煦因病纏身，甚為虛弱糊塗，妄聽人言，即替惡棍王修德等人採參事具奏，甚屬不合，將李煦革職，由織造衙門解任。伊所欠錢糧甚多，不可不償還。近年李煦疾病纏身，糊塗，凡事不能親辦，皆交其子、家人等辦理，方謊用、虧空如許錢糧。由此觀之，顯為其子、家人從中克取。既然如此，其所欠錢糧之處，即嚴加咨文該處巡撫、官員等，務將李煦之子及辦理家務、產業之現有及分檔出去之所有家人，由伊衙門使用之人，盡皆拿獲，將此等人房屋、產業、買賣、鋪子、貸出之銀等項查明後，由該巡撫、地方官等具保後，具奏可也。

---

① 光棍，清代文書中亦稱惡棍、地棍、痞棍，專指地痞、流氓一類的無賴之徒。

② 慎刑司，內務府所屬七司之一，職掌內務府屬各項刑名事宜。凡鑲黃、正黃、正白三旗包衣之刑事訴訟及旗民交涉事件，定擬笞杖罪以下者自行審處，徒罪以上者送交刑部辦理；奉旨交審案件，其罪應處死者會同三法司審擬；三旗包衣文武官員之處罰，各按吏部、兵部則例審辦，其贓罰贖款交由廣儲司收貯；並管理內務府屬犯人的監禁、枷號、發遣等事宜。

③ 虧空，官員短缺公項錢糧之稱。清制，凡官員因侵欺、透支、挪移、拖欠公項錢糧，造成虧空庫帑者，均革職追賠，定限完補，直至抄沒家產以資抵償。其確係侵吞入己者，除本官嚴行治罪追賠外，如家產盡絕而未能完補之數，則由其該官上司各官按成分賠。

為此，謹奏請旨。

署理內務府總管事務臣允祿、辦理內務府總管事務・領侍衛內大臣馬武、內務府總管噶達渾、辦理內務府總管事務・佐領伊都立。

《雍正朝滿文硃批奏摺全譯》

按： 據張書才同志注，王修德家族是內務府世僕，皇商世家，亦官亦商，世代承辦人參、鹽引、銅鉛等，未見其他記録。李煦為王修德等人採參具奏事，竟引來抄家滅門之禍，雍正甚至説『王修德等六人，俱係大亂之人，實為六光棍』等等，其中或另有原因。此件是引發李煦抄家的第一個文件，是研究李煦的重要史料。

蘇州織造胡鳳翬奏查明李煦虧空銀數摺（附歷年銀數細摺）

雍正元年三月二十二日

蘇州織造奴才胡鳳翬①跪奏，為奏聞虧空事。

奴才蒙特恩簡用，感激惶悚，惟有盡心報效，一切關係國帑，必須徹底清查，仰副皇上委任聖

---

① 胡鳳翬（？—一七二六），鑲白旗漢軍人，年羹堯妹夫。雍正元年（一七二三年）正月，由原任知縣特授蘇州織造兼管滸墅關税務。雍正四年正月解任，命江蘇巡撫張楷、繼任蘇州織造高斌清查其織造關税錢糧，並降旨詰責，遂於三月三十日與其妻年氏、妾三人自縊。

意。今奴才到任後，凡李煦動用錢糧，逐細清查。兹查得李煦任内虧空各年餘剩銀①兩，現今奉旨交總督臣查弼納查追外，尚有六十一年辦六十年分應存剩銀六萬三百五十五兩六錢九分九釐四毫，並無存庫，亦係李煦虧空，奴才據實奏聞。所有歷年動用銀兩數目，另開細摺，併呈御覽。

再，查李煦於康熙三十二年二月内，奉内務府行文，着動備用銀二千兩，買米四千一百餘石。此項動用銀兩，已經報銷訖，所買米石並無存貯在倉，明係虧空，合併奏聞。但李煦歷任年久，動用錢糧甚多，此外有無虧空，尚容奴才查明續奏。

奴才受恩深重，斷不敢絲毫徇隱，上負萬歲天恩。敬差奴才家人方德賫摺謹奏，伏乞聖鑒。奴才無任瞻仰之至。

雍正元年三月二十二日具。

硃批：總清察莫隱，交與查弼納。

附　歷年銀數細摺

計開：

①　餘剩銀，即核銷各項費用後的剩餘銀兩。如織造衙門每年動支公項銀兩，織辦上用、官用、部派（即户工二部派辦）緞匹等或其制品，事竣核銷料工等各項用款後仍有剩餘，其剩餘銀兩謂之餘剩銀。

康熙五十四年辦五十三年分報銷上、官用額留并部派銀五萬八千二十一兩三錢三分，存剩銀①四萬六千九百七十八兩六錢七分；

康熙五十五年辦五十四年分報銷上、官用額留并部派銀五萬八千二十一兩三錢三分，存剩銀四萬六千九百七十八兩六錢七分；

康熙五十六年辦五十五年分報銷上、官用額留并部派銀五萬七千七百三十三兩三錢三分，存剩銀四萬七千二百六十六兩六錢七分；

康熙五十七年辦五十六年分報銷上、官用額留并部派銀六萬一千四百七十九兩七錢九分六釐，存剩銀四萬三千五百二十兩二錢四釐；

康熙五十八年辦五十七年分報銷上、官用額留并部派銀五萬七千七百五十二兩三錢三分，存剩銀四萬七千二百四十七兩六錢七分；

康熙五十九年辦五十八年分報銷上、官用額留并部派銀五萬七千七百五十二兩三錢三分，存剩銀四萬七千二百四十七兩六錢七分；

康熙六十年辦五十九年分報銷上、官用額留并部派銀五萬七千七百五十三兩二錢三分，存剩銀四

---

① 存剩銀，即例應存庫的餘剩銀兩。清制，凡各項餘剩銀兩，俱要存貯於庫，如私自挪移或侵用入己而未存庫，即以空虧庫項論，照例治罪追賠。

萬七千二百四十六兩六錢七分；

康熙六十一年辦六十年分報銷上、官用額留銀四萬三千三百三十三兩三錢三分，又辦喇嘛衣明黃緞挑到花匠工食共用銀一千三百一十兩九錢七分六毫，存剩銀六萬三百五十五兩六錢九分九釐四毫；

共存剩銀三十八萬六千八百四十一兩九錢二分三釐四毫。

硃批：知道了。總交與查弼納。

選自《雍正朝漢文硃批奏摺匯編》

總管内務府奏查抄李煦在京家産情形摺（附清單）

雍正元年四月初九日

雍正元年四月初九日，總管内務府衙門謹奏：為遵旨查抄事。

雍正元年正月初十日，臣衙門奏稱：李煦因奏請欲替王修德等挖參，而廢其官、革其織造之職，請咨行該地巡撫等嚴查其所欠錢糧，將李煦之子并辦理家務産業之所有在案家人，以及李煦衙門之親信人等俱行逮捕，查明其家産、店鋪、放債銀兩等，由該巡撫及地方官匯總另奏等因具奏。奉皇上硃批：著將交付該巡撫及地方官之事交付總督查弼納，其在京之産業著内務府大臣等查抄，其他各項著依議。欽此欽遵。

查得李煦住房二百三十六間，在京城、暢春園、房山縣等處有房三百五十七間半，房山縣有地十七頃一畝，奴僕八十二口，以及衣服、器具等物，共折銀一萬七千八百三十三兩三錢。將此抵補李煦所欠錢糧。其中除將李煦所住之二百三十六間房賞給年羹堯外，年羹堯欲取之緞子、瓷碗、盤子、琺琅鼎、樽、如意、火盆、衣服、紫檀花梨木床、椅子、杌凳、桌子等物，均按折價給銀。其餘房屋、地產、人口、馬騾等，均交由該地方折價出賣。其放債銀一千四百一十二兩，已交付慎刑司嚴查催收，亦充抵李煦所欠錢糧。

至於跟隨李煦之孤兒十五人，此等男女孩童既在蘇州，可暫留於李煦處，俟總督查弼納查抄李煦蘇州產業奏來時再議。詳細數目已另行繕摺。為此謹奏請旨。

辦理內務府大臣事務和碩莊親王臣允祿
內務府大臣噶達渾、李延禧
署理內務府大臣事務御前頭等侍衛來保

（附清單）

查得李煦在京之家產：草廠胡同瓦房二百二十五間、遊廊十一間，折銀八千零九十四兩；阮府胡同瓦房十六間，折銀三百四十三兩；暢春園太平莊瓦房四十二間、馬廄房八間，折銀一千六百一十四兩。

家人鮑子夫婦、其子四貴夫婦、嬰兒一人，折銀五十兩；馬二夫婦、妾一人、女兒五人、嬰兒一人，折銀一百二十兩； 金寶夫婦、其子斯兒夫婦、嬰兒二人，折銀五十兩； 董二夫婦、男孩一人、女兒一人及董二之寡母，折銀五十兩； 男孩劉士毅及其寡母，折銀三十兩； 管柱夫婦、妾一人、女兒一人、嬰兒一人、管柱之寡母及其女一人、寡婦一人，折銀八十兩； 楊道夫婦、其子二人、女兒一人、楊道弟楊二獨身，折銀五十兩； 高斯夫婦、女兒一人，折銀五十兩； 鄭郎夫婦，折銀三十兩。隨李煦前來之孤兒十五人，該男女孩童皆在蘇州。

房山縣除墳園房地及看園子之人外，丁府新莊有地十七頃一畝，折銀一千七百零一兩； 瓦房二百一十間、偏厦子二十八間、馬厩房十二間、土房十一間，折銀二千四百一十五兩； 莊內男女家人二十口、男孩十人、女兒四人、寡婦二人，共三十六口，折銀三百六十兩。

龍緞三疋，折銀六十兩； 明補緞三疋，折銀四十八兩； 金絨蝴蝶緞十疋，折銀一百二十兩； 大緞十九疋，折銀一百九十兩； 八絲緞七疋，折銀三十五兩； 八絲紗二疋、六絲紗一疋，折銀九兩； 六絲彭緞四疋，折銀八兩； 人參十五兩，折銀三十兩； 紅寶石頂染貂帽一頂，折銀五兩； 舊元狐皮帽一頂，折銀一兩五錢； 灰鼠肷皮裏貂鑲朝衣一件，折銀二十兩； 舊兔皮裏龍緞襖一件，折銀二十兩； 狼肷皮襖一件，折銀二十二兩； 灰鼠短大襟襖一件，折銀七兩五錢； 羊皮襖二件，折銀十二兩； 貂皮裏補褂一件，折銀二十四兩； 舊銀鼠裏補褂一件，折銀十兩； 灰鼠褂一件，折銀六兩； 紡絲面羊皮褂二件，折銀五兩； 元狐肷皮短褂一件，折銀十八兩； 黄貂短褂一件，折銀十兩； 舊羊皮小襖一件，折銀一兩五錢； 舊羊皮套褲一對，折銀三錢； 獺兒男裙一件，折銀三錢；

棉緞袍一件，折銀二兩；棉綢袍二件，折銀三兩；棉緞短襟袍一件，折銀一兩三錢；棉緞褂二件，折銀二兩六錢；短褂一件，折銀七錢；夾綢袍一件，折銀一兩四錢；舊綾子綢棉襖三件，折銀二兩；短棉襖一件，折銀三錢；舊綢衫二件，折銀一兩；短衫三件，折銀四錢五分；舊綢棉褲五條、單褲二條，折銀一兩四錢；多羅呢氈褂一件，折銀四兩；短褂一件，折銀八錢；舊羽緞褂二件、男裙一件，折銀四兩；舊緞套褲二對，折銀四錢；舊緞靴三雙，折銀一兩一錢；舊股子皮靴一雙，折銀二錢五分；緞鞋一雙，折銀一錢五分；緞、布、氈襪七雙，折銀五錢五分；鍍金銅環繫小刀、荷包一套，折銀五錢；銅葉腰刀二把，折銀一兩六錢；舊狼皮坐褥一個，折銀五錢五分；舊羔皮坐褥一個，折銀二錢；棉緞坐褥五個，折銀一兩；棉緞椅子墊三十五個，折銀五兩二錢五分；布椅子墊十個，折銀四錢；藍布面紡絲裏帳子一個，折銀一兩五錢；紫檀木座子琺琅大鼎一個，折銀三十兩；紫檀木座子琺琅樽一個，折銀二十兩；琺琅如意一個，折銀八兩；紫檀木架子琺琅火盆一個，折銀十六兩；紫檀木座子古銅鼎一個，折銀二十兩；紫檀木座子古銅大花瓶一個，折銀十兩；花梨木架子古銅鐸一個，折銀十兩；花梨木座子木根一個，折銀四而；填漆座子舊大瓷盤一個，折銀四兩；舊大瓷瓶一個，折銀三兩；破舊彩漆床一個，折銀六兩；紫檀木架子床一個，折銀五十兩；紫檀木方桌三個，折銀九兩；紫檀木椅子十二把，折銀四十八兩；鐵梨木杌凳二個，折銀二兩四錢；舊鐵梨木小書格子一對，折銀二兩；花梨木豎櫃二對，折銀五十兩；花梨木小床五個，折銀六十兩；花梨木八仙高桌八個，折銀三十二兩；花梨木椅子十五把，折銀三十兩；花梨木大小高桌一個，折銀一兩五錢；花梨木箭椿二個，折銀一兩；花梨木鏡架二個，折銀八錢；鸂鶒木長高桌二個，折銀十二兩；鐵梨木小案一個，折銀六兩；鐵梨木長高桌一個，折銀六兩；鐵梨木案一個，折銀十六兩；欅木小琴桌一個，折銀一兩；欅木長高桌一個，折銀四兩；欅木椅子六把，折銀四兩八錢；欅木轎搭子十二個，折銀二兩四錢；欅木火盆架一個，折銀四錢；舊楠木小竪櫃一對，折銀二兩；楠木小高桌一個，折銀六錢；樟木高八仙桌一個，折銀五錢；已開裂之松木心鐵梨木床一個，折銀二兩；黑漆小書格子一對，折銀三十兩；大小皮箱八個，折銀四兩；黑漆衣架一個，折銀四錢；黑漆竪櫃二對，折銀六兩；黑漆小箱子一個，折銀一錢五分；黑漆杌凳三個，椅子四把，折銀一兩四錢；油漆長高桌一個，折銀四錢；金漆長高桌一個，折銀四錢；舊紅油八仙高桌六個，折銀二兩四錢；舊金漆八仙高桌八個，折銀三兩二錢；一字桌一個，折銀三錢；金漆椅子二把，折銀四錢；舊金漆抽屜桌一個，折銀五錢；舊油方桌一個，折銀二錢；舊油席簍二個，折銀一兩；舊油浴桶一個，折銀三錢；舊篾絲盒子二個，折銀四錢；斑竹小書格子六個，木盤子二個，茶盤六個，折銀四兩；小竹行床一個，折銀八錢，漆皮方桌二個，折銀六錢；舊畫炕屏一個，折銀二兩四錢；黑漆小琴一個，折銀五錢；漢文書箱五十五套，折銀十六兩五錢；帶夾板之佩文韻府二十五套，折銀三十兩；漢字小册頁二個，折銀四錢；漢字小條扇一個，折銀三錢；漢字小壽絹一個，折銀二錢；繪龍黄、緑、藍瓷盤、碗、碟、杯等九百五十九件，折銀五十七兩五錢四分；各種瓷盤、碗、碟、杯等共四千一百二十件，折銀一百二十三兩六錢；瓷罐三十四個，折銀一兩七錢；小瓷鳥食罐三個，折銀一錢二分；銅器共三百二十四斤，折銀三十二兩四錢；錫器共三百七十斤，折銀二十五兩九錢；楠木匣一個，其中盛象牙圖書二個、小匣子一個、筆筒一個、漆盒一個、石硯二個、小瓷盒一個、瓷水盛一個、小銅鏡一個，折銀四兩；大小黃綫織網二十四個，折銀二十四兩；黃綫網錢二十六斤，折銀十三兩；黃綫繩二十桄，折銀四兩；苧麻繩十桄，折銀六錢；苧麻細繩十二斤，折銀二兩四錢；宜興挂瓶十六個，折銀四錢八分；宜興爐吊子五個，折銀二錢五分；大小熟棕花籃二十個，折銀二兩；藤花二十五個，折銀七錢五分；香餅子五匣，折銀六錢；帳子吊挂十五匣，折銀四兩五錢；安息香二十匣，折銀八錢；垂花二十對，折銀二錢；草鞋九雙，折銀九錢；草靴鞡七十五雙，折銀三兩七錢五分；鞋一百五十六雙，折銀三兩一錢二分；大小藤笸籮三十三套，折銀三兩三錢；鍍金銅馬鐙四對，折銀二兩四錢；舊布頂幃轎二個，折銀八兩；舊布頂幃駝轎一個，折銀三兩；舊無頂幃駝轎二個，折銀四錢；舊蘭布帳棚三個，折銀二兩四錢；舊氈、棉、單簾子二十八個，折銀五兩六錢；大小舊氈子二十一塊，折銀四兩二錢；格綫小褡褳十二個，折銀一兩二錢；舊牛皮被套三個，折銀四錢五分；布被褥單八個，折銀八錢；家人騎乘之舊鞍子五個，折銀四兩；瓷水缸六個，折銀三兩；瓷花盆四個，折銀二錢；鐵鍋四個，折銀一兩二錢；鐵樁子十三根，折銀一錢三分；鐵榔頭一個，折銀五分；鐵三脚鍋二個，折銀二錢；馬九疋、騾二疋，折銀三十九兩；馬槽四個，折銀一兩二錢。

查得辦理李煦産務之奴才馬二之家産：貸給民人張瑞玉銀二百兩，貸給本家董二銀五十兩，貸給正白旗雲騎尉張庭耀銀五十兩，貸給一家奴孫子興銀二十兩；與民人刁子玉各出銀二百五十兩合開錢鋪，馬二本銀二百五十兩；貸給民人施潤久銀四百兩，貸給李生奇銀二百兩；黑芝麻胡同有瓦房十二間又半間，遊廊三間，折銀四百二十九兩；林中坊有瓦房十五間，折銀五百七十兩；黄妝緞坐褥面二塊，紅片金裹二塊，折銀十兩；緞鑲領袖及馬蹄袖二分，折銀四兩；洋漆筆筒二個，折銀一兩六錢；洋漆方盒二個，其中一個腿已斷，折銀三兩；洋漆文具二個，折銀四兩；瓷筆架一個，折銀二錢；小金仿圈五個，重三錢，折銀二兩四錢；鍍金銀簪三十三枝，重九兩，折銀七兩二錢；大小銀匙子二十四個，鈴鐺二個，重八兩，折銀五兩六錢；退色小珠子四個，折銀四兩；珊瑚小簪子一對，折銀一兩；圭簪子一對，折銀二錢；玉戒指一對，折銀一錢二分；圭戒指一對，折銀一錢；錢三百八十，折銀四錢；四庹緞二塊，折銀二兩四錢；二庹緞一塊，折銀八錢；百顔綢四疋，又七尺一塊，折銀二兩九錢四分；紡子四疋，又二庹一塊，折銀三兩；布十一疋，折銀一兩六錢五分；舊棉緞袍一件，折銀一兩；舊褐子棉袍一件，折銀六錢；舊貂皮圍脖二個，折銀四錢；藺綢短大襟夾袍一件，折銀七錢；舊紗袍一件，折銀六錢；舊藺綢短大襟單袍一件，折銀五錢；舊單紗袍一件，折銀四錢；舊葛布袍一件，折銀三錢；舊青素緞棉褂一件，折銀一兩；舊棉綢褂一件，折銀六錢；舊夾綢褂一件，折銀五錢；舊夾紗褂一件，折銀四錢；舊單綢褂一件，折銀四錢；單紗褂二件，折銀六錢；舊羊皮短褂二件，折銀二兩；棉綢短褂一件，折銀三錢；夾紗短褂一件，折銀二錢；舊氈褂二件，折銀六錢；獺兒皮男裙一件，折銀二錢；綾子小棉襖一件，折銀八錢；綢子小棉襖一件，折銀六錢；綢子小夾襖一件，折銀三錢；舊綢子短襖一件，折銀二錢；舊紗衫一件，折銀三錢；紡絲衫一件，折銀三錢；綢短衫一件，折銀二錢；舊夏布衫一件，折銀一錢五分；舊紡絲棉褲三條，折銀六錢；舊紡絲單褲四條，折銀四錢；單布褲一條，折銀一銀二分；舊水獺帽二頂，折銀六錢；舊黃鼠狼皮帽一頂，折銀四錢；藤涼帽二頂，折銀二錢；帶鍍金銅環、手巾、荷包之腰帶一條，折銀一兩二錢；帶鍍金銅環之小腰帶一條，折銀三錢；舊棉褥一個，折銀八錢；舊緞褥二個，折銀一兩六錢；舊布褥二個，折銀一兩；布裏綢面舊被三床，折銀二兩四錢；緞枕頭二個，折銀四錢；舊錦坐褥二個，折銀三錢；舊錦椅墊四個，折銀四錢；緞鞋十七雙，折銀二兩零四分；緞襪四雙，折銀四錢；大小緞荷包一百二十個，折銀二兩四錢；絨纓子十四兩，折銀一兩四錢；舊錦方刷子三個，折銀四錢五分；緊鎖綫四兩，折銀四錢；棉綫四斤，折銀六錢；苧麻綫三斤，折銀四錢五分；布手巾三條，折銀一錢；麻布手巾二條，折銀六分；紫檀木方桌二個，折銀四兩；花梨木長高桌一個，折銀二兩；花梨木小琴桌一個，折銀一兩；花梨一字桌一個，折銀一兩；榆木一字桌一個，折銀三錢；黑漆豎櫃二對，折銀三兩五錢；金漆小豎櫃二對，折銀二兩；漆條桌二個，折銀六錢；舊漆方桌二個，折銀三錢；舊漆抽屜桌三個，折銀九錢；舊漆椅子八個，折銀八錢；舊漆八仙高桌四個，折銀八錢；漆皮箱五個，折銀一兩五錢；舊漆匣子四個，折銀三錢；舊漆火盆架二個，折銀二錢；舊漆杌凳三個，折銀三錢；油衣架一個，折銀二錢；油方臉盆架一個，折銀二錢；天平一分，折銀八錢；篾絲方盒一對，折銀三錢；拴彩子舊布八十條，折銀二兩四錢；　舊羊角燈籠六對，折銀一兩八錢；　筆一百八十枝，折銀九錢；　扇子十八匣，折銀三兩六錢；　紫檀木弦子一個，折銀八錢；　紫檀木小木魚二個，折銀二錢；　紫檀木戲板二個，折銀三錢；　小銅鈸四個，折銀三錢；　銅鏜兒二個，折銀一錢；　銅星兒四個，折銀二錢；　小銅鏡二面，折銀二錢；　梳子八個，篦子十個，折銀一錢八分；　鐵葉子腰刀一個，折銀二錢；　涼席二個，折銀二錢；　藤枕頭二個，折銀二錢；　瓷花瓶一個，折銀一錢五分；　靴鞋底三十五雙，折銀二兩八錢。

以上共折銀一萬七千八百三十三兩三錢，放債銀一千四百一十二兩，合計一萬九千二百四十五兩三錢。

交奏事員外郎雙全、張文斌等轉奏，奉旨：依議。欽此。

由員外郎三木保將議奏李煦案一摺及細目清單一件送來，并交付筆帖式桑格，交由廣儲司筆帖式額爾達色、營造司筆帖式巴蘭泰、會計司筆帖式劉柱、慎刑司筆帖式劉和、崇文門監督趙保等謄抄。

（譯自內務府滿文奏銷檔）

查弼納奏查明李煦蘇州家產并請另行查辦李煦虧欠摺

雍正元年五月二十六日

臣查弼納謹奏：　為遵旨事。

查抄李煦家產，查出李煦奏摺送來後，臣查得有聖祖皇帝朱筆諭旨一件，已奉硃批摺四百零六件，未奉硃批摺一百九十三件。

臣已分別將朱筆諭旨及已奉硃批摺裝入八匣，將未奉硃批摺裝入四匣，恭謹密封。另有上賞李煦御筆對聯一副，臣亦恭謹包卷，另行裝匣密封，一併奏聞。

再，臣正在查抄李煦家產，繕摺具奏間，接到管理蘇州織造事務郎中胡鳳翚送來奉旨交付臣查辦李煦所有虧欠錢糧事宜之文書。李煦任織造已三十年，所有支用錢糧之檔冊項目繁多，且其辦理錢糧事宜之相公沈毅士又在京城，拿其前來查檔需用時日。今李煦之家產業已查明，一應物件俱已封存。若待查明虧欠錢糧再行具奏，則無人看管物件，封存日久，難免受潮，以至損壞，不如及早辦理。故此，先行奏聞此事。

至於虧欠錢糧一事，俟查明後再奏。謹此奏聞。

臣豈弼納親筆繕摺

雍正元年五月二十六日

御批：擬以另項辦理甚是。餘皆知道了。

內務府總管允祿等面奏查抄李煦家產并捕其家人等解部事

雍正元年六月十四日

總管內務府事務和碩莊親王允祿，內務府大臣來保等面奏：

據總督查弼納奏摺内稱：李煦虧空銀三十八萬兩，查過其家産，估銀十萬九千二百三十二兩餘，京城家産估銀一萬九千二百四十五兩餘，共十二萬八千四百七十七兩餘。以上抵補外，尚虧空二十五萬一千五百二十三兩餘。

又，摺内稱：隨從李煦之家屬十四名口等因。復據京城查過摺稱：李煦家屬十五名口。查此等子女既均在蘇州，當傳知總督查弼納逮捕，并將沈毅士一同解送交部。等因。

奉旨：依議。欽此。

（譯自内務府滿文奏銷檔）

内務府奏李煦石文貴等房屋圖樣請覽摺

雍正元年八月初十日

總管内務府為遵旨查奏事：

案查雍正元年三月十二日奏將石文貴、托和齊、李煦等房屋圖樣請覽一摺，奉旨：李煦虧空官帑，著將其家物估價，抵償欠銀，並將其房屋賞給年羹堯。欽此。

（譯自内務府滿文奏銷檔）

兩江總督查弼納奏報清查李煦虧空銀兩摺

雍正元年十一月初一日

江南江西總督臣查弼納①謹奏，為遵旨事。

李煦虧空之銀兩，經臣逐一核查，除先前查奏之三十八萬餘兩外，又查出李煦預支雍正元年壬寅②銀五萬兩。又經夾訊沈毅士，供出李煦透支③康熙五十五年一宗錢款，共十萬七千五百兩。故派人前去鹽運使司核查原檔。臣竊思李煦身為織造，且兼理鹽課之事，將鹽庫之銀挪移④織造衙門，皆隨其所欲；且因其管理鹽課年久，項目龐雜，現雖查出如是款項，仍有不明錢款，亦未可料。臣將徹底清查，不使少有遺漏。又夾審李煦之子李鼎、家人錢仲璿、相公沈毅士，據供：李煦管理鹽課之際，將康熙四十七、四十九、五十一、五十三等年，其應得之多餘銀兩，賠墊商人所欠達一百十六萬兩。李煦任內，自康熙四十五年所得各種商賈餘銀，因俱以急用預支，故以七十兩為百兩，或以八

① 查弼納（一六八三—一七三一），完顏氏，正黃旗滿洲人，由佐領歷任至兵部右侍郎。康熙六十一年（一七二二年）十月陞授兩江總督。雍正四年（一七二六年）以其為允禩黨羽，召京審查，因盡言蘇努、阿靈阿等結黨事，免罪，命署吏部尚書，五年授兵部尚書；八年十月任北路副將軍，往征準噶爾部策妄阿喇布坦，次年六月戰死於和通泊。

② 壬寅，即康熙六十一年（一七二二年）。此處指李煦預先支用了兩淮鹽運使司雍正元年應解送蘇州織造衙門的壬寅綱鹽課銀五萬兩。

③ 透支，財政用語。清制，凡動支款項皆有額定，其開銷之數超過額定之數者，即謂之透支。

④ 挪移，財政用語。指官員私將此項庫款挪為他項之用。清制，凡官員因挪移而虧空庫款者，例將本官擬罪追賠。

十、九十兩為百兩不等彈兑①，秤子又小，百兩僅給九十四兩。李煦替商人賠墊，皆用足銀，如數彈兑。全計裝秤少秤共少給銀三十七萬八千八百兩，商人理應補償，還清國帑。等語。故將此責成按察司會同運司，傳取鹽商，問明真偽，將追賠之處呈報前來。商人中有否為李煦隱藏財産者，臣尚未訪查清楚，雖嚴行夾訊李煦家人，似未得實供。（行間硃批：這等之人二三十年就防此一着。大概包衣有些能幹的人，都走此一路。近年不肖督撫，也作這勾當。巧妙彎轉甚多，若不十分用心，設法細訪，不能得真情。）俟臣巡查海疆返回後，將李煦虧空銀兩實數、商人短給銀兩查明，並將李煦之子、家人再予夾訊審明，一併奏聞。

為此，謹具奏聞。

臣衙門筆帖式劉希善書。

硃批：知道了。

《雍正朝滿文硃批奏摺全譯》

① 彈兑，即交接銀兩。清制，凡收支交接各項銀兩，均用天平稱銀，交兑之時必須將天平彈正，故稱之為彈兑。

兩江總督查弼納奏請將李煦家人押送內務府摺

雍正二年閏四月初一日

江南江西總督臣查弼納謹奏，為請旨事。

臣為李煦一案，經嚴加查訊伊等於他處有無隱藏家產後，並明確責令補償其虧空銀米後，擬另具

奏聞外，李煦家男女大小人中，除去年以來已經死去者外，現有人二百餘口。已在蘇州地方賣人有一

年，雖對當地人再三曉諭，但皆言伊等為旗人，而無一人敢買。且將伊等之家產已入官，如今無人養

育，又無衣食，天長日久之後，難免有所損失。以臣愚見，現將應審之人暫停質審，而其餘人俱行造

册，由臣資助盤費，坐船乘驛，押送內務府，以奏請聖主。如此辦理當否，臣未敢擅便，懇請聖主批

示，以便遵行。

為此，謹奏請旨。

臣衙門筆帖式魏托保書。

硃批：知道了。著送。

《雍正朝滿文硃批奏摺全譯》

内務府奏請將少賣人參銀兩由孫文成等均賠并嚴催李煦交納虧欠之銀摺

雍正二年六月三十日

内務府謹奏，為遵旨議查事。

據雍正二年閏四月二十六日，奏事雙全等為織造處郎中孫文成等條陳賣參一摺傳旨：人參在南省售賣，為何如此價廉？先年售價如何？着問内務府總管等。欽此。欽遵。是日經查具奏：康熙五十三年、五十四年、六十一年，崇文門監督尚志等賣參價，均較孫文成等賣價昂貴。等因具奏，奉旨：將此查明具奏。欽此。欽遵。

查得，康熙六十年三處織造孫文成等攜賣參價，較五十三年於京城賣參價，少賣銀三萬六千八十二兩六錢三分。攜參至南省售賣，理應價貴，今未得售高價，反而不如京城之賣價者，顯然隱價。現將孫文成等賣參銀五萬一千八百十五兩九錢三分二釐五毫，交江南布政使將此銀咨行户部，照數解送内庫。等因具奏外。少賣之三萬六千八十二兩六錢三分銀内，由孫文成、曹頫、李煦均分，將孫文成、曹頫償還之銀二萬四千五十五兩八分六釐，咨行户部，交該布政使由每年伊等應領之錢糧内照數扣取，將扣取之銀數亦報户部，由户部解送内庫。

李煦現京城家産雖完，卻有按人供給之銀，限期一年交付該佐領，嚴催李煦收回給人之銀，將此虧欠一萬二千二十七兩五錢四分三釐銀償交廣儲司。若仍不催交完解，將李煦治以重罪。

為此，謹奏請旨。

辦理內務府總管事務和碩莊親王臣允祿，內務府總管兼散秩大臣臣常明，內務府總管臣來保、臣李延禧。

硃批：所議雖是，爾等先並未查出；朕下旨，雖補收此銀兩，亦無味。將已交付銀解送，免增收。爾等知無恥耶！

《雍正朝滿文硃批奏摺全譯》

兩江總督查弼納為繕送查抄李煦家產漢字摺稿及清册事致內務府咨文

雍正二年七月初七日

總督江南江西等處地方軍務兼理糧餉操江・兵部尚書兼都察院右都御史・世襲三等阿達哈哈番①查②為遵旨事：

照得本部院奉旨嚴查原任蘇州織造李煦虧空錢糧清查家產一案，除現在查明復奏外，查此案本部院上年係清字摺奏，業奉發回，恐貴府無憑查考，相應照繕漢字摺稿，同李煦虧空銀兩數目及查出頂

① 阿達哈哈番，爵位名，滿語，清代世爵之第六等，秩正三品，乾隆元年（一七三六年）定漢名為輕車都尉。有一、二、三等之別。

② 即兩江總督查弼納。

補虧空數目，一併造册咨送。

為此，合咨貴府，請煩查照施行。須至咨者。

計咨送原奏一件、册一本。①

右咨内務府。

内務府來文・雍正朝

吏部尚書隆科多為陳查弼納奏摺所奉傳之諭旨

雍正二年七月二十二日

〔雍正二年七月〕二十二日，舅舅隆科多恭陳查弼納奏摺，奉旨：據江南總督查弼納查出李煦虧空銀内，商人少給擔賠銀額及短秤銀共三十七萬八千八百四十兩，應由商人頭目等追賠。今既遣色楞額、李周望等稽查兩淮鹽務，著即交伊等查明此案。再，李煦所信任辦事人沈毅士，亦交色楞額、李周望等審訊之外，著隆科多、盧詢會同内務府總管等會議具奏。欽此。

將總督查弼納奏摺繕寫於後。

---

① 漢文摺稿、清册，未查到。

兩江總督查弼納為審訊李煦家人及查其家產事奏摺

江南、江西總督臣查弼納謹奏，為遵旨事。

前由總管內務府為嚴查李煦家產等因具奏，欽命臣辦理此事。臣即將李煦之子李鼎及管家錢仲璿等逮捕歸案，嚴審搜查。又請將李煦親信沈毅士解送江南。

李煦於織造衙門兩側官地營建行宮兩座，共有房五百二十五間，著請織造胡鳳翬看守。李煦買田耕種皇上所賜稻谷，今收得稻穀七百餘包，共二百八十石，一併交胡鳳翬收藏外，實查出李煦父子及家人名下宅田、器皿、香爐、字畫等物及借出虧空等項，共折價銀十萬九千二百三十二餘兩、錢一千四百〔文〕。李煦家口內，除親朋無償所送當差之人及雇用匠人、長隨外，真正家口共有男女一百五十人，其中十四人隨李煦居住京城。錢仲璿之家口，共有男女七十四人。將此已造清册，咨送總管內務府。

又據織造胡鳳翬來文內稱，李煦虧空一案，皇上命臣辦理等情。臣查得，李煦曾從江蘇布政司庫領銀，後由兩淮鹽課庫領銀，其銷算檔册，俱收藏於織造衙門。李煦管埋織造事宜已有三十年，用銀項目繁多，待徹底查明另奏等情，已繕摺具奏。旋由總管內務府咨文內稱，雍正元年六月十四日陳總督查弼納奏摺，奉旨：朕覽查弼納查抄李煦家產一摺，殊為不嚴，其家人應用刑者亦未用刑。如今其管家湯琛柱、郭茂雖死，但其子弟等家產，並無詳加追究。此輩皆為富户要人，理應嚴查。李煦乃行止不端之人，在織造多年，又曾在兩淮任事五年，虧空皇上錢糧三十八萬餘兩。今查抄蘇州、京城家產，折銀十二萬餘兩，尚欠二十五萬餘兩。將此摺發回，著其再行嚴加查訪，必須查出其家人、商人內所藏家產、貨物，一并歸入所欠錢糧項內。再，已查抄土地、人口、物件等，均照所估數目辦理，著將所得銀兩奏聞。其中如有內用刺繡以李煦欲進貢古董等物，著交胡鳳翬另行奏請。欽此欽遵。至臣等奏請解送李煦隨行家人，曾命該總督解送。現已將沈毅士一併解送。

又來文內稱，爾奏文內開，將高萬順借銀文契咨送總管內務府，著李煦親自辨認，待將所取口供咨送到臣，再將沈毅士、高萬順嚴加審定等語。故將高萬順借銀文契兩張，命李煦辨認。經訊李煦供稱，所借本銀陸續償還，於五十八年十一月初七日，結清償還銀兩，本息全部償還完畢是實等語。再，奏請解送李煦隨行十五名家人內，留其知曉李煦家事之三人問事，事結之後，再行解送。故將爾奏摺一件、文書兩張一并咨送到臣。除咨行蘇州織造胡鳳翬一體遵行外，即派員前往江蘇按察司，令其再行嚴加查審，催促作價。在此以前，於雍正元年五月初二日，據蘇州織造胡鳳翬來文內稱，前任織造李煦并未將歷年應餘銀入庫。又查出李煦於康熙三十二年二月內，遵照總管內務府咨文，動用備用銀二千兩，購米四千一百餘石，此項銀兩雖已銷算，而所購米石並未入倉俱屬李煦虧欠等情。雍正元年三月二十二日繕摺奏聞，本年四月二十五日奉硃批：著交總督查弼納。欽此。又於所奏歷年銀兩數目摺內奉硃批：知道了。皆交查弼納。欽此欽遵。虧空錢糧一案，理應照摺繕單，遵旨咨送等情。

貼單內稱，前任織造李煦任內，康熙五十四年銷算五十三年御用、官用綢緞所留額銀及由部所派綢緞銀五萬八千二十一兩三錢三分，應餘銀四萬六千九百七十八兩六錢七分；康熙五十五年銷算五十四年御用、官用綢緞所留額銀及由部所派綢緞銀五萬八千二十一兩三錢三分，應餘銀四萬六千九百七十八兩六錢七分；康熙五十六年銷算五十五年御用、官用綢緞所留額銀及由部所派綢緞銀五萬七千七百三十三兩三錢三分，應餘銀四萬七千二百六十六兩六錢七分；康熙五十七年銷算五十六年御用、官用綢緞所留額銀及由部所派綢緞銀六萬一千四百七十九兩七錢九分六釐，應餘銀四萬三千五百二十兩二錢四釐；康熙五十八年銷算五十七年御用、官用綢緞所留額銀及由部派綢緞銀五萬七千七百五十二兩三錢三分，應餘銀四萬七千二百四十七兩六錢七分；康熙五十九年銷算五十八年御用、官用綢緞所留額銀及由部所派綢緞銀五萬七千七百五十二兩三錢三分，應餘銀四萬七千二百四十七兩六錢七分；康熙六十年銷算五十九年御用、官用綢緞所留額銀及由部所派綢緞銀五萬七千七百五十三兩三錢三分，應餘銀四萬七千二百四十六兩六錢七分；康熙六十一年銷算六十年御用、官用綢緞所留額銀四萬三千三百三十三兩三錢三分，又支織喇嘛服、明黃緞及桃花、印花工匠錢糧，共用銀一千三百十兩九錢七分六毫，應餘銀六萬三百五十五兩六錢九分九釐四毫，總共應餘銀三十八萬六千八百四十一兩九錢二分三釐四毫。又李煦任內於康熙三十二年二月初八日，由總管內務府咨文內稱，奉旨准動用備用銀二千兩糴米儲藏等情。故於三十三年十二月二十七日，遵旨購米四千一百二十三石七斗一升，每石價銀四錢八分五釐。已於本年三織造處合繕一文，呈報總管內務府銷算訖等情。

本年五月二十三日，蘇州織造胡鳳翚為遵旨查明虧欠續報來文內稱，臣謹遵查出前任李煦虧欠銀米奏摺內朱諭，曾於四月二十七日咨行爾衙署查催。今遵旨復查，又查得李煦任內，每年有備用銀一千兩。自康熙二十五年至六十一年，共有銀三萬七千兩。除歷年遵旨動用而銷算銀二萬五千五十一兩六錢一分外。現庫存銀祇有六千八百二十四兩三錢一分有奇，其餘銀五千一百二十四兩七分，並未入庫。再，織匠等定額口米，俱由蘇州、松江二府所屬縣與漕糧一同催徵，送至發給。雍正元年各織匠口米，應以六十一年送來之米支給。經查，此項米石於去冬由各州縣送來，共一萬一千五石三斗，已由前任李煦接收。除支給各工匠五百三十三石七斗外，應餘米一萬四百七十一石六斗，竟未入倉。以上兩項俱係李煦任內虧空，除遵旨將查明之處繕摺奏聞外，理應咨行爾衙門。審訊李煦家口，虧欠備用銀兩應作何追賠之處，請定奪之。再，六十一年所收局米，乃計各織匠口數額發之米，現雖紛紛呈文請領米石，然未支給。以此審問李煦家口，查明侵吞挪用之處，以便追回賠補。如此則備用庫銀不致虧欠，而織匠口米亦可得，不致挨餓等情前來。

臣查得，除李煦支領各衙門銀數，歷年銷算檔冊及六十年未銷算銀兩外，尚有預領各衙門銀兩、備用銀、局米等項名目繁多，核查無憑。除行文蘇州織造，請其查明各項檔冊，并將辦事書辦解送前來詳審外，亦曾差員赴江蘇按察司，令其一體查明遵行。旋由按察使葛繼孔告稱，奉命立即行文蘇州府，請將李鼎、錢仲璿解來嚴審。又行文蘇州織造衙門，令其查明此項備用銀、局米每年如何使用銷算之處。

司臣伏思，先前查出鄭之舍典與他人之房屋，僅得典價，而未足售價，欲請增加折價以補虧欠。臣親赴儀徵縣，帶領該知縣逐項查看，典給鄭繼安等之房屋，原價銀一千三百六十兩，現加增折價銀四百六十兩，照數交納後，為其己業。又項顔所住房屋，原價銀比折價銀多。六十年，項顔又典鄭之舍小樓一幢，雖僅有十幾間，但建造式樣精細別致，有小石山，可加增折價，加增原典價銀四百兩，照數交納後，亦為己業。再，初審鄭之舍時所供房屋，現將折價變賣，有住房四十八間，遊廊後門一帶房數雖然不多，但磚木完好，原折銀為一千九百七十五兩，價似偏少。今加銀五千二十五兩，共折銀七千兩。又因鄭之舍之父有虧項，寫有二千兩銀之文契，將房一所暫行典與程維齋，房屋仍由鄭之舍居住。嗣後，傳審鄭之舍時，程維齋知此房應入官，而不呈文陳明緣由，恃其典契，欲行隱匿，反而移居此房。雖説鄭之舍必與其合謀而行，而程維齋亦不畏法。當初程維齋若能自首，則其所得虧項，理應給還之。既已隱瞞，即截留其應得虧項以為贖罪，令其遷出，房屋作價。查得此房屋雖有九十四間，但地方彎曲狹窄，而房屋又不整齊，折價銀五千兩，連同折增鄭繼安等所典房價銀，一併補入李煦虧空項內。

正欲呈報間，蘇州織造胡鳳翚咨文內稱：康熙二十四年十二月十五日，廣儲司咨行户部，轉咨巡撫，交布政司，每年支給每織造各一千兩，以備奉命購買事項等語。自二十五年至四十六年，前任李煦由布政司庫領銀二萬二千兩。四十七年，江寧織造曹寅會同前任李煦為恭陳管見繕摺具奏，故將每年備用銀一千兩亦由兩淮鹽課盈餘銀內支取。自四十七年至六十一年，共領銀一萬五千兩。於此兩處共領銀三萬七千兩。歷年用於遵旨購買物品而銷算之銀二萬五千五十一兩六錢一分，應餘銀一萬一千九百四十八兩三錢九分。查得現庫存銀六千八百二十四兩三錢一分九釐，實虧銀五千一百二十四兩七分一釐，又查得康熙六十一年，蘇州、松江二府所屬各州縣送來局米一萬一千零五石三斗三升一合六勺，前任李煦收領後，除支給雍正元年工匠米五百三十三石七斗三升一合六勺外，實餘應為一萬四百七十一石六斗等情。

又，李鼎、錢仲璿自蘇州解來後，本官詳審李鼎，爾父李煦虧空銀米，已由織造衙門查明，歷年共虧欠織造應餘銀三十八萬六千八百四十二兩九錢餘。又以備用銀二千兩買米，未入倉廒。又虧欠歷年備用銀五千一百二十四兩餘；又欠局米一萬四百七十一石餘。爾父原係如何侵漁侈費如實供出。據供：我父虧空織造衙門應餘銀，我先前已有明確供詞，實因以前虧空太多，以管理鹽課任內所得餘額銀兩賠償。最後一年所餘四十餘萬兩銀，經奏准捐納兵餉。從此，生計窘困，但每年又有應辦官事，無奈方挪用應餘銀兩，何敢侵用。動用備用銀二千兩，買米四千一百二十三石七斗一升，此係康熙三十三年之事。今年我剛三十歲，那時還是吃奶小孩，不知實情。可問書辦或清查檔册即可得知。至備用銀一案，實因我父每年所辦官差無銀可用，而無奈挪用，皆為公事不敢私吞。織匠口米，因係計口按量發給，不可少有不足。各州縣所送局米皆不足數，歷年皆未交齊。細册已送布政司轉行户部，此情可查文案。各州縣每年所送米數不足，又不能讓工匠等忍饑勞作，故挪新補舊，每年皆照數給足。六十一年，各州縣送米一萬一千零五石三斗，除用於補發先前虧欠工匠之米外，又賑濟用米五百三十三石七斗，實無一點私用之處。若照前年所送米數，尚缺一萬四百七十一石六斗，而各州縣歷年所交之米，虧欠一萬一千四百七十五石二斗一升二合，較此數尚多一千餘石。此係李鼎我問過書辦時，如此告知於我的。李鼎催徵而未完各項檔册現也俱在，可以查之，並無虧空之處。乞請查檔，詢問書辦並行文各州縣，催徵虧欠未完米石，以補償原項等語。審問錢仲璿：你家老主人虧欠歷年應餘銀三十八萬六千八百四十二兩九錢二分三釐四毫，又以備用銀二千兩買米四千一百二十三石七斗一升，又虧欠歷年備用銀五千一百二十四兩七分，又六十一年收領蘇州、松江二府所屬州縣送來織匠口米一萬四百七十一石六斗，此等銀米，如何侵吞，從實供出。供稱：康熙三十三年，小的尚未管事。尤其錢糧之事，小的從未管過。至動用備用銀買米之事，我實在不知。備用銀皆由我主人親自收藏。衹有我家老主、辦事書辦纔清楚，我實無經手之處。織匠口米一案，亦衹有書辦知曉，我實不知，豈敢妄供等語。

司員葛繼孔查得，原蘇州織造李煦任內所虧欠錢糧，先由臣衙遵旨查明，查出歷年虧欠銀三十八萬六千八百四十二兩九錢二分三釐四毫，皆已具奏咨行在案。今李煦任內，六十一年所辦六十年應餘銀六萬三百五十五兩六錢九分九釐四毫，並未入庫。三十二年，動用備用銀二千兩買米四千一百二十三石餘，并未入倉。又現存歷年備用銀內撥出五千一百二十四兩七分，加之康熙六十一年各州縣送來織匠口米，皆用於賑濟外，所餘一萬四百七十一石六斗米并無收藏之處。因此，現任織造先後繕摺具奏，遵旨咨行臣署轉行送司後，司員我立即提審李煦之子李鼎、管事家人錢仲璿，將摺內之事由逐一查問。李鼎供稱：六十一年所辦六十年應餘銀六萬三百五十五兩六錢九分九釐四毫，即包括在先前所供虧欠三十八萬六千八百四十二兩銀内等語。此係先前已奏事項，今無須復查。又問以備用銀二千兩買米四千一百二十三石七斗一升一事。李鼎供稱：三十三年，還是吃奶小孩，不知如何費用。問家人錢仲璿，亦稱三十三年尚未管事，不知實情等語。

伏思，該項米石先前既奉旨採買入倉，其後如何費用之處，織造衙門必有記載。將此由臣署咨行織造衙門，提審辦事書辦方可明白。又問相繼查出李煦虧欠備用銀五千一百二十四兩七分一事。李鼎供稱，實屬我父挪用，并無侵吞之處等語。又問虧欠六十一年蘇州、松江二府所屬州縣送來織匠口米一事。李鼎供稱，此項米石用以補給先前墊發之米，並非虧欠。各州縣歷年欠交米石，現有一萬一千四百七十五石二斗一升二合。此已開列細目呈報到部在案。各州縣送來六十一年米石，除補先前所欠米石外，欠額尚多等情，供詞明確。查得各州縣歷年所交織匠口米確有缺額，已明白呈報，並行文到部等情在案，臣署曾咨行織造衙門，普查歷年收支米石細數及李煦墊發各州縣缺額真僞，造册到署後，一併核準具奏等語遣人報請。繼而由臣衙門所行牌文内開，據蘇州織造來文内稱，所謂前任李煦所欠局米以補先前所欠米石後，各州縣欠額尚多一事，皆係其家口妄供。請將此嚴敕追賠，以補償虧項等語。故理應查催等情交司後，即咨行布政司，著遣員往查蘇州、松江二府所屬州縣歷年未完局米實數，由布政司將各州縣所欠米數繕造清册送來。

查得李煦虧欠六十一年局米一萬四百七十一石六斗。各州縣現已完米石折銀為二千一百九十二兩四錢餘，每石折銀一兩，已完米石為二千一百九十二石，仍欠未完米石八千八十二石餘，既然各縣有欠未完米石，則不可皆作為李煦所欠。除現已送來之米折銀和各縣所欠未完米石抵銷外，李煦實欠米一百九十六石，將此於李鼎名下追賠。各州縣未完米石交布政司，著其行文各州縣催結，送織造衙門支給工匠等情批轉施行在案。又咨行兩淮鹽運司，令其查明織造衙門每年額領銀幾何，是否預先支領雍正元年銀兩等情。據該司回文內稱，本衙門每年送交織造衙門銀十萬五千兩，又修繕織造房屋銀二千五百兩。前任鹽運使魏延政任內，原織造李煦為預支雍正元年應送織造衙門壬寅綱之五萬兩銀咨文前來。文內有奉命織造佛像所用綢緞和以備要需款項，時刻不容耽擱之語。惟恐耽擱，便遵鹽運使交付，派員解送，領取回批在案。現應回文陳明原由等情。

又由蘇州府解來常州縣所查獲之李煦家已死家人湯踩柱之弟湯八十、郭茂之妾舒氏、小男孩法郎及其親信蘇潔枚等。又臣衙門為傳送事所行牌文內開，雍正元年七月十四日，據兵部咨文內稱，由總管內務府來文咨稱，本府奏稱，江南、江西總督奏稱李煦之跟隨家人十四名口，查得在京城實有李煦之跟隨家人十五名口，此等人之妻孥皆在蘇州，著該總督解送前來等語。連同沈毅士一并交部，轉送該總督等情，於雍正元年六月十四日面奏，奉旨：依議，欽此欽遵。將拿獲之漢人沈毅士及李煦家人賽隆阿、朱瑪泰、鄂勒黑、金其壽、富拉尼、金永壽、博爾蘇、鄂爾布岱、齊二、王六十、三存、車木保等送爾部轉送江南、江西總督衙門等情。故將沈毅士等十三人送交江南、江西總督，連同文書一併到來，除我親審外，理應交待審理等情。到司後，當即傳宣蘇州知府蔡永清，將犯人帶來，逐一詳審。

審問李鼎：爾父李煦係行止不端之人，任織造多年，又管兩淮鹽務五年。虧空皇上錢糧三十八萬兩，又備用銀五千一百二十餘兩，又動用備用銀二千兩買米四千一百二十餘石，及六十一年蘇州、松江二府屬地送來局米一萬餘石亦全部虧空。現查出任所和京城家産僅折銀十二萬餘兩，尚欠二三十萬兩。今遵旨嚴查賠償，你將你在家人和商人處所藏家産、財物全部供出，若仍隱瞞不供，必用夾刑。供稱：我父虧欠銀兩理應賠補，以前再三夾審，我皆已明白供出，京城、任所房産亦全部供出。此外，無一點隱瞞。在商人處，亦無一點家産買賣，我不敢陷害無辜者。今既嚴查，則我父管理鹽務時之情由不可不予以陳明。我父管理鹽務時，因商人有虧欠未完錢糧，我父每年以盈餘銀替其補償，先後共賠補百萬餘兩。因此我父反而虧欠。代商人賠補虧欠錢糧之處，我父已明確具奏。鹽運司、户部山東司皆有檔可查。管鹽差任内盈餘銀兩皆不足額。康熙四十五年初次鹽差，盈餘銀四十餘萬兩，其後四次每年盈餘銀五十餘萬兩。管理鹽課事務官於十月到任，該項銀兩則於來年六月撈鹽過秤時纔給。因我父接任，急用銀兩，預領該銀，時皆減額與之，其中以七十兩為百兩，八九十兩為百兩者不等。匯總核算，每百兩衹得九十兩。又因秤小，百兩僅有九十四兩，又少得六兩。五年裏盈餘銀内，減損數目加之少秤數目，共計少給銀三十七萬八千八兩有餘，衹我家人錢仲璿收領。此項銀兩既在盈餘銀内，各商理應出銀賠補。我父若無虧項，亦無需向伊等計較。今既嚴查虧空，我李鼎豈能知而不言耶？況我父有代商人賠補虧欠錢糧之事。今商人若拿出此項減損少秤銀兩，即可賠補我父虧項。

五十六、五十七兩年，我父又管鹽課事務，盈餘銀兩未有減損之處，惟有秤數仍缺。我父欲捐納盈餘之銀，商人為此事曾許諾出銀五萬餘兩賠補。今可查部催文。如能轉告令查，我李鼎父子即可得生。至我父管理鹽課事管之時，為欽遵上諭事，其衆商人所欠銀一百一十六萬兩餘，諭令以曹寅、李煦二人所得多餘銀內賠補。我父於康熙四十七年鹽差時，捐助銀二十三萬餘兩代賠。康熙四十九年鹽差時，又捐助二十三萬餘兩代賠。兩年共賠補銀四十六萬餘兩。再至聖上十分仁愛商人一事，康熙五十年，江寧、蘇州二織造會同具奏商人尚虧欠錢糧一百三十餘萬兩等情，奉旨：著鹽差三年內代賠銀七十萬兩，商人賠補六十餘萬兩。欽此。我父於康熙五十一年任鹽差時，捐助盈餘銀二十三萬餘兩代賠。五十二年任鹽差時，又捐助二十三萬餘兩代賠。五十三年任鹽差時，又捐助銀二十三萬餘兩代賠。總共代賠銀七十萬兩，皆於限內賠完。計先前四十七年、四十九年兩年代賠銀四十六萬餘兩在內，共代商人賠償銀一百一十六萬餘兩，此皆以盈餘銀內賠補。商人支給盈餘銀時，祇以七八十兩作為百兩。我父替商人代賠之銀，皆以好銀送部，又用庫秤，其虧損數額皆我父一人承擔，故代商人賠還錢糧時，又虧損許多銀兩。遇有別項急需應辦要事，無銀支用，不可不預先支領。無奈祇好認領伊等折損額銀。又問李鼎：據沈穀士所供，爾父於康熙五十五年一次多領錢糧銀十萬七千五百兩等語取自於何衙門？係哪一次錢糧？此等理應有案可查，為何管理鹽課事務之衙門、運司衙門送往總督衙門之檔册中未有此項銀兩？多領之銀用於何處？必為爾父侵吞。爾必須據實供出。供稱：康熙五十五年，我父多領錢糧十萬七千五百兩一事，李鼎我確實不知。既為沈穀士供出，問彼便可曉之等語。又問李鼎，據陳四所供，郭茂長子郭蒼書於六十年去京城，爾父知情等語。郭蒼書現在何處？供稱：據聞，郭茂長子郭蒼書現住京城官房。祇要行文總管內務府，傳訊我父即可得知等語。又問李鼎，爾父在織造任事多年，又管理兩淮鹽務五年，虧寬聖上錢糧三十八萬餘兩，必將爾家人、商人之中所隱家産、買賣全數查出，以補所欠錢糧。爾現將商人之中窩藏爾家産、買賣者姓名、財産、户數，有何買賣，一一供出。供稱：我父在織造任内，無有進項，仍拆東補西，以致虧空。故聖祖仁皇帝特施鴻恩，著將管理兩淮鹽務，以鹽差内所得餘額銀賠補以前虧空，並代商人賠補所欠錢糧。今年又以四十餘萬兩銀捐助西路軍餉，仍欠織造錢糧三四十萬兩，又焉能將家産、買賣隱匿於商人住所。況時以虧欠聖上錢糧，如何得以盡快補完為念，誠有家産、買賣於商人住所，則早已供出，索還賠補，則我父一案亦可略有寬解，又何苦隱瞞呢？於商人住所實無隱藏産業、買賣等語。又問李鼎：爾父因虧空錢糧，上命查出商人之中所藏産業，著其賠補，爾倘隱而不供，若一旦咨行所屬地方查出，爾父子則罪上加罪，從速供出。供稱：若我李鼎供詞不可憑信，可祇管咨文鹽運司，傳飭衆商人，逐一查問。如稍有一點隱匿財産之處，我情願從重治罪。若無隱瞞，請衆商人畫押具結等語。又問李鼎，據兩淮鹽運司咨文内稱，爾父於六十一年又預領雍正元年應送織造衙門之壬寅綱錢糧五萬兩。此五萬兩銀用於何處，如何銷算，據實供出。供稱：我父虧欠錢糧以後，織造衙門應織物件又不敢耽擱。遂於前年由鹽運司預領五萬兩銀，為趕送綢緞之期，用於織造事項，挪用屬實等語。審問錢仲璿，爾係李煦家内管家，爾主虧空銀尚欠二十五萬餘兩，現將爾主於家人、商人之中所窩藏之家產、買賣據實供出，不然，立即夾刑。供稱：小人所有之家產，先前嚴審之時，已全部供出，並無隱瞞。再，家人中有家產者亦曾查出，並無隱瞞。商人內亦未窩藏產業財物，豈敢妄供，誠有隱瞞者，而今正值嚴審之時，小人不供出以補虧欠，願受重刑而不供麼？

又問錢仲璿，據爾小主李鼎所供，爾主管理鹽課事務之際，有代商人賠補虧欠錢糧之事，盈餘銀兩又皆以折損數額支給，而秤又小，此等事宜皆經爾之手等語，爾要明白供出。供稱：康熙四十五年，我家主開始管理鹽理事務，盈餘銀兩除應送織造衙門者外，頭一年盈餘銀四十六萬兩，以後四年每年皆得銀五十餘萬兩，共得銀二百四十六萬兩。五年間，我家主替諸商人賠補虧欠錢糧銀百萬餘兩。而盈餘銀皆數額不足。十月十三日到任前，若支領此銀，則僅以七十兩作為一百兩支給。十月十三日以後支領則以七十五兩作為一百兩支給。第二年正月以後支領，則以八十兩作為一百兩。四月以後支領，則以九十兩作為一百兩。六月間，正是曬鹽過秤季節，方不減其數。今且不論以七八十兩作為百兩，而一律以九十兩作為百兩計算，則少給銀共二十四萬六千兩。過秤時，名為百兩，而祇得九十四兩，又共少給銀十三萬二千八百四十兩。我家主人五年鹽差，名上盈餘銀為二百四十六萬兩，而實際少得銀三十七萬八千八百四十兩，此皆由小人經手。五十六、五十七兩年，我家主又管鹽課事務，雖未減其盈餘銀額，但秤數不足。因此，我主捐納盈餘銀時，商人許諾以銀五萬餘兩賠補，可查檔冊。我家主先前曾代諸商人賠補虧空錢糧銀百萬餘兩，而今卻無人代我主賠補所虧錢糧，其諸商人所減銀、短秤銀皆為我主應得者，若將此項銀兩追回賠補，則我主即可得生路等語。

審問劉長生、張興、季世厚、吳安、洪四、林詳、儲明芳、劉成偉，爾等皆為李煦家人，爾主虧欠錢糧甚多，今於爾處及商人住處所藏産業、買賣、財物皆應如實供出。劉長生等供稱：小的等所有家産，以前審問時已全部供出，府縣亦已查明，並無隱瞞之處。誠有窩藏，如今正值嚴審之時，小的等豈敢不供，實無隱匿財産，亦未聞於商人處有我主之産等語。又夾審劉長生等，爾主虧欠錢糧，今無法賠償，爾等還不從實供出所匿財産，皆具夾審。一同供稱：我等實無隱匿財産，雖夾死我等，亦無可供之處，乞請鬆刑等語。

審問華武，爾主虧欠錢糧甚多，於爾主家人、商人中必有窩藏家産，買賣財物者，爾應據實招供。供稱：我家主虧欠錢糧，理應賠補，但在家人、商人處並無窩藏其産業、財物，若有窩藏，而今正值嚴審之際，豈敢不供？實無隱瞞情形。又夾審華武，除爾以前所供之外，應供出所藏家産、財物，若不據實招供，必用夾刑。供稱：小的我所有宅地，先前審問時皆已供出。此外，再無隱瞞之處。即使將小的夾死，亦無應供之情等語。又審問華武，府縣初審時爾供稱，沈毅士向爾主借銀三四萬兩，在紹興府城開設當鋪。而前次由司審時，又稱係道聽途説，並無實據。沈毅士誠若無借銀，爾為何供出？顯係妄供。今已將沈毅士押解前來，爾若仍隱瞞，而不如實招供，即行鞭笞。供稱：我家主並未借銀予沈毅士開設當鋪，我家主待沈毅士甚好，據聞他家有産業，還開當鋪。因我家主虧欠錢糧甚多，想讓他代我家主少作賠補，故將他供出，確實未借銀開設當鋪，乞請鬆刑等語。

審問單元、邱子，爾等皆係李鼎信用之人，今將爾等隱藏未供之家産、財物據實供出。一同供稱，小的祇受小主人差遣，並未管事，實無家産、財物，以前審訊皆已明白供出。又問，爾等若不據實招供，則夾刑審問。一同供稱：小的等實無隱瞞財産，將我等夾死，亦無應供之情等語。又問單元、邱子，爾主於家人、商人住處所藏財産亦須供出，倘不供出，即行鞭笞。供稱：我等祇受小主差使，家人内有家産者，先前追查時皆已供出，並無隱瞞之情。近幾年我主家計甚為困難，皆以典賣為生，如何還有銀兩購置産業存留於商人住所？請寬恕之等語。

審問周兆祥、金揚田，爾等皆為李煦家管賬之人，其與何人經營買賣，以及商人、家人中所藏之産業、財物，爾等一定清楚知道，皆一一詳實供出。再者，爾等所匿之産業、財物一併供出。周兆祥供稱，小的我五十六年纔進衙門管理賬目。他家自免鹽差以來，生計日趨困難，從未聞其購置家産存於商人住所，其家人内有家産者，先前追查時，皆已供出。此外，小的實在不知。又夾問周兆祥，爾係他家管賬並受信用之人，怎可推託不知？爾處必有贓物，若不據實供來，即用夾刑。供稱：雖説小的在他家管賬，但其家人、商人中有無窩藏其財産者，實在不知，並非推託。小的所有之宅地，以前審訊時皆已供出。此外，别無絲毫隱瞞之情，乞請鬆刑等語。金揚田供稱：小的於三十七年進織造衙門教書，曾記過賬目。到五十五年，賬目皆交錢仲璿管，我不再管賬。商人處是否有李煦之財産，我不得而知。其家人内是否有未供出之産業，我亦不得而知，豈敢妄供。又夾審金揚田，爾在李煦家管賬多年，其中必有侵吞，置辦産業，若不據實招供，立即用刑。供稱：小的我係李煦家教書之人，曾無償為他記賬，並無侵蝕錢財置辦産業之情等語。

又審問塞隆阿、金其壽、富拉尼、額爾布岱、額勒黑、三存、朱瑪泰、金永壽、博爾蘇、王六十、齊二、車木保，爾等皆係李煦家人，今將爾等所置家產以及與家人一同經營之買賣據實供來。塞隆阿供稱：小的一家三口，皆住織造衙門署内，祇隨侍我家主人裝煙，並無產業。金其壽供稱：小的夫妻兩口亦住衙門内，祇往京城跑送摺子，並無產業。富拉尼供稱：小的祇在我家主人外出時隨侍，並無家產。額爾布岱供稱：小的祇在主人家喂馬、舉幡，並無家產。額勒黑供稱：小的乃朱瑪泰之子，當我家主人外出時，跟隨侍候，並無家產。三存供稱：小的在主人家辦理收發署名文書差事，並無產業。朱瑪泰供稱：小的在主人外出時打旗，並無家產。金永壽供稱：小的祇隨侍主人，旁事不管，並無家產。博爾蘇供稱：小的在主人外出時跟隨，並無家產。王六十供稱：小的有父母，皆住衙署内，祇在我主人外出時跟隨，旁事不管，並無家產。齊二供稱：小的祇隨侍主人備辦坐褥，旁事不管，並無家產。車木保供稱：小的係炒菜厨子，僅夫妻兩口，並無家產。

審問沈穀士，爾係李煦信用之相公，必知定例，皇上正項錢糧，豈可任意侵吞揮霍，爾顯係明知李煦疾病纏身，年老糊塗，遂與其子、家人合謀侵吞揮霍。今將爾所置産業以及與他人一起經營之買賣、財物皆據實供出。供稱：李煦雇小的祇是為他辦理文案手札等事，並不管錢糧。而又被關在衙署之内，不可與其他親信相比。虧空此項錢糧實因應辦官差太多，李煦無奈方為挪用。我亦曾勸阻過。我既為他家所雇相公，豈能與其子及家人合謀侵漁錢糧。我每年雖得幾兩禮銀，但祇够贍養家口。我僅有一點産業皆為祖、父所留，並非用我主人之銀兩而置辦者。又問沈穀士，先前李煦家人華武供稱，爾用其主人銀三四萬兩，曾在紹興府開設當鋪，不知此項銀兩係其老主人的或為錢仲璿的等語，所供甚明。爾何稱未有侵吞？供稱：李煦自免鹽差以來，生計困難，尚且挪用錢糧，我處果真有銀三四萬兩，豈不取而用之耶？此皆係華武妄供之言。如今祇須問李煦之子李鼎及家人錢仲璿等便可得知。我處誠若有銀而不供出，豈願為他人銀兩受此重刑麽？請求寬恕。又問沈毅士，爾係李煦親信，他所置產業以及與他人所開買賣，爾必知曉。今正嚴查商人中所藏財産，爾要詳實供來。供稱：我祇辦文書檔册之事，李煦所有家産、買賣、財物，實全然不知。祇知借給高萬順銀幾萬兩，後來亦相繼還清。又問沈毅士，高萬順借李煦銀幾萬兩，據他所供，借銀已全部還清，且李煦取銀文契和原先借銀文契内皆書有記號。雖然如此，但所供並不可信。已將文契咨送總管内務府，着李煦辨認。爾為借銀中人，高萬順所借銀兩相繼還清，此事當真？先前，高萬順所呈李煦取銀文契和借銀文契内所書記號，當真係李煦親筆？供稱：高萬順與李煦相識年久，故借給銀子四萬九千餘兩，讓他行鹽，我曾從中作保。自李煦免鹽差以後，生計日趨困難，故陸續將本息抽回，尚多用銀三千餘兩是實。高萬順所呈李煦取銀文契和借銀文書内所書記號，皆係李煦親筆，這是我知道的。又問沈毅士，爾係李煦家所雇相公，織造衙署各項錢糧皆由爾手經辦，李煦歷年虧欠織造錢糧幾何、備用銀幾許、織匠口米多少，以及三十三年遵旨動用備用銀二千兩買米四千一百二十三石七斗，現收藏何處，是否銷算？此外，是否還欠别項錢糧，逐一回答。供稱：我祇寫書信、晴雨録，不管錢糧之事。據聞，李煦歷年虧欠織造錢糧三十八萬餘兩，備用銀五千餘兩。織匠口米各州縣皆有欠額，並無虧空。

三十三年十二月二十七日，買米四千餘石，若未入倉，則必定虧欠。又聞，李煦預領壬寅綱之錢糧五萬兩，五十五年又多領一綱銀十萬七千五百兩。又問沈毅士，爾所供李煦五十五年多領一綱錢糧十萬七千五百兩，領自何衙門，屬何綱之錢糧，必有檔册憑據。多領之銀用於何處，皆明白供出。供稱：以前我祇聽説多領辛丑綱錢糧，不知何用。織造處之錢糧，皆由兩淮管理鹽課事務衙門領取。又問沈毅士，據李鼎供稱，其父任鹽差時，歷年盈餘銀內，商人少給折損額銀及短秤銀共三十七萬八千八百餘兩，爾深知此事，應據實供出。供稱：聽李煦講過，商人歷年所交盈餘銀兩皆以七十兩為一百兩、八九十兩為一百兩不等。商人為李煦捐納五十六、五十七兩年盈餘銀兩一事，曾許諾賠補五萬兩，今有部裏催文為憑。又問沈毅士，據李鼎供稱，其父管理鹽課事務時，代衆商人賠還舊欠錢糧銀一百餘萬兩。又據其所呈部發札付文稿內稱，著織造曹寅、李煦每年拿出織造銀十萬兩及盈餘銀二十三萬餘兩，限五年內補完該項銀兩。由此觀之，此項銀兩原係曹寅、李煦二人賠償。詢問李煦實賠銀兩多少？供稱：至此項補償銀兩，上命曹寅、李煦二人以盈餘銀代賠兩淮鹽商所欠銀一百一十六萬餘兩。因此，李煦於康熙四十七年辦理鹽差時，遵旨代賠銀二十三萬餘兩；四十九年辦理鹽差時，又代賠銀二十三萬餘兩。共代賠銀四十六萬餘兩。其餘銀兩皆由曹寅代賠。又問沈毅士，札付文稿末尾雖書有康熙五十年十二月二十日全完等情奏報字樣，而奏稿并未呈報。奏報後必有由部行文知道之處。該項檔册是否皆存於管理鹽課事務之衙門？爾既為辦理此事之相公，必定知曉，明白供出。供稱：奏報康熙五十年全完之文稿及核查之原檔、由部回文知道之文書，今皆存於管理鹽課事務衙門，户部山東司亦有檔册可查。又問沈毅士，據李鼎所呈康熙五十年曹寅、李煦奏稿内稱，三年内代商人賠銀七十萬兩等語。此係如何賠償？李煦應賠多少？再者，奏稿末尾書稱以後依限賠完，僅入檔奏銷等語。此奏銷原檔，如今是否存於管理鹽課事務衙門？應照實回答。供稱：該項銀兩乃因聖上十分仁愛商人，康熙五十年，曹寅、李煦會奏商人欠銀一百三十餘萬兩時，奏旨：著鹽差三年内代賠銀七十萬兩，商人本身應賠銀六十餘萬兩。欽此。李煦於五十一年鹽差任内，拿出盈餘銀二十三萬餘兩代賠；五十二年任内，又出銀二十三萬餘兩代賠；五十三年任内，又代賠二十三萬兩。皆依限賠完，載入奏銷檔册，行文户部。該檔皆存於管理鹽課事務衙門，可為憑證。又問沈毅士，今將爾處所有宅地、財物、當鋪，如實供來。供稱：近五六年來，李煦家計日漸困難，應給我之禮銀分文未得，故買田養家，僅有田六十畝。再祖、父遺留房屋一座，加之當鋪房共四十餘間，當鋪本銀祇有三千兩。又有一塊園子，内有書房四間、小湖二個。除此，並無其它産業。又問沈毅士，府縣初審時，據華武所供，爾有二千餘萬兩之家産，開許多當鋪，又有十幾畝花園。由此觀之，爾有很多家産，先前所供僅有幾項。爾曾言思考三日後再供，將所有財産全部供出，若再隱瞞，所供不實，即用夾刑。供稱：我所有産業，祇有所供這些，並無别項財産。即使夾刑，亦無可供之情。

按察使葛繼孔查得，原蘇州織造李煦因歷年虧空織造之銀三十八萬六千餘兩，前遵旨拿審連同家産等項一併稽查，共折銀十萬九千二百餘兩，造册呈詳具奏。奉旨：著再行嚴加核查。欽此欽遵。故將李鼎等及京城解來之沈毅士、拿到之湯踩柱之弟湯八十及郭茂之妾舒氏等人，逐一嚴加夾訊。經審李鼎、錢仲璿等供稱，所有家産等項先前皆已查出，實無半點隱瞞。但又供出李煦鹽差任内，於康熙四十七、四十九、五十一、五十二、五十三年，以其盈餘銀一百一十六萬餘兩代商人賠償所欠錢糧。自四十五年起，衆商人支給李煦之盈餘銀，皆因急用而預先支領。故以七十兩為一百兩、八九十兩為百兩者不等，而秤又小，百兩祇得九十四兩。而李煦替商人賠償所欠錢糧皆為好銀。以此核算，折損銀額及秤上短少之銀共三十七萬八千八百餘兩，追徵此項銀兩可補虧空等語。以此審問沈毅士，所供亦同。所供沈毅士用李煦銀兩開設當鋪一事，經與華武對質，實無此事。所供高萬順用供李煦之銀開設當鋪一事，經與華武對質，亦實無此事。高萬順將所借李煦之銀陸續還清。其取銀文契和借銀文契内所書記號，經送總管内務府，著李煦親自辨認，確係其親手所寫。今詢問保人沈毅士所供皆同。由此觀之，並無可疑。再，沈毅士係李煦親信相公，辦理錢糧事務有年，必用所給及侵吞銀兩購置許多産業，積累許多財物。而華武供其於紹興府開設當鋪，又有十幾畝花園一事，經問沈毅士供稱，有祖、父遺留之田六十畝，住房及當鋪房屋共四十幾間，當鋪本銀三千兩。又有園子一塊，内有書房四間，小湖兩個。此外，别無所有等語。司員我再三嚴審，皆供認不移。又湯八十所供其兄湯踩柱遺産，祇有先前已查出之孔夫子巷待八十間房屋，别項財物皆為湯踩柱所揮霍。湯踩柱在世時，將其六百四十五畝田賣與王永秀而花光。據此可知，當時就一無所有。舒氏供詞中，謂郭茂有三子：長子郭蒼書，隨其岳母去京城；次子小二，於去年七月間被賣身於四川雅州楊姓知府處，問保人段二等，皆稱是實；三子法郎，剛七歲，跟其母舒氏，同舒氏弟弟舒潔枚一起賃房居住，靠手工為生。

雖再三拶指審問舒氏，亦衹寫所賣田宅六款遞呈。看來，均係早已賣予他人之款項。無論作何詳審，仍一無所得。理應將所得供詞全部繕寫，連同罪犯一併解送。再，沈毅士所供出李煦於五十五年多領一綱之錢糧十萬七千五百兩一事，李鼎等供出，諸商人給李煦盈餘銀時，折損額銀及短秤銀兩共三十七萬八千八百餘兩一事，皆由臣衙門將此咨行管理鹽課事務衙門、織造衙門，著請查明。再者，命令查之商人內所隱藏家產、買賣一事，既然不可將所有商人一概帶來審問，則遣員前往兩淮鹽運司就近稽查。誠然有之，則令其奏報。若實無所有，則令衆商人出具甘結、運司出具印結一併送來。至於沈毅士家產，則咨文浙江巡撫，命該地方官將其所供之外，是否另有隱匿之處，查明回文，一併核查具奏。再，刺綉、古董等物，據蘇州府呈稱，由織造衙門文飭查，著常州、吴縣二知縣驗看護送等語。待造册送到，另行告知。先前查抄檔內，其土地、人口、什物，皆催促作價，完後另報。除先前查出李煦虧空銀三十八萬六千八百四十一兩外，又預領應送織造衙門壬寅綱之錢糧五萬兩，將此審問李鼎等，亦承認虧欠。既然如此，應一併催徵等情。故將所得供詞繕寫成文，連同罪犯一併解送前來。經臣逐一嚴審，據李鼎供稱，康熙四十五年，乙酉綱總商為鄭東義，收交盈餘銀皆由他承辦。本年盈餘銀四十六萬兩內，以七十兩為一百兩、八九十兩為一百兩者不等。因秤小，百兩衹得九十四兩。嗣後，未折損而給者亦有。平均以九十兩為一百兩計算，那年少得折損銀四萬六千兩、短秤銀二萬四千八百四十兩。鄭東義雖死，其子鄭之舍如今尚在，僅停其行鹽。康熙四十七年，丁亥綱總商為程功義，收交盈餘銀皆由他承辦。該年盈餘銀五十萬兩，亦均以九十兩為一百兩計算，少得折損銀五萬兩、短秤銀二萬七千兩。程功義雖死，其子程哲功現仍行鹽。尚有商人馬德龍、王仁禮幫他辦事。四十九年，己丑綱總商仍為程功義，盈餘銀亦為五十萬兩，少得折損銀、短秤銀亦同四十七年。五十一年，辛卯綱總商為王仁禮，乃盈餘銀亦係五十萬兩，少得折損、短秤銀亦如同程功義辦事那年。王仁禮雖死，其子如今仍行鹽，唯不知其名。行鹽時，幫王仁禮辦事商人吳敦厚、馬德龍如今尚在。五十三年，癸巳綱總商亦係王仁禮，盈餘銀亦係五十萬兩。少得折損、短秤銀亦同前數。合計五年共少得銀三十七萬八千八百四十兩。又五十六、五十七兩年，皆為總商高萬順承辦事務。先前有旨命由江寧、蘇州兩處織造輪流管理鹽課事務十年，故前五年盈餘銀之折損及短秤之處，不必向伊等索取。五十六、五十七兩年，又特施鴻恩，著其管理，以後則不知是否再令管理。故支領盈餘銀時，未有折損額數，亦照短秤額數。捐納盈餘銀一事，商人曾許諾賠補等語。沈毅士供稱，我衹辦理文書檔案事務。李煦所有産業、買賣、財物，我確實不知，豈敢妄供。衹知高萬順借李煦銀幾萬兩亦相繼歸還。高萬順所呈李煦取銀文契及放債文書內，所書記號實為李煦親筆，我原本知道。李煦歷年虧空織造錢糧三十八萬餘兩、備用銀二千三百餘兩。織匠口米，各州、縣皆有欠額，並不虧空。三十三年十二月間，買米四千一百二十餘石，若未入倉，即係虧欠。此外，我尚記得五十五年又多領一綱錢糧。李煦近五六年來，生計日趨困難，應給我之禮銀，我分文未得，故靠賣田養家。今衹剩田六十畝及祖、父所留房宅一座，加之開當鋪房屋共四十餘間。另有三千兩當鋪本銀及一塊園子，園內有書房四間，小湖兩個。此外，並無別項産業。我乃替他辦理文書檔册之人，官員本身事發，則與所請相公無關。今並無辦法，我家之家産祇可折銀五千兩，我願將家産變價賠補，另外再代賠九千兩。祈請鬆刑等語。其他罪犯供詞皆與司所審無異。因此，李鼎供出之處，派員前往江蘇按察司會同兩淮鹽運司詳問。

又沈穀士供出李煦於康熙五十五年多領一綱錢糧一事，由兩淮鹽運使何順派員前來告稱：查得兩淮每年解送蘇州織造衙門銀十萬七千五百兩。按例由管理鹽課事務衙門發行牌文，依照此文，由運司轉解織造衙門，每年皆照數起運，領取回批在案。凡新舊運司交接之時，皆有鈐印檔册，斷不致於錯。本年五月間，臣衙門兩次派員命將江寧、蘇州兩處織造管理鹽課事務任内盈餘額銀及預領庫銀數目，自初年至六十一年皆造册送來。對此，司員我即將兩處織造任内歷年預領庫銀細數詳造清册咨送在案。今又稱，五十五年李煦多領一綱錢糧銀十萬七千五百餘兩，並未載入所報檔册内一事，臣已遣員令查。各運司任内歷年解送織造衙門錢糧檔册、回批，經臣再三查核，每年皆照數起運，並無多領錢糧、遺漏呈報檔册之情。康熙五十五年，應解送蘇州織造衙門丙申納錢糧銀十萬七千五百兩，亦係前任運司遵照咨文，照數解送，並領取鈐印回批，並無多領之處。誠若有之，則錢糧之事關係重大，分文不可遺漏，豈敢不小心稽察。差遣之處，皆已查明具詳等情到臣。臣即派員前往江蘇按察司，著將沈穀士再行詳審。繼而按察使葛繼孔來告：先前沈穀士所供，李煦於五十五年多領辛丑綱錢糧銀十萬七千五百兩一案，報臣衙門後，即遣官命赴兩淮鹽運司查核。回文告稱，應送織造錢糧皆照數解送，領取回批，並無多領等情咨行到司，經司員我查得，應送織造衙門錢糧誠若有多領之處，織造衙門檔册必有所載。將此咨行織造胡鳳翬，令其查核。回文内稱，我去年接任後，已將織造處錢糧查明繕摺奏聞。沈毅士所供李煦多領辛丑綱錢糧，本屬已查出虧欠三十八萬八千兩銀以外之事。經問本衙門物林達（司庫）及辦事書辦等，皆稱不知。先前沈毅士所供多領錢糧一事，既由爾衙門審出，是否多領？尚應詢問沈毅士，著管理鹽課事務衙門查核。多領及如何花用之處，因皆係前任之事，本衙亦無領銀檔册及銷算織造事項檔册等語。再行提問沈毅士，供稱，我在織造衙門祇辦理書信、晴雨録檔，並不管錢糧事務。聞得李煦多領一綱錢糧，是先前查問虧空一案時，即如此而亂供。總之，皆因我年老糊塗誤聽所致。織造衙門既無領取錢糧檔册，運司衙門又無解送錢糧文書，而多領錢糧則為無影之事等語。司員我查得，沈毅士所供李煦多領一綱綫糧一案，經派官赴鹽運司查核，則無解送該項錢糧之文書；咨行織造衙門令查亦無銷算預領錢糧檔册；問沈毅士，又稱因年老糊塗誤聽所致。由此觀之，妄供無疑，理應陳述緣由等情。

又户部為查明織造處錢糧事行文内稱：據蘇州織造胡鳳翚咨文内稱，前任織造李煦自康熙五十三年起至五十九年止，七年共應餘銀三十二萬六千四百八十六兩；部咨文内開應餘銀三十三萬二百一十三兩餘。由此觀之，比臣衙門所報之數多出三千七百二十七兩。今詳查前任所存檔册，五十七年織造送駕衣用銀三千七百二十七兩業已奏銷，加之此項銀兩一并計算，則與前户部來文所稱數額吻合。故將應餘銀額已另造清册送部查核。經查，所用此項銀數雖與五十七年織送駕衣所用銀數相符，但較本部以前用銀為多，故予駁回，著其再行核減，至今仍未奏銷。故待該織造查明核減到來之時再議。六十年，所領鹽課盈餘銀十萬至五千兩内，用於織造銀四萬四千六百四十四兩餘，仍行文織造查明，另行造册具奏後，再行議定查核。除此以外，應餘銀六萬三百五十五兩餘。自五十三年起至五十九年止，應餘銀三十二萬六千四百八十六兩餘。六十一年，又領鹽課盈餘銀五萬兩。自五十三年至六十一年，李煦共虧空銀四十三萬六千八百四十一兩餘，將此仍咨行該總督，著於李煦名下照數追賠送部等情到臣。對此，隨即派官前往江蘇按察司，令其催徵。而按察使葛繼孔、兩淮鹽運使何順會同詳稱：將鄭之舍、程哲功、王仁禮之子等逐一提審，鹽商蔣貯積、秦金星、程長太等一同供稱，李鼎供出我等商人交其銀兩時少給銀額及短秤之處，實在冤枉。雖然如此，李煦虧空，乃聖主錢糧。我等兩淮鹽商荷蒙聖主深恩厚澤，寬免加斤銀，兼催舊欠錢糧，去年湖廣總督控制鹽價，特派欽命大臣等會議，保全商人本銀。如聖主這樣慈愛商人者，古來未有。商人如此承蒙聖主恩澤，即使粉身碎骨亦不能報答於萬一。今商人情願效盡犬任之勞，願出銀三十七萬兩，以代李煦賠補虧欠錢糧。祇因去年鹽價削減以來，商人本銀虧損者甚多，今若一時命將此銀全數兑齊，勢必貽誤正項鹽課。祈請明白呈告，替代商人具奏。如能緩照長蘆鹽引兼徵之例，定限十二年償還，則虧欠可以補清，而商人本銀亦可周轉，額徵錢糧亦不致虧欠等情。具詳前來。

又，江蘇按察使葛繼孔詳稱：遵旨稽查李煦管家湯踩柱及郭茂家產時，經嚴刑拷打湯踩柱之弟湯八十及郭茂之妾舒氏。審據舒氏供稱，其夫在世時，家產皆已耗盡，長子現在京城，次子賣身四川，並無隱匿等語。舒氏堅供不移，並寫出供詞。其賣於他人之宅地，看來皆已多次加價完結，斷不可再行加價。湯八十所供，其兄住宅前已查出，此外，別無產業。又有田六百四十五畝早已賣與他人等情。著交蘇州知府前往稽查，酌使買主再增納二百兩銀。再各該地方官員出具印結前來，聲明並無隱匿等語。沈毅士所供家産可折銀五千兩，又承交銀九千兩，共銀一萬四千兩。著記沈毅士名下，將家産作價完納。至於隱匿李煦家産，買賣一案，經嚴審李鼎、錢仲璿和自京城解來之沈毅士等，則堅供不諱。聲言實無半點隱匿，商人住處亦無買賣等語。唯李鼎所供，其父在鹽差任內，商人所給盈餘銀兩則以九十兩作為一百兩，故少給銀二十四萬六千兩。又因短秤少給銀十三萬二千八百四十兩，共少得給銀三十七萬八千八百四十兩等情，經由臣衙門命司員我會同鹽運司查辦。即召衆商詢問，衆商請以十二年為限，情願照數賠償等情在案。經查，李煦一共所欠款項有：歷年虧欠織造處銀三十八萬六千八百四十一兩有奇；又預支壬寅綱銀五萬兩；又查出動用備用銀二千兩買米，因米無下落，應仍虧銀二千兩；又歷年虧欠備用銀五千一百二十四兩有奇；又歷年虧空局米一萬四百七十一石，現扣除各州縣已完納銀二千一百九十二兩，折米二千一百九十二石及所欠未完米石八千八十二石外，實際虧欠一百九十六石，司官我酌將每石米折銀一兩，共折銀一百九十六兩。以上共虧空銀四十四萬四千一百六十二兩餘。先前查出李煦家産及借出等項，共折銀十萬九千二百三十三兩，制錢一千四百〔文〕。今各商人擔賠銀三十七萬八千八百四十兩。鄭之舒之房宅及典押他人之房宅變折價銀一萬八百八十五兩。又沈毅士家産及其承交銀共一萬四千兩。又湯琛柱賣田變折價銀二百兩。除京城所查出李煦家産外，其蘇州先後查出之家産等項銀兩，賠補其虧欠後，尚餘銀六萬六千八百零五兩，制錢一千四百〔文〕，前已造册呈報。織繡、古董等物均已送交織造衙門。李煦、錢仲璿家口内，除將李鼎、錢仲璿、華武、三元、李扣子、湯八十、舒氏、法郎暫留江南對質，食租長隨人等均已釋放外，其餘大小男女皆置辦船隻，委員押送解交總管内務府。其應催銀兩、應作價田宅、買賣等項，均交蘇州儀徵縣，照數變價催交，待解到後，即行補還虧欠等情前來。又兩淮商人蔣貯積、秦金星等聲稱，並無隱匿李煦買賣、借其銀兩等事，倘若查出，情願認罪等情，出具甘結，徑由兩淮鹽運司呈報前來。

步軍統領隆科多等奏李煦虧空銀兩處理情形摺

雍正二年七月二十四日

太保尚書兼步軍統領公舅舅隆科多，正黄旗漢軍都統兵部尚書盧洵，内務府大臣兼散秩大臣常明，内務府大臣來保、李延禧等謹奏：為遵旨會議事。

欽奉雍正二年七月二十二日諭旨：據江南總督查弼納查出李煦虧空銀内，減去商人擔賠少繳秤銀三十七萬八千八百四十兩，此項銀應由商人頭目等追賠。現已派色楞額、李周望等稽查兩淮鹽務，著即交伊等查明。再，李煦所信任辦事人沈毅士，亦交色楞額、李周望等審訊之處，著隆科多、盧詢及内務府大臣會議具奏，並將查弼納原摺交給舅舅隆科多閱看。欽此欽遵。

臣等會議議得，查弼納查出李煦虧空銀內，應減去商人擔賠少繳秤銀三十七萬八千八百四十兩，又，查弼納復查明鹽綱陳哲功等情願承擔賠償等語。查此項銀兩，均係由兩淮鹽綱等向鹽商湊取，繳給李煦時，即少繳秤銀，以致李煦虧空，理宜向鹽商等追賠，償還李煦所欠。現應知照稽查兩淮鹽務色楞額、李周望等，向鹽綱等催繳辦結。沈毅士既為李煦所信任緊要之人，亦應知照查弼納，送交色楞額、李周望等審辦。李煦之子及家人內，如有應訊事件，仍令查弼納審訊。

再，查弼納奏稱：李煦買得上賞稻田一百八十畝，或交織造官胡鳳翬照常耕種，或交地方官變價之處，應俟總管內務府咨文遵行。

又，李鼎稱：郭茂之長子郭蒼書現住京城，問我的父親李煦，就知現住何處。亦應由總管內務府就近問明李煦，郭蒼書現住何處，嚴審其有無隱匿李煦財物。等因。現已將郭蒼書逮捕，即由內務府嚴訊具奏。其稻田一百八十畝，既無須耕種，著交地方官估價變賣。等因。

為此繕摺具奏請指。交奏事官雙全轉奏。

奉旨：依議，分別提交該處。欽此。

（譯自內務府滿文奏銷檔）

户部左侍郎李周望等奏查明淮商認賠李煦欠項情由摺

雍正二年九月十五日

户部左侍郎臣李周望①等謹奏，為欽奉上諭事。

該臣等查審得，江南江西總督查弼納查出李煦虧空銀內商人等認賠折色②短平③銀三十七萬八千八百四十兩之處，經內務府等部議奏，查弼納既查明商總程澤公等情願認賠，則此項銀兩皆係兩淮商總等向衆商人派取交送李煦時，至有折色短平，自應於商總等追取，以補李煦虧空。等因。訊問沈儀士④、李鼎并管事家人錢中選⑤，據伊等供稱：自康熙四十五年起至五十三年止，這期間我父親做鹽院五年，商人們欠的折色短平銀共三十七萬八千八百四十兩，雖然是商總經手，其實是衆商折扣，并

---

① 李周望（一六六九—一七三〇），字渭湄，號南屏，山西蔚州人。康熙三十六年（一六九七年）進士，選庶吉士，歷任翰林院檢討、國子監司業、翰林院侍講、國子監祭酒、詹事府詹事、內閣學士兼禮部侍郎、户部左侍郎、禮部尚書。雍正二年（一七二四年）七月，奉命與內閣學士塞楞額赴揚州清查兩淮鹽務及李煦、曹頫虧空錢糧各案。

② 折色，清代徵收賦税或發放糧餉、工食等，有本色、折色之別，凡以實物徵收或發放者稱為本色，以應徵收或發放之實物照價易銀徵收或發放者稱為折色。從李周望等奏摺中的具體內容看，所言『折色』當為『折扣』之誤（或因史書抄録者筆誤所致）。

③ 短平，即短秤。指過秤時『因秤小，百兩僅得九十四兩』（見李鼎供詞）。

④ 沈儀士，即沈毅士。

⑤ 錢中選，即錢仲璿。

非是當年商總等由衆商攤派，不曾付給之項。因我父親虧空庫帑，無可抵補，所以將這宗銀子説出，追賠還項。通河衆商一有了情願今年代完之語，我就當堂叩謝過他們。這是實情。等語。

因傳集李鼎供出之當年商總汪仁立、鄭東邑之子鄭之舍、程公益、馬德隆、吴敦厚，一一訊問。據伊等同供：李煦前做鹽院五年，那時是十月到任，若候至次年五六月間繳送院費，就没有折扣了。因李煦俱於年前預先支用，所以先將折扣講明，然後借貸墊付，這折色短平就算作利息的，并不是欠賬。如果是欠賬，就該説是欠銀若干萬兩，何須有折扣短平的名色呢？況若是欠賬，他豈肯給衆商叩頭呢？若是我們做商總的欠賬，衆商又豈肯連名公呈，情願代完呢？是皆衆商念庫帑關係緊要，所以情願分為十二年代他賠補。這是實情。等語。據通河衆商呈稱，兩淮院費一項，從前皆係鹽院到任之後，至次年五六月内開掣行鹽之時，按引完繳院費，及後來歷任鹽院或於初莅任時節有需用，預向衆商支取，無人應付，因而准扣充墊月利。今李織造虧空錢糧，商等上感皇恩浩蕩，下恐公帑虚懸，李織造父子又貧無所措，情願如數公認，請自乙巳綱起，分為四年完納，則商力得舒，國帑無誤。等語。

據此，查得李煦虧空銀兩内，兩淮商人等認賠之折色短平銀三十七萬八千八百四十兩，實係李煦做鹽院時每年由衆商先期支用，衆商借貸應付，講明折色短平以作利息之項，並非當年商總由衆商攤派不行。當堂叩謝，其非實在欠項可知。但庫帑關係重大，今衆商等既聯名呈稱感戴皇恩深重，情願於每年鹽課内代完等語，相應準照衆商所請，於伊等現行鹽引内帶完還項可也。至作何分年帶完之處，該臣等會同鹽臣噶爾泰查明兩淮鹽務之日，一併定議具奏。

為此謹奏請旨。

雍正二年九月十五日奏，十月初二日奉旨：該部議奏。

（内閣·户科史書）

内務府總管允禄等奏李煦家人擬交崇文門監督變價摺

雍正二年十月十六日

總管内務府事務和碩莊親王臣允禄、内務府大臣兼散秩大臣常明、内務府大臣來保、李延禧等謹

奏：為請旨事。

准總督查弼納來文稱：李煦家屬及其家僕錢仲璿等男女並男童幼女共二百餘名口，在蘇州變賣，迄今將及一年，南省人民均知為旗人，無人敢買。現將應留審訊之人暫時候審外，其餘記檔送往總管内務府衙門，應如何辦理之處，業經具奏。奉旨：依議。欽此。經派江南理事同知和昇額解送前來。等因。

當經臣衙門查明，在途中病故男子一、婦人一及幼女一不計外，現送到人數共二百二十七名口，其中有李煦之婦孺十口，除交給李煦外，計僕人二百十七名，均交崇文門監督五十一等變賣。其留候審訊錢仲璿等八人，俟審明後亦交崇文門變賣。等因。

為此繕摺請旨。送請總理事務王、大臣閱過，交奏事雙全、員外郎張文彬等轉奏。

奉旨：大將軍年羹堯人少，將送來人著年羹堯揀取，並令年羹堯將揀取人數奏聞。餘者交崇文門監督。欽此。

（譯自內務府滿文奏銷檔）

內務府總管允祿等奏李煦所種獲稻米分別變價追賠摺

雍正二年十一月初八日

總管內務府事務和碩莊親王允祿等謹奏：為請旨事。

案據郎中胡鳳翬查出：李煦歷年所種獲得早熟紅稻三千石內，現除存有一千零六石八斗外，其一千九百九十三石二斗，曾為李煦用去。等語。應命胡鳳翬將現有一千零六石八斗按時價變賣，送交廣儲司銀庫。至於李煦用過一千九百九十三石二斗，著胡鳳翬依照所賣稻米計算價目，送交查弼納，並入李煦追賠銀數內，一同追賠。等因。

為此繕摺請旨。送請總理事務王、大臣閱過，交奏事雙全轉奏。

奉旨：依議。欽此。

（譯自內務府滿文奏銷檔）

兩江總督查弼納奏報李煦案內郭臧書等人口供摺

雍正二年十一月十二日

江南江西總督臣查弼納謹奏，為奏聞事。

雍正二年九月三十日，准刑部咨稱：准內務府來咨內開，雍正二年七月二十四日，公·舅舅①會同本衙門奏稱，據李煦之子李鼎供稱，郭茂長子郭臧書②今在京城，可問小的父親李煦便知。等語。請總管內務府衙門向李煦查訊郭臧書住處，而後再行嚴審郭臧書有無隱匿財物。等因具奏。準此。現已拿獲郭臧書，擬將此人由總管內務府衙門嚴審具奏。等因奏請，奉旨：依議。欽此。欽遵。奉此，由總管內務府衙門夾訊郭臧書：『爾父郭茂曾為李煦家辦事，爾等必有隱匿李煦家財物；爾前來京城時，可曾帶有李煦家何等財物？李煦將何等財物隱匿於爾家之中？再，爾等家產均在何處？如實供來！』供稱：『小的父親郭茂，曾為李煦家人。康熙五十六年，李煦將小的們放出為民。五十七年，小的父親郭茂病故。後因家計貧寒，於六十年小的隨岳母前來京城。六十一年，小的岳母故去，

---

① 舅舅，即隆科多（？—一七二八）。佟佳氏，鑲黃旗滿洲人。一等公佟國維子，孝懿仁皇后弟。康熙年間由頭等侍衛歷經至理藩院尚書兼步軍統領。雍正帝繼位後授總理事務大臣、吏部尚書，並命奉章書『舅舅』以寵異之。由是驕橫跋扈，招權納賄，所用官員有『佟選』、『佟半天』之稱。雍正五年（一七二七年）以私藏玉牒底本等四十一款大罪，處以永遠圈禁，次年死於暢春園禁所。

② 郭臧書，又譯作郭蒼書。

小的即守岳母之墳，仍住於京城。小的並無隱藏李煦家財物，小的亦無家產。誠然有之，在蘇州審訊時，小的母親何不供出？』等語。據此，即行委員搜查郭臧書住家，共有房屋三十三間，其中郭臧書住三間，其餘房屋皆由他人租住。查此房屋，於康熙六十一年三月，聖祖仁皇帝欽賜內常在①之母居住，常在之母與姑爺郭臧書住在一起。常在之母故去後，郭臧書仍住於此屋。此房屋原為公房，擬仍充公。李煦之子李鼎，以及其家人，均在蘇州，故將郭臧書交與刑部，擬押解至查弼納處，於塞楞額、李周望審理案件內進行質訊。等因。於雍正二年九月初七日，由莊親王面奏，奉旨：依議。欽此。欽遵。故將郭臧書由貴部轉解查弼納處一事，特咨文知照。等因前來。准此，今委派本部筆帖式那爾布押解郭臧書前去貴衙門。等因。由刑部筆帖式那爾布押解郭臧書前來江寧。

欽派大臣塞楞額、李周望等詳訊李煦之子李鼎及其家人之後，俱已押解到江寧。該臣奉旨傳郭臧書、李煦之子李鼎及其家人錢仲璿、郭茂妾室舒氏前來。即問郭臧書：『爾父郭茂，乃李煦信用之家人，家計甚富，所有家產隱藏在何處？爾赴京城之時，曾帶去何等財物？為爾立有何等家業、店

① 常在，清代皇帝的妾侍名號之一，位在貴人之下，答應之上，使役宮女三人。郭臧書的岳母有一女為內廷常在，未詳姓氏，惟郭臧書隨岳母於康熙六十年（一七二一年）冬進京，次年三月康熙帝欽賜官房一所給常在之母居住，可知此常在乃康熙帝晚年受寵的年輕侍妾之一。據史料記載，雍正帝繼位之初，曾將父皇的五位常在尊封為『皇考貴人』，其中有三位是『蘇杭籍』漢人女子，她們是：陳玉卿之女陳氏，康熙五十年正月生皇二十一子胤禧；石懷玉之女石氏，康熙五十二年十一月生皇二十三子胤祁；陳岐山之女陳氏，康熙五十五年五月生皇二十四子胤祕。此外，還有一陳秀之女陳氏，康熙五十七年二月生皇子胤禐（出生當日卒，未叙齒），當亦是常在名分。有鑒於此，郭臧書岳母之女既是康熙晚年受寵的年輕妾侍之一，且為蘇州漢人之女，或即為上述四人之一，而又以其為某陳的可能性最大。

鋪？李煦將何等財物隱藏在爾家之中？今傳爾質審，如實供來！』供稱：『小的父親郭茂，原為李煦家人，所得些微銀兩，業已用畢。前立有數間房屋，數畝土地，亦已陸續賣掉。康熙五十六年放出小的父親為民，五十七年小的父親返回江西途中病故，並無遺留產業。小的家計貧寒，無以聊生，於六十年隨小的岳母進京。後來小的岳母故去，小的即守岳母之墳，仍住於岳母所住公房，其餘數間房屋給人租住，收租度日。並無隱匿家產，亦未隱藏李煦之財物。當總管內務府衙門審訊時，小的已經詳供，亦已搜查過。』等語。

又訊郭臧書：『爾之母親舒氏，乃爾父後娶之妾室，生有一子，豈無留給財產？爾之弟郭小二何以賣身至四川？』供稱：『小的母親舒氏祇生一小弟。小的父親故去後，生計無着落，僅靠手工度日。誠然留有財產，小的母親在審訊時何不供出？小的弟弟夫婦無以聊生，纔賣身至四川。如今小的小主人李鼎尚健在，可以帶來對質，便知實情。』等語。又經夾訊，仍堅供不移。

又審訊李鼎，供稱：『郭茂之子郭臧書，乃一極年輕之人，豈可將財物交給於伊？伊父郭茂，原衹管蓋房修船之事。因郭茂飲酒滋事，於康熙五十六年逐出其父子五口，並無交與財物。誠有交給財物，豈不墊補所有虧空錢糧，而允許其自用？伊已出旗為民之人，小的父親既在京城有財產，亦不會交與伊。實無隱藏財物之事。』等語。

又訊錢仲璿，亦與李鼎供同。

舒氏供稱：『小的是郭茂妾室。康熙五十六年，小的主人將我一家五口俱行逐出。康熙五十七年，小的丈夫故去，小的與小的弟弟在一起租房居住。因無以為食，即靠手工度日。郭臧書亦無法生活，纔隨其岳母赴京城。小的丈夫乃放出之人，小的主人豈能將財物交與伊？情有可恕。』等語。據此看得，郭臧書確無可以隱匿之財産，亦未隱藏李煦財産。故將郭臧書暫行監禁，俟李鼎等案結，一併押送總管內務府衙門辦理。

為此具摺，差臣標下把總劉世憲、兵潘文元賫捧，謹奏請旨。

硃批：為李煦一案，爾始終未盡心，且多負於朕。即便派來京城折價之人，均已替換，而重要人員亦不知派往何處。爾隨便辦理而已。因為都已經及時巧飾，朕亦無可奈何了。

《雍正朝滿文硃批奏摺全譯》

兩江總督查弼納奏報送京城折價之李煦家人有頂替情弊摺

雍正二年十二月二十六日

臣查弼納謹奏，為叩謝天恩以祈睿鑒事。

竊臣跪讀為李煦家人郭臧書審訊摺內批諭，不勝惶悚，無地自容。臣本一介庸愚奴才，皇上特諭臣審理李煦一案，而不能詳盡辦理，以致聖慮難紓，實臣之大過，懼悔莫及。

當押解李煦家人至京城時，臣恐逃逸頂替，即委員解至總管內務府衙門。今恭讀諭旨，再三思之，本案中必有頂替之情弊。此皆臣庸愚而不能查出，不能發覺所致。聖旨到日，臣即訪查，又傳李煦之子李鼎前來，嚴加研訊。據李鼎供稱：『我家家生子①肖興元，自幼跟隨我，已將我妻之侍女大兒婚配與伊。當蘇州之家人查送京城折價時，肖興元與我言稱：「前次檢查時，已將我父母之名填入，又以我家人王三夫妻之名，頂替我夫妻二人，今可送去折價罷了。我仍可跟隨主人，我妻可以跟送女主人去京城。」等語。言告於我。當時我已聽從伊言。肖興元今在此處。伊妻有三女，皆隨我妻赴京城，住於岳父家中。我岳父名班第，業已亡故。我岳父之父，名陸伯赫②，曾為工部侍郎，在鑲白滿洲旗。此外，再無隱瞞頂替之人。日後倘若查出，甘願認罪。』等語。肖興元所供，與李鼎同。

查得，李鼎在其父任所內，肆意揮霍糜費，以致虧空錢兩。伊不念皇上寬恕不罪之恩，反而頂替折價之人，干犯法紀。臣難脱未曾查出之罪。今將李鼎交與按察使徐琳，嚴審其共謀隱瞞頂替實情。此外，又有否頂替之處，亦令嚴審議罪。其原檢查官員，或知情，或有受賄情弊，一俟查出前來，即將臣之職名一併參奏查議。除咨行總管內務府衙門，從李鼎之妻處催取肖興元之妻及其三名女兒外，已奉命查出該頂替折價人一事，謹先行奏聞。

① 家生子，家奴所生子之稱。滿語為「Ujin」。清代旗人家庭中之家生子，祖孫父子世代為奴，禁止出旗為民，即便家主情願放出，也只准「旗下開户」，與正身旗人不同。

② 陸伯赫，即魯伯赫。鑲白旗滿洲人。據《清代職官年表》等書，其於康熙三十七年十二月至三十八年任户部右侍郎，非工部侍郎。

再，塞楞額①等所審一案，臣前不曾留心核實。聖旨到後，即欲具奏，又不詳知案情，故未具奏。後經核實，於十一月二十八日具奏。臣之庸愚無知，聖主早已明鑒。京城之信息，臣不敢問人，亦無人告知於臣。豈敢貽誤一世之業，臣謹圖奉旨效力。

臣不勝惶悚，叩頭奏聞。

硃批：知道了。多想言行一致。

《雍正朝滿文硃批奏摺全譯》

刑部尚書勵廷儀等題請將李煦照奸黨律斬監候本

雍正四年十二月十七日

刑部等衙門尚書臣勵廷儀等謹題，為題參事。

---

① 塞楞額（？—一七四八），瓜爾佳氏，正白旗滿洲人。康熙四十年（一七〇九年）進士，授內閣中書；五十六年陞刑部郎中。雍正元年（一七二三年）四月補詹事府少詹事，十月擢內閣學士兼禮部侍郎；二年七月奉命與户部左侍郎李周望清查兩淮鹽務及李煦、曹頫虧空錢糧事宜，十一月遷刑部右侍郎；四年二月調兵部左侍郎，四月改禮部右侍郎，十月改户部右侍郎，署理山東巡撫事務；五年四月授山東巡撫，十一月題報三織造差員在長清縣等處騷擾驛站，導致江寧織造曹頫被解任嚴審，並終以騷擾驛站、虧空帑項、轉移財物諸罪名，受到革職、抄家、枷號的懲處；六年六月召京授工部左侍郎，十月緣事革職。乾隆元年（一七三六年）賜副都統銜，尋授鑲藍旗漢軍副都統；六年九月補直隸提督；七年十月遷陝西巡撫；八年十月調江西巡撫；十一年九月移山東巡撫，同月擢陞湖廣總督；十三年閏七月因在孝賢皇后大喪期間違制剃頭，召回京待罪，令自盡。

該臣等會同都察院、大理寺會看得，准內務府咨稱：『李煦買蘇州女孩子給與阿其那①一案，訊據李煦供稱：「我在江南時，赫壽②屢屢向我說阿其那好處，說甚是與我相好，我做官虧阿其那的力量，着實肯提拔人的。後來又向我說：如今有太監閆進出來，要買幾個女孩子，我係地方官，不便出名買人，你該買女孩子交與閆進帶去，我没有應承。赫壽又說：我們每年都有東西饋送他的，買幾個女孩子你就不肯，難道没事情遇着他嗎？如今買了給他，於你亦有益處。我一時糊塗，被他引誘買了，交與閆進帶去，是實。」等語。李煦、赫壽荷國重恩，膺江南之顯任，乃逢迎極凶大逆之阿其那，私行給與女子、銀兩等物，情屬可惡。應將李煦拿交刑部，嚴加治罪。至赫壽雖已身死，其罪斷不可宥，亦令該部一併議奏。等因具奏。奉旨：「爾等所奏赫壽兩次給過阿其那銀三千兩。從前赫壽曾有給過阿其那銀二萬兩，與允禵修造花園之處，朕所知者。即此便是二萬兩。此外，赫壽又有多少給過阿其那之處，爾等將赫壽之子叫來，盡行嚴加審出具奏。其李煦依議。」欽此。』將李煦拿到送

---

① 阿其那，即康熙帝之第八子允禩（一六八一—一七二六）。雍正四年（一七二六年）二月革去宗籍，黜為庶人，三月復令更名，遂自改其名為阿其那（akina），滿語義為『夾冰魚』。允禩以魚為名，用心既苦，寓意亦深，蓋自喻既在儲位鬥爭中徹底失敗，成了一條俎上之魚，任憑宰割、處置罷了。以往多認為阿其那乃滿語『狗』之義，不妥。

② 赫壽（？—一七一九），舒穆魯氏，正黃旗滿洲人。由筆帖式授內閣中書，累遷至吏部左侍郎，康熙四十九年（一七一〇年）擢漕運總督，五十一年調兩江總督，五十七年任理藩院尚書，五十八年卒於任。雍正五年（一七二七年）以其生前『諂附阿其那』之嫌，抄没家產，所遺妻妾子女俱入辛者庫。

部。

查李煦荷國重恩，膺織造之任，不思竭力報效，惟知逢迎極凶大逆之阿其那，購買女子，私行饋獻，以圖結黨夤緣，情殊可惡。應將李煦照奸黨律，斬監候。謹題請旨。

雍正四年十二月十七日題，二十一日奉旨：李煦治罪之處，著交與內務府總管請旨具奏。

（內閣·刑科史書）

內務府總管允祿等奏訊過李煦及赫壽家人為胤禩買女子并送銀兩情形摺

雍正五年二月二十三日

總管內務府事務和碩莊親王臣允祿、吏部尚書兼協理兵部尚書事務內務府大臣查弼納，內務府大臣李廷禧、尚志舜，散秩大臣兼署內務府大臣常明，總管茶膳房事務包衣護軍統領兼內務府大臣永福等謹奏，為請旨事。

案查從前訊問李煦如何買過蘇州女子送給阿其那一案，令其據實供出。李煦供稱：康熙五十二年，閻姓太監到蘇州說，阿其那命我買蘇州女子，因為我受不得阿其那的威脅，就妄行背理，用銀八百兩，買五個女子給了。又，總督赫壽亦向我說過求買女子。等語。

當復深究，詢問李煦：赫壽素與阿其那相善，或因赫壽是地方官，不能買本地女子，就薦引你效力在阿其那門下的緣故，所以買了；或者是赫壽向你說有好處的緣故，纔買了罷？不然，因太監閻進一句話，你就買給，是實嗎？供稱：我在江南時，赫壽對我稱揚阿其那的好處，并說阿其那對我極好，我做官亦是他的力量；阿其那為人爽快，又能挾持人。嗣後，又向我說，現在太監閻進來此，要買幾個女子，我既做地方官，不能買，你可買幾個女子，送交太監閻進。我當時未曾承擔。赫壽又說，你每年還有物件送給，買幾個女子，你就不辦，你若有什麼事，怎樣的對付他？現在若買給，對你是有益處的。我一時糊塗被欺，買了送交閻進是實。等語。

一面訊問赫壽之子英保，供稱：我的父親在江南總督的時候，同李煦見面，并沒有求李煦買過蘇州女子的事。他稱揚阿其那的話，說了没說，因為我年紀小，不知道。等語。

復問赫壽舊家人滿福，供稱：我的主人和李煦見面，没有買過蘇州女子的事。至於提説阿其那的好，説了或未曾説，因為我不在旁邊，未曾聽見。等語。

王存供稱：我的主人在江南時，有阿其那派閻姓太監，曾向我的主人取過銀兩交去。首次給了兩千兩，二次給了一千兩。問其他事，俱與滿福所供相同。

查李煦、赫壽受國重恩，曾為江南大臣，諂附阿其那，並供用女子及銀兩等物，行為情節，大逆極惡，於國法斷不可容。請將李煦交刑部嚴察議處；赫壽雖身故，其罪斷不可免，亦應由該部一併議處。等因。

奏過，奉有諭旨：據奏，赫壽兩次祇送給阿其那銀三千兩。等語。朕從前即知阿其那自赫壽取銀二萬兩，建造允禵花園。除此二萬兩外，赫壽復給若干之處，爾等將赫壽之子逮捕，嚴審具奏。所議李煦，著即依行。欽此。

遵即陳具夾棍，追訊赫壽之子英保：你的父親赫壽，素與阿其那極好，建造允禵花園，還是你的父親給銀二萬兩。由此二萬兩看來，你的父親送給阿其那甚多，祇説給了三千兩，這樣説可以麽？現除問出銀數以外，又給多少？你們那一個家人給的？交給了誰？將各情由都據實招出。供稱：我的父親在總督任時，我纔十二三歲，稍長，我的父親就身故，因為我年紀小，我的父親送給阿其那多少銀兩，我實在無從知曉。如果知道，現奉諭旨問我，我原屬死罪的人，不敢隱瞞以求死。從前給銀三千兩，亦是我們的家人王存供的，若問王存，估量着就知道。等語。

問王存，供稱：我的主人在時，阿其那還差人取過銀兩。康熙五十二年，閣姓太監去江南取銀時，由我的手給了一萬兩。康熙五十三年，閣姓太監又去江南取銀時，由我的手給了一萬兩銀。嗣後不記得年月，佛姓侍衛去江南取銀時，由我手又給了四千兩。我的主人在康熙五十四年冬十二月來到京城，佛姓侍衛又來取銀，我把二千兩送到佛姓侍衛家中交了。再，我們的家人薛達在時及身故的時候，除給了這二萬銀兩以外，並沒有再給銀兩的事。等語。

問鑲白旗滿洲副都統佛保，供稱：我在侍衛時，阿其那派我去江南從赫壽處取了銀四千兩。又，赫壽來京時，又派我取了銀二千兩是實。等語。

查赫壽大逆極惡，諂附阿其那，并送給許多銀兩，情節甚惡。赫壽雖死，其罪斷不可免。現赫壽之子英保，既交刑部圈禁，請依前議，著刑部一併嚴加議直等因。為此，繕摺請旨，交奏事員外郎張文彬轉奏。

奉旨：著交該部。欽此。

（譯自內務府滿文奏銷檔）

內務府總管允祿奏刑部議李煦為允禩買女子罪名摺

雍正五年二月二十三日

辦理總管內務府事務和碩莊親王允祿等謹奏：為請旨事。

接到刑部來文稱：准貴衙門送來參奏李煦買蘇州女子送給阿其那一案，經本部依例將奸黨李煦議以斬監候，秋後斬決。等因具奏。奉旨：李煦議罪之處，著交總管內務府具奏請旨。欽此欽遵。相應咨送貴衙門查照。等因，准此。

為此，繕摺請旨。交奏事雙全轉奏。

奉旨：李煦著寬免處斬，發往打牲烏拉。欽此。

（譯自內務府滿文奏銷檔）

刑部為旗人于秉直承買李煦房山縣入官房屋事致内務府咨文

雍正七年十月二十九日

户部為咨覆查明事：

福建清吏司案呈：准署直督唐①咨呈，房山縣李煦名下入官房屋照價變賣一案，前因未據變解，於雍正六年五月内詳請咨覆在案。兹據房山縣申稱，李煦入官房二百六十一間，前經内務府定價銀二千四百一十五兩，迭經出示召買，因邑處僻小，並無有力之家一時可以通完。今據正黄旗人于秉直具呈承買，請分三限，情願於三年内交完，與本年三月内遵奉定例相符，應請轉咨大部，以便着令按限交價。等情。擬合據文咨請部示。等因前來。

查前項入官房屋，係内務府估價轉行變賣之項，今該署督既稱旗人于秉直情願承買，請分三限交完等語，相應移咨内務府定議過部，以便轉行遵照可也。須至咨者。

右咨内務府。

（内務府來文·雍正朝）

---

①　即署直隸總督唐執玉（一六六九—一七三三）。字益功，江蘇武進人。康熙四十二年（一七〇三年）進士，由知縣歷任至都察院左都御史，雍正七年（一七二九年）命署直隸總督，九年解任養病，十年授刑部尚書，十一年正月復命署直隸總督，三月卒於任，賜祭葬。

户部為查送李煦虧空案内畢漢白等交銀清册事致内務府咨文

雍正十一年十一月初三日

户部為咨覆事：

山東清吏司案呈：雍正十年四月初九日據江南蘇州府吴縣民人畢漢白家人畢義呈稱，竊主漢白同侄豐源原借蘇州織造李煦家人錢中選銀三萬兩，於康熙六十一年内還銀八千餘兩，下欠銀二萬一千餘兩，已將布匹、田房折算完項，並無未清。於雍正元年錢中選因伊主李煦虧空案内，將畢漢白等已完之債復行開欠，漢白為勢所迫，祇得又將住房、園地、家伙什物陸續抵完銀一萬五百三十一兩零。於雍正八年二月内欽奉上諭事案内，將雍正三年以前虧空事件造册送部，未蒙咨覆，地方官尤以不足而追呼較甚於前，伏乞大部行文内務府查奏，並知照本省地方官暫停追此。等情。

本部移查内務府，回稱：李煦虧空案内畢漢白等拖欠銀兩，該督雖將伊等名下銀數開列造册咨送，但伊等名下有無抵交之項，應徹底查明，取具印甘各結，造册咨覆到日，定擬具奏。等因。本部行文江南總督將畢漢白等各名下原欠銀若干，已交若干，尚欠銀兩有無抵交之處，作速查明，取具印甘各結，造册送部，以便轉送内務府定議去後。今於本年十月十七日，准江南江西總督高①造册咨送

---

① 即兩江總督高其倬（一六七六—一七三八）。字章之，號芙沼。原隸漢軍鑲白旗，雍正元年（一七二三年）擡入漢軍鑲黄旗。康熙三十三年（一六九四年）進士，初授翰林院檢討，歷任内閣學士、廣西巡撫、雲貴總督、閩浙總督。雍正八年（一七三〇年）調兩江總督，與怡親王允祥勘定太平峪陵寢吉地，進三等男爵；九年署雲貴廣西總督，十一年正月回兩江總督任。乾隆三年（一七三八年）卒，謚文良。

前來。應將原咨併送到清册一本，一併咨送内務府核查確議可也。

為此，合咨前去查照施行。須至咨者。

計送原咨一件、清册一本。①

右咨内務府。

（内務府來文·雍正朝）

蘇州按察使郭朝鼎奏陳原臬司葛繼孔徇情浮增李煦入官産物銀價等四事摺

雍正十三年二月二十七日

江南蘇州按察使奴才郭朝鼎跪奏，為敬陳地方事宜，仰祈聖鑒事。

竊照奴才荷蒙皇上天恩，畀以江蘇臬司重任，受事已及一載。所辦刑名案件，惟期執法平允，弗稍姑息。至於屬員中如有貪殘不法，庸劣無能者，嚴察得實，立即揭報督撫參處，痛除瞻徇陋習。此皆奴才職分所當為，不敢瑣瀆聖聽。兹於地方事務，奴才有所見聞，謹據實開列，為皇上陳之：

一、入官産物叅項攸關，承督各員自當詳慎經理，庶不致有名無實。江省追變之案甚多，完結者無幾，皆緣初估之時徇情浮抵，召變之際胥役刁難，以致經年積歲，售賣無期，歷季租息，俱為蠹棍

① 原咨、清册未查到。

人等朋比中飽。如奴才臬司衙門經管織造李煦一案，搜出蘇、揚二府田房什物，原估價銀六萬三千四百七十五兩，雍正八年清查復估，僅值價銀三萬二千七百二十六兩。奴才以前後估價數目懸殊，再四檢查卷案，追出底册，始知當日府縣原估止三萬餘兩，前任按察使臣葛繼孔①瞻徇情面，希圖為李煦捏抵贓私，將縣估原册任意删改，計浮增銀三萬一百二十二兩。而存貯翫器什物等項，奴才親自吊到點驗，内有抽匿遺失者，計值銀六百二十六兩。奴才俱經逐一造册，詳情督臣題參，將浮估及侵失之項，分别着落追賠（行間硃批：此等事非法可繩，無衙能理，唯在大員得人，自然清白。若遇葛繼孔輩，便神仙亦難療其疾也。）兹奴才署理布政使印務，見藩司衙門督變現存各案官産，每年所收租息亦皆朦混不清，現在分委幹員前赴各州縣察盤。據委員查出江寧、無錫、荆溪、山陽四縣書役侵蝕各年租息銀一千餘兩，并有將官房徇情私借與人居住者。尚有上元等二十二州縣未曾查明報到，其侵欺作弊者又不知凡幾。除俟各屬查齊，匯詳督撫參追，并將現存産物勒限嚴督變售外，理合奏聞。

（下略）

《雍正朝漢文硃批奏摺彙編》

① 葛繼孔，康熙五十九年（一七二〇年）由浙江興泉道陞任蘇州按察使，雍正二年（一七二四年）正月解任召京，授内閣侍讀學士，旋改鴻臚寺少卿。雍正三年以私送年羹堯古董，夤緣鑽營，命革職，發往河工效力。

内務府奏犯罪入辛者庫摺

乾隆元年五月　日

（前略）因犯罪入辛者庫二十二起：①

一起原任總督何受②，係正黄旗滿洲，因向李煦説令買蘇州女子諂諛阿其那一案。何受病故，家產抄没入官。將伊妻并妾秦氏、秀姐、五雲、康姐、周姐、良姐；子寧保夫婦、妾福雲、鳳姐、蘇姐；子舒世泰、舒世德、舒世保、舒世圖、舒世禄；女大姐、二姐、三姐、四姐二十一口，於雍正五年七月内咨送臣衙門入辛者庫，隨派管領下在案。

何受祖奴彦，閑散；父厄林，原任給事中。

（内務府·奏案）

① 與李煦無關的二十一件，均略。
② 何受即赫壽。

户部咨内務府修建江蘇松郡普濟堂經費可否於李煦案内畢漢白和官田房租息銀内動支文

乾隆五年十月三十日

户部為咨覆事：江南清吏司案呈，先准署江督楊超曾咨稱，松郡普濟堂向因經費不敷，以致廢弛。今據該郡紳商復行倡舉，但開堂經費以及修建房屋，製備家伙，所費不貲。今據估需修堂工料銀四百八十六兩五錢七分三釐一毫，又修備堂中什物價值銀八十五兩六錢九分，似應在於婁縣存貯畢漢白入官田房租息銀一千三百四十四兩一錢七毫内動支備辦。尚餘銀七百十一兩七錢四分七釐六毫，即據該堂湊充開堂經費之用。

再查畢漢白名下入官田房，原係李煦織造案内奉内務府行文入官之項，其田先已撥歸蘇郡普濟堂收租充費在案。今所存前項租息銀兩，乃係此田未經撥歸以前，收存充公之項。如准撥歸該堂應用，併請移咨内務府銷案等因。本部以前項入官田房租息銀兩，原係内務府原辦之案，應否准其動撥之處，移咨定議，過部去後。

今於本年十月初四等日准内務府咨稱：織造李煦案内，畢漢白等入官房地，係特旨交與該督辦理之案，由該督辦理聲明報部，本府無憑稽查。其普濟堂於現今存公之項，可否動用之處，應移咨户部定議。等因前來。

查李煦案内畢漢白名下入官房地，内務府既稱係特旨交與該督辦理之案，由該督辦理聲明報部等語。所有租息銀兩從前并未報部，今松郡普濟堂經費，以及修建房屋，修備什物等銀，應否在於畢漢白名下入官房地租息銀内動支之處，本部亦無憑查核。況蘇郡普濟堂撥給房地，係該督自行定議之案，相應移咨江督自行辦理，並知照内務府可也。

為此合咨前去，查照施行。須至咨者。

右咨内務府。

(内務府來文·土地房屋)

刑部咨内務府儀徵縣原李煦入官房屋准予分限零變文

乾隆九年三月　日

刑部為咨覆事：江蘇清吏司案呈，准房部咨稱，據江督尹咨稱，儀徵縣鄭之舍名下房屋，係雍正元年入官。原估銀一萬二千兩，雍正八年清查覆估銀六千兩，係抵補前任蘇州織造李煦虧空之項，屢經勒限變參。查入官田房價在三千兩以上，定例分限五年交銀，此案房屋入官年久，乏人承領，蓋緣房屋横匾零星不成次序。今該縣採訪輿情，呈請零變，統限五年交銀。不足覆估六千之數，又以預提牙用抵補，是帑項已清，定例已符。

再查李煦抄封入官之案，久奉内務府咨回前院自行辦理。但一切欽部案件，從無在外完結之理，相應取具不致短價虧空印結。除咨刑部外，相應咨達等因。

查前項入官房屋，係刑部行令召變之案，今應否准其零變之處，該督既經咨明刑部，應將送到印結，一併咨送刑部定議等因前來。

查此案先據該督咨部，經本部以應否准其分限零變及預提牙用抵補之處，該督既咨户部，應聽户部咨覆。今户部既稱前項入官房屋係刑部行令召變之案，應咨刑部定議等語。應如該督所咨，准其分年零變，將變完畝目，按年報部查核。再該督咨稱，倘不足數，預提牙用抵補等語。查牙用係何名色，户部自有款項可查，其如何預提抵補之處，本部無憑懸議，仍咨户部定議咨覆該督，並知照内務府可也。須至咨者。

右咨内務府。

（内務府來文·土地房屋）

第十三章　附論：畫像辨偽

一九七五年五月，我曾就鄭州博物館所藏曹雪芹畫像真偽問題寫信給郭沫若院長，請教他對畫像的看法。很快就得到郭老的回信。郭老説：『關於「雪芹」畫像，我也是懷疑派。扇面我看過，尹望山詩集刊本我也看過，我偏向於此一「雪芹」是俞楚江的別號。《壺山詩鈔》不曾見過。陸厚信亦不知何許人。畫像很庸俗，曹雪芹的畫像可從其詩文中考見否？』

一九八〇年十月，我到鄭州，三次看了畫像，經過仔細觀察，我發現畫像是用舊畫作偽的，我看出了畫像頸部經過修改過，水擦的痕迹很明顯。所以我認為畫像是偽作無疑。我把我的意見寫到了我的《夢邊集》的序言裏。但當時我未能發現連畫像的題記也是作偽者後添的，我只發現題記也有水擦改動的地方。後來鄭州博物館館長韓紹詩同志和武志遠等同志，為此做了大量的調查工作，取得了作偽的重要證據，特別是得到了作偽者的自供。與此同時，一九八三年三月，在歷史博物館又召開了此畫像的討論會，會上不少書畫鑒定專家一致認為是僞作，並且破綻百出（見《文物專家談陸厚信繪雪芹像》）。

經過這一場辯論、調查和鑒定後，畫像是僞作已經揭露無遺了。雖然至今還有一兩個人堅持説畫像是真的，但這不是實事求是的態度，不是學術的態度。

學術界能對此畫像作出認真的科學的判斷，揭穿它僞裝的面目，使後來的人不再受騙，這還是非常有意義的。爲了使這次辨僞的成果能廣爲流傳，故本書特辟此專章。

郭沫若關於“曹雪芹畫像”的信

雪芹先生洪才河瀉逸藻雲翔
尹公望山時督兩江以通家之誼羅致
幕府案牘之暇詩酒賡和鏗鏘隽永余私忱
欽慕爰作小照繪其風流儒雅之致以誌雪
鴻之跡云爾
雲間艮生陸厚信并識

利用舊畫改僞的“曹雪芹畫像”

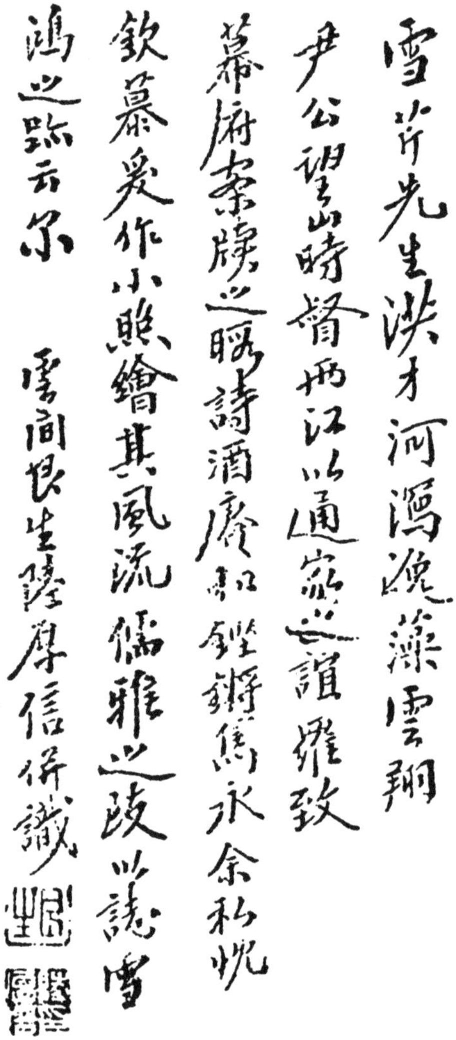
雪芹先生洪才河瀉逸藻雲翔
尹公望山時督两江以通家之誼羅致
幕府案牘之暇詩酒賡和鏗鏘隽永余私悅
欽慕爰作小照繪其風流儒雅之致以誌雪
鴻之跡云尔
雲間艮生陸厚信併識

僞曹雪芹畫像上僞造的題記

文物專家談陸厚信繪雪芹像

劉東瑞　馬志卿整理

一九八三年三月二十八日，由中國博物館學會主辦的『曹雪芹畫像調查報告會』在中國歷史博物館舉行。中國博物館學會理事、河南省博物館副館長韓紹詩就該館所藏『陸厚信繪曹雪芹像』真僞向大會作了調查報告。會議由中國博物館學會理事史樹青主持。

『陸厚信繪曹雪芹像』自一九六三年由河南省博物館入藏後，二十年來，其真僞問題引起了海内外的關注。為此河南省博物館與商丘縣文化館組成聯合調查組，於一九七九年至一九八三年先後走訪省内外六十多個單位，訪問了一百多人次，為鑒定此畫像提供了豐富的第一手材料。

中國博物館學會舉辦的這次報告會，是從文物鑒定學的專業性質出發的。因這幅小像又是紅學界朋友十分關心的一件文物，所以主辦單位邀請了周汝昌、馮其庸、劉世德、胡文彬等同志參加。會議歷時一天，發言熱烈。現將文物專家的發言摘要整理如下（韓紹詩發言另發）：

史樹青（中國歷史博物館）：陸厚信繪曹雪芹小像的真僞問題，自一九六三年以來，學術界有一些不同看法。去年在上海召開的第三次全國紅學討論會上，河南省博物館副館長韓紹詩同志就這幅小像的真偽作了調查報告，引起社會很大注意。上海會議以後，他們又作了一些新的調查研究，取得了一批新的材料。這種認真負責的工作作風和實事求是的科學態度，是值得我們博物館工作者學習的。我們每個博物館都有存在争議的藏品，是不是都像他們那樣認真對待呢？這是個值得自問的問題。對這幅小像我寫過文章，發過議論，曾認為畫像前半頁原是空白，小像和題記都是後加的。現在看來，原看法不全對，我表示修正自己的看法。韓紹詩同志報告，是令人信服的，本證、旁證俱在，没什麽好説的了。當然，一些細節還可繼續研究，從文物鑒定的角度來看，還有很多工作要做，但韓紹詩的報告結論是可以接受的。

劉九庵（故宫博物院）：這個會開得好。小像經過討論、鑒定，真假總是可以弄清楚的。一九七九年我到河南省博物館協助工作時，看了這幅畫像，當時給我的初步印象是畫像上陸厚信的款子、字體的時代不對，與乾隆時代的字的風格不一樣，要晚。

鑒定書畫，書則以字體為主，畫則以風格為主，其餘如印章、筆墨則為輔。

陸厚信的東西過去根本没有看見過，書史、畫史上也未記載過此人。『没有比較就没有鑒别』嘛，所以很難説這幅畫是真是假。但也不是不能鑒定。一件藝術品，既有個人風格又有時代風格，如果個人風格無從談起，就要看時代風格。雖然陸厚信的東西未見過，但畫面上筆墨的時代風格還是存在的，説小像題記的墨迹時代不對，就是根據這一條。

這件小像，我反復看過幾次，一次比一次深入。後來我發現，小像題記中的『風流儒雅』四字，是寫好後挖掉又重新寫的，畫面如果是原作者所題，一般不會出現這種情況，因為畫面不是詩稿子。在過去見過的小像中，都没見到過這種情況。當時，我初步認為，尹繼善的字是真的，小像是原來的，問題就在這五行題記上。我把小像的照片帶給徐邦達同志看，他當時表態説，小像題記的字有問題。所謂有問題，就是不是乾隆時代。比如説，河南新發現的張鵬題詩，不管張是何許人，但有一點可以肯定，字是乾隆時代的，時代風格與尹繼善字一致。因報紙上有文章説，上海博物館的謝稚柳同志認為小像題字不像是新的，而是舊的，因此，徐邦達同志想親眼得見原件。這次韓紹詩同志將小像帶到北京後，徐邦達同志認為小像題記的時代風格確實不對，字是後添的。我們認為，尹繼善與陸厚信圖章所用印色不是同時代的東西。尹的圖章是先打在紙面上，然後托裱，所以印記平整、清楚，而陸的印痕則有些凹陷，紙背微有鼓起，説明這是在原裱好的册頁上加蓋的，可看作是小像後加款的旁證。

我認為小像頭部没有改動過。繪畫時，顏料中使用了鉛粉，年代久了，就變黑了，叫做『返鉛』。後來，人們為使畫面清楚，便用雙氧水去擦，鉛黑没有了，但四周浸出了水痕，於是有人便懷疑换頭了，其實不存在這個問題。

張鵬詩册頁，我們只能説其中『吳門』二字有明顯的改動，『隨園』二字在筆迹上與别的字也有些不同。但是，如果説『隨園』二字也是擦改的，還需要深入探討。

秦公（北京市文物商店）：我覺得小像題記没有傳統的毛筆筆法，看不出師承關係。民國以來，由於鋼筆、鉛筆等硬筆的出現，其運筆方法也反映到毛筆字中。小像上的陸厚信題記，確是具有鋼筆字味道的毛筆字，或者説，是用毛筆寫的鋼筆字。張鵬詩墨迹，一看就知道是清初以來的董字風格（學董其昌字）。尹詩墨迹，既有董字風格又有趙書（趙孟頫）風格，張什麽可以不定（因原件鵬字只剩鳥字一邊），説是乾隆時代的作品没有問題。

章津才（北京市文物商店）：小像題記的時代風格不對，而且有改動，墨迹顯浮，字放不開筆，有想寫又不敢寫的味道，這種精神狀態與作偽分不開。陸厚信印章按得并不很重，因為邊角都没打上去。再有，因畫面經過多年摩擦起毛，所以後來加蓋印章，印泥便不容易『喫』進去。

小像題記中像這樣的長題不多，位置也不好，太壓了，已破壞了畫局。

張鵬詩可以看作與小像没關係，過去往往把同時代的東西拼在一起。

會上，文物、博物館界的同志一致認為此畫像題記屬於偽加，並認為河南省博物館的調查報告是有説服力的。

故宫徐邦達同志因身體不適，當日下午未能到會。三月一日，他寫信給中國博物館學會，為未能在會上發言表示遺憾，並在信中寫道：『有關古代肖像畫作偽的種種問題，我曾累積了較多的資料，並寫有專文，如曹雪芹畫像亦正為其中典型作偽例之一。因此，擬以「從所謂曹雪芹畫像談到古代肖像畫中的種種作偽問題」為題，作一次專題報告。』徐邦達同志在信中要求學會組織這項活動。

會上，一些同志認為小像題記與朱聘之一九五四年所抄『商丘市工商業聯合會報告』字迹一致，當為一人所寫。題記共七十五字，報告共三百九十一字，他們經過兩相對照，在複印件上找出了一些相同或相近的單字，現整理於下，以供鑒定參考：

題記字	位置	報告字	位置	相同或相似處
之	右起二行十二字	之	右十四行五字	間架結構與筆勢
之	右三行五字	乏	右四行倒五字	最後一筆
之	右四行十三字	導	右十行九字	走之
之	左一行二字	定	右十八行五字	最後一筆
督	右二行六字	督	右十三行九字	間架結構
通	右二行十字	通	右八行十字	間架結構與筆勢
逸	右一行九字	還	右十三行十一字	走之
洪	右一行五字	興	右一行五字	最後兩筆
		共	右十五行十五字	共字上部筆勢

（原載《紅樓夢集刊》第十二期，一九八五年十月）

關於陸厚信繪『雪芹先生』畫像的調查報告

河南省博物館『曹雪芹畫像』調查組

一、『雪芹先生』畫像簡述

一九六三年二月十九日，河南省博物館收到商丘縣郝心佛寄來一幅『雪芹先生』畫像（以下簡稱畫像）和一册『瘞鶴銘』摩崖題記拓本。當時省館給郝匯去人民幣十元，結束了此事。

畫像是一張整紙，縱二十五點七釐米、横四十六點九釐米，對折成兩頁。右頁為畫像，像的左上方有『雪芹先生，洪才河瀉……』五行題記一則，末署『雲間艮生陸厚信並識』。下鈐陽文『艮生』、陰文『陸厚信印』圖記各一方。左頁有尹繼善題詩二首，落款署『望山尹繼善』，下鈐陰文『繼善』、陽文『敬事慎言』圖記各一方。畫像背面左邊貼有紅虎皮宣紙題簽，上寫『清代學者曹雪芹先生小照』、『藏園珍藏』字樣；右邊邊緣殘留有漿糊痕迹。

二、調查的原因和目的

這幅畫像收入省博物館後的當年夏季，上海文化局的方行同志來館看到此像。事後，省館寄給他兩張照片。不久，照片傳到周汝昌同志手裏，他根據照片撰文在當年八月十七日的《天津晚報》上予以介紹，認為此畫像就是曹雪芹的畫像（此後在經他修訂出版的關於《紅樓夢》和曹雪芹生平事迹研究的專著以及報刊上，曾多次撰文加以論證，主張此一看法）。在此之前，郭沫若同志於八月一日寫信給省館，希望得到畫像照片并借看原件。郭老收到畫像後於九月三日復信説，此像畫的『不是曹雪芹而是俞雪芹』。對上述兩種意見後來都有同志發表文章表示贊同。史樹青同志在《文物》雜志一九七八年第五期發表文章認為：『這一開册頁除尹繼善的題詩外，其他皆有意作偽。作偽的時間約在本世紀二十年代到四十年代「新紅學」盛行時期。』一年多以後，他又進一步提出説此畫像可能是作偽者參照類似張問陶石刻坐像（道光乙未，即公元一八三五年刻，嵌在蘇州滄浪亭五百名賢堂的前院西廊壁上）所繪製①。這實質上就是認為此畫像既不是曹雪芹，也不是俞楚江。一九八〇年十月，馮其庸同志來到省館用放大鏡三次看了畫像後，認為此像是俞楚江的畫像，但頭部經人修改過

① 史樹青《再論『陸厚信繪雪芹先生小照』》，見《紅樓夢研究集刊》第五輯，第三三九頁，上海古籍出版社一九八一年版。

(具體意見，詳後)。除以上這幾種主要意見外，還有一些別的不同看法，此處從略。從一九六三年八月至今，二十年來對此畫像的意見，一直是衆説紛紜，莫衷一是。但是這些意見都没有從畫像的收藏和流傳情況進行分析討論。這件畫像既是博物館的藏品，我們感到需要把它原來收藏、流傳的經過情況搞清楚，供學術界研究討論。這是我們所以要進行調查的主要原因。

反映中國封建社會没落史的偉大作品——《紅樓夢》一書，在中國及世界文學史上都佔有重要的地位，享有崇高的聲譽。無數讀者對它百讀不厭，愛不釋手。但是此書的偉大作者曹雪芹的儀表風度怎樣，除片言隻字的記載外，誰也没有見過他的畫像。雖有王岡所繪『曹雪芹小像』照片傳世，但經學術界的研究討論，已基本否定。一九六三年在我省發現的這幅『雪芹先生』畫像，有人認為就是曹雪芹生前的畫像。果真如此，此像誠為稀世珍寶，千萬人都會感到無比高興，曹公有知，也當備感欣慰。但客觀事物往往是複雜的。由於一時分辨不清，視假為真，以真當假，或真假摻半的現象，都是屢見不鮮的。既然紅學界對此畫像衆説不一，我們必須進一步從各方面尋求確鑿的根據，以增加判斷其真偽的依據。這就是我們要進行調查的目的。

三、調查經過

『雪芹先生』畫像的調查工作，是由河南省博物館和商丘縣文化館聯合進行的。其成員有武志遠、陳松林、郭久理、施長河和賈海鵬等同志，自始至終參加此項工作的是武志遠和郭久理同志。我們曾分别於一九七九年冬、一九八〇年冬和一九八二年的春天進行過三次。另外，一九八二年底和一九八三年初又就個別問題，作了短時間的調查，先後共歷時月餘。我們在商丘縣城、商丘市、開封市以及商丘縣農村，走訪了六十多個單位（如商丘縣人民法院、公安局、檔案館、學校、書店、醫院、街道辦事處、農村公社、大隊等），先後訪問了百餘人次，有機關干部、教師、老中醫大夫、城市居民和農村社員等。其中訪問次數較多的是畫像出售者郝心佛、畫像藏主井氏、與畫像有關係的陸潤吾以及他們的家屬、親鄰和其他瞭解情況的人。調查工作得到了當地黨政領導機關尤其是商丘縣文化局的多方指導與大力支持，并得到了有關單位和廣大群衆的熱情協助，因此進展是順利的。隨着工作的步步深入，問題就逐漸明朗了起來。

第三次調查結束後，我們向商丘縣委宣傳部和縣人民政府文化局的幾位領導作了全面的匯報，領導表示滿意，肯定了我們的工作成績。

現將幾次調查的經過情況及主要收獲寫在下面。

（一）第一次調查：一九七九年十一月五日至九日。參加的人有武志遠、陳松林和郭久理三位同志。

初訪畫像出售者郝心佛

郝心佛，家住商丘縣，當年八十歲。他讀過十二年私塾，後畢業於河南省陸軍軍事學校，曾長期在軍政界任職。喜愛藏書，對羅振玉、馬衡、郭沫若等老一輩學者的某些著作都有所涉獵。

畫像是由郝心佛經手寄至省博物館的，因此，我們首先訪問了他。在漫談中，我們請他介紹關於畫像的來源、原來的裝幀是否為册頁以及流傳情况等問題。但他對這些問題有的閃爍其詞，有的後來他自己又加以更正，經我們多次調查證明他這次介紹的情况中，有些是不真實的。但也有些被證明是可信的，如畫像曾經過該縣慣於仿古作僞的陸潤吾之手和寄給省博物館時就是一幅單頁這兩個問題。但他為什麼要提供假情况呢？從他後來的談話和他撰寫的材料中，可知其原因有二：一是當時粉碎『四人幫』不久，他還心有餘悸，怕説出真情招來禍害；二是他曾與補寫題記人有約，在無人識出是何人補寫時，不能説出事實真相。由於這兩方面原因，所以郝心佛這次没有把有關畫像的來源、裝幀形式、編造題記等真實情况告訴我們。

一個病人——陸潤吾的手勢和表情

在商丘縣甚至附近各縣市，不少人都知道陸潤吾是一個長期從事買賣古字畫（兼營古玩）和仿作名人繪畫出售牟利的人。他當年七十九歲，有病，耳聾，行走艱難，不能説話、寫字，有時神志也不清醒。我們訪問他時，只好讓他看這幅畫像，從他的表情、手勢和其他動作上揣測他的意見。

當我們將畫像展示在他的面前時，他表現出熟悉而驚異的樣子，並用顫抖的手始而捂住畫像的頭部，繼而捂住畫像左上方的題記，然後連連擺手。停了一會兒，我們把問題寫出，問他是誰讓他看過這幅畫像時，他雙手按住小飯桌掙扎着站起來，從墻的縫隙中取下一張小紙條，一折露出『郝心佛』三個字，遞給我們看，表示這畫像是郝心佛送給他看過。對陸潤吾的手勢，雖可作這樣或那樣的理解，但是捂頭捂題記的動作是他主動做出的，這就值得我們深思：如果這兩處没有問題，他何必做如此動作呢？為什麼不捂畫像的其他部位和尹詩呢？

我們接着同陸的老伴和次子陸代瑩（四十多歲，初中肄業）交談。陸代瑩說，這畫像過去曾在他家中看見過，但看得不仔細。並說他父親文化水平不高，只會仿作古畫，不會寫文章。但他會刻印章，過去家裏藏有不少仿刻的名畫家的印章，以便在所仿古畫上蓋用。這些印章因為幾次搬家失落一些，特別是『文化大革命』初期被抄家，所存印章已全部丟失。他還說他父親很喜歡收藏名畫家的畫譜，並有裝裱字畫和作舊的技術。他母親還為我們介紹了染紙作舊，以及偽造蟲蛀、鼠咬痕迹的方法。

（二）第二次調查：一九八〇年十月三十一日至十一月八日。參加這次調查的是武志遠和郭久理兩位同志。此次調查的目的是：繼續查訪畫像的來源；陸潤吾家或商丘縣有無叫陸厚信的？畫像和題記文字是否有問題？如果有問題，問題是什麽？

尋找畫家陸厚信

關於畫像作者陸厚信，一直還没有查到有關他的資料，既然陸潤吾善於繪畫和篆刻，又與作者同姓，那末陸厚信是否是陸潤吾的先人呢？為此，我們找到陸潤吾的老伴、次子以及他們的鄰居，瞭解陸潤吾的家世，打聽有無陸厚信其人。據陸潤吾的老伴和兒子說，陸潤吾的父輩是兄弟三人（一說是四人）：兄名厚堯，字新齋，即陸潤吾的父親，擅長繪畫，技藝在陸潤吾之上；二弟早亡，其名不詳；三弟名陸厚培；有無四弟及其名字均說不清。據其鄰居宋少華（當年七十五歲，有一定文化）講，陸厚堯於清朝末年還在商丘縣衙門做過管銀糧的小官吏。我們又走訪了陸家其他鄰居，也没打聽到有叫陸厚信的。

畫像題記是現代人撰寫的嗎？

在調查訪問中，得知柘城縣高中教師程德卿同志（當年五十九歲，因身體欠佳在商丘家中休息）擅長書法，對於當地書畫界人士的情況比較熟悉，於是我們就拜訪了他。他非常熱情，表示樂於相助。他仔細審視了畫像各個部分後，首先談了他認為畫像頭部似經後人修改過的意見。他還説他與朱聘之常在一起談論書法，同受街道辦事處的指派寫過標語，并見過朱聘之在一册《三希堂法帖》上寫的釋文，對朱的字迹熟悉。因此他初步認為畫像題記有些像朱聘之的筆迹。不過朱已病死多年，已無法向其瞭解了。程同志所談的情況，引起了我們的重視。經商議，他答應把那本《三希堂法帖》借來，與畫像題記作對比。

一封揭開謎底的來信

第二次調查之後，商丘縣文化館在程德卿同志協助下，繼續從事調查工作。一九八一年九月，河南省博物館收到程德卿同志的一封來信。信中概括地叙述了郝心佛提供的畫像藏主的名字、包括畫像在内的那部册頁原來的大概内容以及畫像題記編造者的姓名等情況。接着又收到商丘縣文化館轉來的郝心佛撰寫的《揭開『曹雪芹畫像』之謎》的材料和程德卿同志撰寫的《揭開『曹雪芹畫像』之謎的經過》一篇文章。我們及時研究了上述材料，認為這是重要的新情況，同時感到還有不少問題必須作進一步調查，以取得確鑿的證據。如畫像藏主的後人叫什麽？他能否為我們提供更多的情況？郝心佛揭出的謎底是否可信？能否經得起驗證？如果説畫像題記是朱聘之編造和書寫，他有無這樣的水平？能否找到他的墨迹進行對比？……這些問題不解決，就不能説明郝心佛所揭謎底的正確性。

（三）第三次調查：一九八二年三月三十一日至四月十七日。參加這次調查的是武志遠和郭久理兩同志。另外，賈海鵬和施長河兩同志也參加了一些重要的調查活動。

畫像藏主談畫像及其他

郝心佛在《揭開『曹雪芹畫像』之謎》的材料中指出：『據朱（聘之）云，此木册頁得之於本縣俞佾庭後人之手。』但這個後人叫什麽名字？現住何處？他卻不清楚。四月三日我們訪問縣一中教師孟樹卿同志（五十九歲）時，得知他與俞佾庭在五十年前是對門鄰居，現在又是親戚。經他介紹我們在商丘市印刷機械廠家屬院找到了俞佾庭的孫媳井氏。她當年六十六歲，家庭婦女，没有文化，身體健康，記憶力較強，性格爽朗，談吐清晰。她的兒子俞振國，當年四十五歲，是商丘縣城北公社蘇莊學校教師。

我們先見到了井氏，通過拉家常，瞭解到她們俞家過去收藏古籍和書畫的情況。她説她見過《三國演義》之類的書，還有一個是用木板夾着的本子。我們問她這個本子中是字還是畫？她説：『這個本子一拉開好長的，記得有的是字，有的没字，裏邊還畫有一個小老頭，在那裏坐着。』井氏説到這裏，我們把畫像取出讓她看，她很驚喜地連聲説：『就是這個，就是這個，這是我家的，這是我家的。』説罷，她用雙手拿住畫像仔細端詳了一會兒，反問我們：『那原來是一個本子，怎麽現在只有一張？那個本子往哪裏去了？還有木板呢？』我們如實地告訴她說，我們見到的只有這一張。接着我們請她介紹了這部册頁從她家傳出的經過，她說是一九五五年或一九五六年賣出的。關於出賣的原因，她說：『不瞞你們說，我家成分不好，是地主。那時我兒振國正上初中，生活困難，我老頭子對我說：「把楚江公像賣了顧個緊吧。」至於賣給誰啦，我不知道，也没問他。』

我們感到井氏隨口說出的『楚江公像』甚為重要，就立即問她是怎麼知道這個名字的，她說：『那是我老頭子賣畫的時候說的，以前他也說過那是「楚江公像」。我老頭子識字，有文化，愛看《三國》，我可不知道啥是個「楚江公」。』

我們問她俞家是不是本地老户？她不假思索地說：『不是本地人，老祖輩是浙江紹興的。』接着她又說，她兒子五六歲那年（一九四二年左右），有一天她家來了一個男客人，說話蠻口的。佾庭說是老家浙江紹興來的，并領着全家人去見那個客人，因此她知道俞家原籍是紹興的。她還說她家原來有家譜，是白棉紙寫的，『文化大革命』起來後，紅衛兵去抄家，把它燒了。最後，井氏還逐一介紹了自俞佾庭以下至現在五代人的名字，并說除孫女外，其他人都是按家譜規定起的名字。即：

六世	七世	八世	九世	十世
俞佾庭	俞修紀（無後）	俞致福（義子）	俞振國	孟瑩（女）
	俞修綱（無後）			

我們談到中午，俞振國同志回到家中，我們又同他母子二人一起交談起來。俞振國又補充說出一些情況。

關於家譜，他聽老人説前邊部分是從紹興家譜上抄來的，從家譜中看，他們俞家老祖輩有人做官，但人名和官名已記不起來。他家過去藏有清代官服和弓箭等物，解放初期山東來人用花生餅換走了。關於那部册頁和這幅畫像的情況，他説：『册頁和畫像在一九五三年我都見過一次，册頁前後用木板夾着，上邊好像還有紙簽，簽上有個「俞」字。我那時識字不多，只記得我家的姓，其他的字都記不得了。畫像大概是在册頁的後邊幾張中。』當説到這幅畫像是否經人修改過的問題時，他提醒我們説：『你們應該注意這個畫家陸厚信，商丘城内有一個姓陸的會作假畫，你們知道不知道？』我們説已訪問過了。他説：『尹詩和畫像原來就有，畫像的頭部記得與原來的也大致一樣。至於這幾行小字題記原來是不是有，拿不準。不過我想若是原來有題記，我父親有文化，怎麽能對我説是「楚江公像」呢？為啥不説是曹雪芹像呢？』

最後，我們問他母子二人，這些年來是否有人向他們瞭解或談論過這部册頁及畫像的事？他們都説從來没有人問過此事，也没有聽人議論過，更不知道册頁和畫像在哪裏，没想到還能看到這幅畫像，今天一見心裏非常高興。

再訪畫像出售者郝心佛

郝心佛在他所寫的《揭開『曹雪芹畫像』之謎》材料中曾談與朱聘之合夥編造寫題記的情況。這次調查時我們又訪問了他，首先對他提供的新材料，表示歡迎。不管他過去怎麽講的，我們只希望他把真實情況講出來，並且要有根據，要能經得起驗證。他説，那部册頁朱聘之讓他看過兩次，第一次看時，前後都用木板夾着，其中一塊木板還缺一個角，前邊木板上有個題簽（郝開始説題簽上寫的是『徐州知府俞公……』俞公下邊是什麽記不得了，後來又説『是徐州府裏小官吏，不是知府』）。全册頁有幾十頁，前邊每頁都有字，是俞楚江書的自撰詩，倒數第二頁的右面就是這幅畫像，再後是別人的題跋。第一個題跋就是尹繼善的那兩首詩。最後一頁是楚門張鵬的四首詩，詩、字都寫得好，字像董其昌的筆法。張鵬詩中『連成端屬望山師』一句後邊還有小字注文，大意是説，望山師評論張鵬的詩文可達到陞堂地步。第二次拿來讓他代賣時，木板上没有題簽了（一九八二年原説此次無木板，一九八三年改説有木板無題簽了）。

我們問他與朱往畫像上編造題記時是怎樣商量的？尹詩寫得晚，曹雪芹死得早，這不是矛盾嗎？根據什麽説曹雪芹曾在乾隆年間到過南京做尹的幕僚？尹、曹兩家又怎能有『通家之誼』呢？他説：『第二次朱拿來册頁讓我代賣，我説俞楚江名不顯赫，恐難出手。他就説：「可改成袁子才。」我説袁子才的像我見過，有的還有王夢樓的題字，恐怕也不行。後來他纔説：「改成曹雪芹。」你們問的這些問題，我當時都不瞭解，也没參考任何書，只是知道尹、曹兩家都在南京做官，尹是兩江總督，曹家是江寧織造，説兩家有「通家之誼」，也是想當然，無什麽根據。後來曹家敗落，雪芹走投無路，到南京做尹的幕僚也僅僅是我們的推測。至於尹詩作於何時，雪芹死在哪年，也没去考究過。當時生活緊張，只想能把畫像賣出换幾個錢就行了，誰還去管這些。題記的文字稿是由朱聘之起草的，讓我看時，是我提議加上了「通家之誼」四字，然後由他執筆書寫到畫像上的。寫好後蓋上陸潤吾家的章，他就要把畫像往北京寄，我不同意，因為北京書多，專家也多，怕查出來説是假的退回來。鄭州書少，往北京去查一次，往返也得好長時間，不等查出來我們就把錢得了，所以就寄到鄭州啦。』我們又問他陸潤吾家有無叫陸厚信的？他說：『陸潤吾會畫也會刻印。陸厚信可能是他家的上輩人。因為解放前我不在家，與陸潤吾不認識。我們是解放後纔認識的，我和朱、陸二人常在一起，知道陸家存有好印泥。用陸厚信的印章，是朱聘之書寫題記前問好了的，書寫後是朱聘之拿着畫像到陸潤吾家蓋的章。』當我們問到畫像背面題簽的情況時，他說：『題簽是我寫上去的（一九八一年冬，他又說是他所擬，由朱聘之書寫的），「藏園」不是我的號，是隨便寫的，想着有個收藏人的號不是可以提高畫像的珍貴程度嘛！』最後，我們問他這些情況為什麼前幾次調查時不是這樣說？他說：『原來與朱聘之有約，無人認出題記是他寫的，就不透露真實情況，再說既已賣出，如說它不是曹雪芹的畫像，豈不太煞風景了嗎（大笑）？現在程德卿已經認出題記是朱聘之寫的，而且現在有了民主空氣，我打消了顧慮，就把真實情況說出來了。』

那部册頁的踪迹和張鵬題詩原件的再現

在調查中郝心佛開始曾對我們說，原來那部册頁除此幅畫像外，『其他各頁都由朱聘之自行售予商丘縣新華書店了』。為了尋找那部册頁，我們找到六十年代初曾在此店經手收購古書畫的劉戌安等同志。他們說，當時收購的古書畫確實不少，但是否有此一部册頁，已記不得。就是有，也都上交商丘市書店（當時為商丘地區書店）了。接着我們又到市書店，該書店的同志答復我們說：『很可惜，各書店交來的古書和古字畫，在『文化大革命』初期都被一把火燒光了。』據此，那部册頁若確實被朱聘之售出并由縣書店交至市書店，其下場必是一把灰燼了。否則，還可能有見到的機會。

一九八二年十一月末，商丘縣文化館郭久理同志把張鵬題畫詩的原件帶到了鄭州。它同畫像一樣也是一幅對折成左右兩頁的單張，但原來的托底紙已被揭掉，將其展開裱在一張較大的白圖畫紙上。經我們與畫像單頁比較，縱的尺寸相等，横的尺寸因托裱不佳而小兩毫米。紙質也一樣，惟部分表面顔色較畫像略顯灰暗。左下部、右下部和下部邊緣殘缺較甚，少部分字已缺損。上面寫有張鵬七言絶句四首，詩題和落款共計十三行（兩行小字注文按一行計）。第九行末的『有』字，原應在第六行下邊小字注文第二行之末，由於重裱時因破碎而放錯了位置。

現將全文抄録如下：

先生肝膽世人知，何用描摹（面）（目）為？絲繡平原金鑄範，聊從圖畫一窺之。

萬壑千岩憶舊（因？），（移）家冀北又空群。詩裁書格無（雙）譽，勘正風騷樹一軍。

君是伯牙我子期，成連端屬望山師。

〔望山中堂（評）鑒余文，曾有陞堂之許〕石函已得神仙秘，玉軸還留宰相詩。

吴門仙吏漢時梅，仲若聽鶯剡下才。今日風流誰比擬，白公堤上白公來。

題奉

隨園學長老先生清照

楚門同學弟張鵬拜□

楚門張鵬　寄□

括號『（ ）』內之字，為詩頁文字殘損，據郝心佛記憶所填。虛綫方框『[ ]』內之字，為原文被揩擦後所改寫。方框『□』表示該字辨認不清。

關於這件詩頁的流傳、失而復得和個別文字被改寫的情況，據我們初步瞭解是這樣的：一九六三年二月郝心佛把畫像和這一詩頁同時從那部册頁中取出，將畫像書寫題記出售以後，打算將此詩頁也另行出售，但仍感到張鵬和俞楚江名不顯赫，恐難出手，就於一九六四年把詩題中『楚江』二字輕輕擦去，改為『隨園』二字。詩文中『吳門』二字，擬改作他詞，擦掉後又覺不妥，仍改為『吳門』二字。這四個字本想請朱聘之予以改寫，但覺得朱的字體與張鵬的字不類，就請程德卿同志改寫了。

這樣一改，郝心佛認為就把張鵬題俞楚江畫像的詩，換成了題袁枚（晚號隨園老人）畫像的詩，但是仍未賣掉，就於一九七九年前後送給商丘市的胡大建同志。一九八二年十一月末，郭久理同志同郝心佛談起這四首詩時，郝纔説詩頁原件尚存，次日郝親自從胡同志手中取回。郭久理同志問他這幾首詩為什麼絶大部分都能背誦出來，而册頁中俞楚江的詩為什麼連一首也背不出來？郝説，其他各頁在手中存留的時間很短，就這一頁保存的時間最長，經常看，所以能把詩句背下來。

目前，除張鵬題畫詩一頁重現外，其餘各頁的去向究竟如何，目前尚難斷言。

朱聘之其人和他的三件墨迹

朱聘之曾被認為是畫像題記的編造和書寫人。但是開始我們曾懷疑他未必有能寫出這段題記文字的歷史知識和文學修養。也不瞭解他的學歷、簡歷，更不知能否找到他的墨迹與題記進行對比。為此，我們在商丘縣通過調查訪問，又到縣法院查閲了他的檔案資料，大體上弄清了他的學歷、簡歷和特長。

1. 朱聘之其人

朱聘之（一九〇九—一九七四），商丘縣劉口公社劉口鎮人，地主家庭出身。其父為清末舉人，其弟朱秋初（一九五三年死於北京），解放前畢業（或肄業）於北京朝陽大學。朱聘之從六歲起入私塾，拜本縣拔貢陳寶生為師（有人説他還上過大學）。出學後教書三年，即轉入軍政界。初在商丘縣任鎮長、區長，為時較短。後相繼在豫東張嵐峰部隊、鹿邑縣政府、五十五軍二十九師和商丘專署擔任秘書，直到一九四八年冬商丘解放。

解放後，因受其弟（當時在北京市公安分局工作）影響，思想較為開明，贊助和擁護黨的土改政策，被選為商丘市政協委員。從一九五三年起擔任該市工商業聯合會秘書干事直至一九五五年九月二十六日因政治歷史問題被捕。次年被判刑五年。釋放後以代人寫信兼與郝心佛合伙寫字出賣為生，一九七四年病死於農村。

此人長於寫作，據其檔案記載，解放前他曾為漢奸團長商萬才撰寫過碑文；為軍統特務王涌洋修改過呈給河南省省主席劉茂恩的『建議書』；在他本人寫的供詞中，有『我仗着自己能寫作……』的語句。另外，他曾與孟朋橋（已故）、侯友甲（已故）等人，編纂過《商丘縣志》（書稿已全部散佚，亦未刊印），他是主筆人。

從以上情況可看出，朱聘之是一個具有相當文史知識和寫作水平的舊知識分子。

2. 朱聘之的三件墨迹

甲：朱聘之在《三希堂法帖》（第二十三册）上寫的釋文（以下簡稱『釋文』，見《中原文物》一九八三年第二期）。

此册法帖原為郝心佛收藏，用報紙托裱，一九六四年左右售予本縣小學教師王尊博同志。王對帖中元代書法家康里巎巎所寫草書不能盡識，即於一九六五年持帖請朱聘之加注釋文，朱便以紅廣告色將釋文寫於行間。至一九七七年，王為驗證朱之釋文并求補朱釋之闕，又持此帖請程德卿同志過目，并言原有釋文係朱聘之所書。程同志經過細審，即將個別未釋和誤釋之字書於拓本周邊報紙上。一九八〇年十一月一日，我們請程德卿同志看畫像時，他細審了題記文字，認為像朱聘之書寫，並答應找此法帖與題記文字對比。一九八二年四月我們第三次調查時，將此法帖釋文與題記文字進行了對照，具體情況將在後面叙述。

乙：朱聘之書毛主席《婁山關》詞條幅（以下簡稱『條幅』）。

此條幅是一九八二年四月六日我們在朱聘之的家鄉——劉口鎮調查時，由朱的對門鄰居蔣鴻恩老先生（七十七歲）的幫助，從一社員家中得來。紙地，長一百零九釐米、寬四十點五釐米，字徑平均五釐米許，末行『朱聘之書』四字下，鈐有『郝成章印』、『心佛』二圖記。因此，此條幅不僅可用以對照畫像題記文字的筆迹，同時也是朱、郝二人合伙賣字的證據。

丙：朱聘之書寫的《商丘市工商業聯合會工作總結報告》（以下簡稱『報告』）。

原件無標題，此題係據內容所擬。共四頁，朱絲欄，毛筆書寫。末頁鈐有公章圖記，並署有年款。

一九八二年四月十二日，我們通過查閱檔案，得知朱聘之一九五三年至一九五五年九月在市工商聯任秘書幹事。另外，現任縣文化館副館長陳松林同志告訴我們説，那時他就在市工商聯任秘書，並説當時的對外公文都是由朱聘之起草和書寫的。根據以上情況，我們於四月十三日在市人民政府檔案館查閱檔案時，在《商丘工商聯一九五四年長期保存卷》第七卷中找到了這份材料。

這個報告寫於一九五四年四月三十一日，正是朱聘之在工商聯工作期間。經陳松林同志目驗確認係朱聘之所書。再與條幅文字相對比，發現報告中的『麽』、『底』、『通』字，與條幅中的『雁』、『道』、『邁』字，其部首或偏旁筆法相似。條幅上署有朱聘之的名字，那麽此報告也應是朱聘之所書。至於與題記文字相對比的情況也將在後面叙述。

四、我們對畫像及有關問題的幾點意見

通過調查，根據所得到的情況和證據，我們對這幅畫像及有關的問題，提出以下幾條不成熟的意見，向學術界專家和廣大讀者求教。

一、畫像像主原為俞楚江

關於這幅畫像像主是誰的問題，我們根據幾次調查認為：像主不是《紅樓夢》的作者曹雪芹而是俞楚江。理由是：

1. 畫像為俞姓後裔所藏

從調查得知，畫像為商丘縣俞佾庭所藏，至其孫俞致福纔將它售出。值得注意的是，有關俞楚江的資料都明確記載着他的籍貫是浙江紹興①。據井氏所説，俞佾庭的祖籍也是紹興。俞佾庭的曾孫俞振國還告訴我們説，他家所存家譜的前面部分是從紹興俞姓家譜上抄録過來的。這説明俞佾庭與紹興俞姓某家有血緣關係。雖然紹興的這家俞姓是否就是俞楚江的家族還不清楚，俞佾庭是否是俞楚江的直系後裔也還難以確定，但是此幅畫像

① 袁枚《隨園詩話》卷十三：『紹興布衣俞楚江，名瀚。』李斗《揚州畫舫録》卷二：『俞瀚，字楚江，紹興人。』商承祚、黄華《中國歷代書畫篆刻家字號索引》：『俞瀚，字楚江，浙江紹興人，工篆書、篆刻。』以上均轉引自陳毓羆、劉世德《曹雪芹畫像辨偽》一文之『附録』《俞瀚資料輯存》。見《紅樓夢論叢》，第一六六—一八四頁，上海古籍出版社一九七九年版。

在俞俏庭家中一直是被他們視作祖宗像而加以珍藏的。當他們家遇到生活困難時，曾變賣家藏的書籍和清代官服、弓箭等，卻留下包括這幅畫像在内的那部册頁最後纔賣出，從此可看到他們對這幅畫像珍視的程度。

2. 俞家自稱此幅畫像為『楚江公像』。

俞俏庭孫媳井氏及其子俞振國，都稱這幅畫像為『楚江公像』，並説是俞振國的父親俞致福生前告訴他們的。俞振國同志還説，他父親有讀《三國演義》的文化水平，決不會把曹雪芹畫像説成是『楚江公像』。對此，我們認為縱然俞致福是義子，不是俞家的親骨肉，但也決不會胡亂拉一個姓曹的作為俞家的祖宗。否則，那纔是真正的『非其祖而祀之』，俞致福本人也將會被斥為大義不道的忤逆之子。何況俞致福又是讀過私塾、受過儒家孝悌之教的人，更不會做出這種無理而又可笑的事來。

3. 從尹繼善和張鵬的題詩看，也應是俞楚江像。

首先，尹繼善的兩首題詩都被收入《尹文端公詩集》卷九中，題目是《題俞楚江照》。這幅畫像是一幅對折為左右兩頁的單張，左詩、右像，不可分割。這就説明尹繼善的詩是對着右邊的畫像而題的。特别是第二首詩中『好把新圖一借看』一句中的『新圖』二字，就更能説明是指右邊的俞楚江畫像而言。但是在紅學界有的同志認為詩畫『各不相涉』①，有的認為尹詩在其詩集中的題目是『袁枚誤擬』②，所以還應是曹雪芹的像。

① 周汝昌《雪芹小像辨》，見《紅樓夢新證》下册，第七九〇—七九一頁，人民文學出版社一九七六年版。

② 宋謀瑒《〈曹雪芹畫像考信〉質疑》，香港《文匯報》一九七九年三月三十一日版。

關於這一點，我們除了認為題記是後編的外，基本上同意有些同志對這一問題的論證，即應該把尹詩和畫像互相聯繫起來看。《尹文端公詩集》中這兩首詩的題目『《題俞楚江照》這五個字，是尹繼善自己以客觀事實為根據而親筆寫下的詩題』①，而不是他人代擬致誤。

其次，再從張鵬的題詩來看，也可證明這幅像主是俞楚江而不是曹雪芹。對這一問題，可從下面三點加以探討：

第一，關於詩頁與畫像在册頁中的位置。據郝心佛告訴我們，張鵬詩頁是册頁的最後一頁，緊挨在它前面的就是這幅畫像。我們認為這種排列次序決不是隨意湊在一起的，而是表明二者之間在内容上有着内在的聯繫。

第二，詩題中的『隨園』二字是否改寫？

詩頁上現在的題目是：《題奉隨園學長老先生清照》。但是郝心佛說，『隨園』二字是後來改寫的，原來是『楚江』二字。這就表明這幾首詩是張鵬應俞楚江之請而奉題俞像的。但是問題就偏偏出在這個詩題上。尹繼善在畫像上的題詩未寫詩題；張鵬寫了詩題又被郝心佛請人改换了像主名字，這就不能不削弱用此詩頁證明像主是俞楚江的力量。那麽『隨園』二字是否是改寫的呢？我們初看到詩頁時，也曾産生過懷疑。現在除郝心佛和程德卿同志談到此事外，還可從字體上進行分析。『隨園』二字儘管是模仿張鵬的字體，但其形神俱

① 陳毓羆、劉世德《曹雪芹畫像辨偽補説》，見《紅樓夢研究集刊》第三輯，第三四八—三五二頁，上海古籍出版社一九八〇年版。

與張體不類。如『隨』字最後兩畫的形象不僅與張鵬詩文中『連』、『還』二字最後兩畫的形象不同，而且也没有張鵬寫得流暢、靈活。再以『園』字與張鵬詩文中的『圖』字相比，可以看出『園』字最上面那一平畫是左低右高，呈傾斜狀，書寫時落筆輕，而在向右上方運行中筆力越來越重，至末端猛然提筆，再落筆向下寫竪畫，因此使拐角處顯得很生硬。整個『園』字也較瘦長。可是『圖』字則流暢、豐滿。再從墨色來看，『隨園』二字色新，而詩頁上除挖補後添的『吴門』二字外，均顯陳舊。我們還注意觀察了『隨園』二字處的紙面，雖不像『吴門』二字有明顯的挖補痕迹，但紙面上仍略有起毛的現象。根據上述情況，我們認為正像郝心佛所説，『隨園』二字是改寫，不是原有的。

第三，詩題被改寫前是否為『楚江』二字？

這是個關鍵問題。對此，必須從詩的内容上加以討論，看其是否與俞楚江的生平事迹相吻合。

第一首：『先生肝膽世人知，何用描摹（面）（目）為？絲繡平原金鑄範，聊從圖畫一窺之。』這首詩一方面是對像主光明磊落的思想品德的頌揚，同時又是對畫像的贊美。唐李賀《浩歌》一詩有『買絲繡作平原君，有酒惟澆趙州土』之句，此處的『絲繡平原』即出於李詩。平原君，即戰國時趙國公子趙勝，以好納士養客而聞名，可能後世的懷才不遇之士，有繡、繪其圖像而表示對他的欽慕者。張鵬在給像主的題詩中用此一典，亦係有感而發。這就使我們聯想到俞楚江當時的處境和思想狀況。當尹繼善於乾隆三十年卸去兩江總督之任回到北京後，曾在尹府做幕僚的俞楚江不免會有悵然不知歸宿之憂，在這種處境下，他會自然地想起古代那位以廣蓄門客而聞名的平原君來。張鵬在這首詩中用此一典，既是形容俞楚江的畫像，同時也含有對俞勸勉之意，即勸他這位『學長老先生』不必再夢想像平原君、尹繼善這樣的達官顯貴了，還是靠自己來掌握自己的命運吧。

第二首第二句：『（移）家冀北又空群』

有關俞楚江的歷史資料中，對他的籍貫和事迹有如下的記載：『楚江山陰著姓，燕北寄公。』『紹興布衣俞楚江，名瀚，久客京師。』『嗟乎楚江，故鄉在越，寄家在燕。』『吾友俞君楚江……入京師，巨公貴人，倒屣迎致；海內碩師鴻儒，名知之士，無不折輩行與之交。』① 上述這些史料都説明俞楚江的家雖在紹興，但他曾長期在北京住過，這與詩中『（移）家冀北』相合。另外，張鵬此語也是所出有自，而且題在俞楚江畫像上，尤其感到恰當。韓愈《送温處士赴河陽軍序》：『伯樂一過冀北之野馬群遂空。』又陸遊《得陳阜卿先生手帖》：『冀北當年浩莫分，斯人一顧馬群空。』這些都是借伯樂相馬的典故來比喻善識人才。從上列史料看，俞楚江也是一個有眼力的善識人才的『伯樂』，他一到北京，『巨公貴人』，『碩士鴻儒』，無不與之相交，大有把『千里駿馬』選拔一空之勢。所以張鵬飈用『移家冀北又空群』的詩句來稱贊他善識人才的眼力。

第二首第三四句：『詩裁書格無（雙）譽，勘正風騷樹一軍。』第四首三四句：『今日風流誰比擬，白公堤上白公來。』這幾句都是對像主能詩善書的才華和風雅氣度的贊美。言其無第二人能和他相比，簡直像昔日

① 同第五二七頁注①。

在杭州西湖白公堤上信步的大詩人白居易一樣①。那麽俞楚江是否有能詩善書的才能呢？請看下列記載：他的朋友沈大成説：『吾友俞君楚江，少即以詩名東南。』又云：『遺詩數千篇，可以稱善鳴。』當時著名詩人袁枚評論他的詩是：『倘入鍾嶸之品，不在下中，即登表聖之門，自居高品。』這些是言其有善詩之才。同時他還長於書法。如沈大成説：『山陰俞君楚江，工詩及八分。』又稱讚其『八分奇古，得漢人筆意』②，等等。另外，他還有精篆刻、通古文字學等多方面的才能。這些都説明詩中對像主的贊揚是能與俞楚江的才華氣度對號入榫的（若僅從此一點説，曹雪芹、袁枚也都是當之無愧的）。這裏我們還要特別提出的是，『今日風流誰比擬』一句，似參用尹繼善在此畫像上的題詩『風流誰是題詩客』一句變化而成，後又由朱聘之再縮變而成為題記中的『風流儒雅』四字。

第三首第一二句：『君是伯牙我子期，成連端屬望山師。』小字注文：『望山中堂（評）鑒余文，曾有（「有」字被錯裱於第九行末）陞堂之許。』在這裏作者張鵬用了傳説春秋時代俞伯牙與鍾子期結為至厚知音的故事來形容他與像主之間的親密關係，並在注文中明確地交代出他與像主結交的緣由。原來是像伯牙的老師『連成』那樣的尹望山（繼善），高度評價和贊賞過他的詩文，纔可能使他能經常出入於尹繼善的幕府，與像

①　據《唐書·白居易傳》記載，長慶元年白居易曾任杭州刺史。又史載白居易曾於西湖築堤，人稱『白公堤』。此説實誤。白居易《杭州春望》詩『誰開湖寺西南路，草緑裙腰一道斜』二句即可為證。參見《浙江通志》卷二七九，雜記一，光緒二十五年影印本，四八四八頁。

②　同第五二七頁注①。

主相交遊，並結成了至厚知音。那麽這個像主是誰呢？俞伯牙與鍾子期結友一典是泛用，還是語意雙關呢？這就不難使人想到俞楚江。因為俞楚江做過尹的幕僚是有明文記載而多數人都承認的問題①。

張鵬的詩没有署明時間，因此我們還需要把詩中一些語句同尹繼善在畫像上的題詩以及紅學界一些同志對俞楚江事迹的考證結合起來，討論一下張鵬這四首詩作於何時，從而看俞楚江當時是否在世。

第三首第三四句：『石函已得神仙秘，玉軸還留宰相詩。』這個『宰相詩』不就是指尹繼善在這幅畫像上題的兩首詩嗎？但尹繼善是否做過宰相呢？回答是肯定的。這裏舉幾條史料以為證：

據《乾隆東華續録》記載，二十九年四月初一日『以尹繼善為文華殿大學士，仍留兩江總督任』；三十年三月二十日『召尹繼善入閣辦事，以高晉為兩江總督』。袁枚《小倉山房外集》卷六《六營立兩江總督尹公去思碑》一文說：『九月初六日，補文華殿大學士入都。』我們知道，明清的宰相，職皆稱作大學士，并冠以殿閣之名，乾隆十年以後專用三殿（保和、文華、武英）、三閣（體仁、文淵、東閣）之名入銜。尹繼善的銜名正與此合，所以張鵬纔把他的題詩稱作『宰相詩』。

尹繼善即是乾隆三十年九月初六入都，這正像陳毓羆、劉世德兩同志說的：『我們斷定尹繼善的兩首詩作於乾隆三十年九月初六之前的不久。』② 那麽張鵬的詩當然只能作於尹繼善的題詩之後了。但後到什麽時候呢？

---

① 沈大成《學福齋文集》卷十四《亡友俞楚江金陵懷古詩跋》：『當相國尹公總制兩江時，楚江為上客，出入幕府，遊金陵最久。其懷古四首，相國極賞之。』

② 同第五二九頁注①。

這必須弄清楚俞楚江第二次去北京，又從北京回到南方直到死去的時間。對此，陳毓羆、劉世德兩同志是這樣説的：『乾隆三十年秋，尹繼善卸任還朝，俞瀚依附大官僚生活的日子也就終止。他在南京混了一陣，再到北京去找事。「卒無所遇」而「南返」。大約在乾隆三十三年左右到了揚州……三十五年六月二十七日病卒於蘇州虎丘的「客舍」。』① 據此，我們可以説張鵬的詩是作於乾隆三十年秋至三十五年六月二十七日之間，更大的可能是在三十三年，即他第二次從北京回到南方至三十五年六月末死去之間。

綜合以上幾點，我們可以説張鵬此四首詩不論從内容和寫作時間上説，都與俞楚江的事迹和經歷相符合，因此，也説明此像主是俞楚江。

在這裏還需要説明一個問題，就是關於詩的作者張鵬。在詩頁上，張鵬自稱為『楚門』人，字『寄□』。據《清史稿》（卷六十五）等史書記載，知楚門在清代位於玉環廳境内，歸浙江温州府所轄。民國元年至今為玉環縣。但經多方查找，尚未找到有關這位張鵬的資料。去年六七月間，我們曾查出明清之際有個叫張鵬的，但字搏萬，且是丹徒（今江蘇鎮江）人。其在世之年，據徐乾學為他所寫墓誌銘（見《憺園全集》卷二九）記載，是生於明天啓七年，卒於清康熙二十八年。而俞楚江是卒於乾隆二十五年六月，據陳毓羆、劉世德兩同志推測，『他大概活了六十多歲』。我們暫且以六十五歲計，其生年當在康熙四十四年。這就是説丹徒這個張鵬死後十多年，俞楚江纔出生。這説明為俞楚江畫像題詩的張鵬決不是丹徒這個張鵬。

① 同第五二九頁注①。

但是有的同志以丹徒這個張鵬與俞楚江不是同時期人為理由，而懷疑甚至否認這四首詩是真的，這就不對了。因為為畫像題詩的是楚門張鵬，不是丹徒張鵬，這兩個張鵬雖同姓名，但字和籍貫，都不相同。從年歲上説楚門張鵬當與俞楚江相差不遠，而丹徒張鵬要大得多，因此，不能把兩個張鵬混為一人。

2．畫像的頭部經過後人修改

前面已經提到一九八〇年十月，馮其庸同志來省館三次用放大鏡仔細看了畫像後，曾提出過『改頭説』。一九八一年他在《藝譚》第四期《〈夢邊集〉序》一文中進一步説道：『我的印象，此畫像頭部四周水暈皴擦痕迹十分明顯，水痕直至手部，面色呈黄底黝黑色，眉眼均經重勾，尤其是眼重勾筆觸甚明顯，嘴上髭鬚亦係重勾醒筆，因而色黝黑，故粗看不易看出鬚。後頸部露出兩次勾填痕迹，現在頸部的前面為深黄褐色，但在此頸部之後，還有一道淺黄色。前面深褐黄色之頸部小於圓領，至有領大頸小，頸領兩部分不接之感，後一淺黄色頸部，則與圓領相接，此為明顯的改製痕迹。』他在分析了畫像頭部的水痕不可能是畫家自己擦改的理由之後指出：『畫像極可能是俞楚江，尹繼善是給俞楚江題小像，後人利用這張小像改偽為曹雪芹，因文獻記載曹雪芹「身胖頭廣而色黑」，而俞楚江則是「長身鋭頭」，換句話説是高個子尖頂。所以必須把頭部改動一下，再加深一點顔色。』一九八〇年十一月，我們在第二次調查中拜訪程德卿同志時，程同志仔細看了畫像後，提出了與馮其庸同志同樣的看法，也認為頭部是經後人修改過的。馮、程兩位同志，不僅素不相識，也從未通過信，而所見相同，這種情況可以説明只要認真觀察，其修改的破綻是完全可以被辨認出來的，馮、程二同志的意見，我們是同意的。

同時，我們認為俞楚江是當時南方一位頗具聲望的文士，能詩善畫，長於篆書、篆刻，又對醫學、藥學有所研究。他在尹繼善幕府中做幕僚期間，由於受到尹的賞識，正是他一生的黃金時期。他若請人畫像，或者老朋友主動為其畫像，想必是擅長丹青的高手，否則，畫者是不肯貿然而為的。退一步說，或許由於畫者一時失手，偶生衰敗之筆（指畫像頭部左右兩側脖頸與衣服勾勒綫相距不等、鬍鬚疏密不一等），雖經修飾未能盡善，弄成今日所見的面貌，俞楚江怎肯持請尹繼善為其題詩留咏呢？這不是對尹不恭嗎？那末修改的人是誰呢？根據調查中陸潤吾看到畫像時的表情和手勢分析，我們認為修改頭部的人，很可能是陸潤吾。因為畫像確實經過他的手，他又有一定的繪畫技巧，故是他的可能性極大。修改時可能是朱聘之請陸而為之，郝心佛不瞭解情況，所以他說未經人修改過。關於這一點我們同井氏之子俞振國同志和郝心佛的意見是不一致的。

3. 畫像題記係朱聘之等人所編造，並由朱聘之所書寫

我們通過調查認為：畫像題記是朱聘之等人所編造的。這不是輕信郝心佛所提供的材料，而是有所根據的。首先，我們認為朱、郝有編造的條件：一是朱聘之和郝心佛都有相當的文史知識和文學修養，二是原來那部册頁中的詩文內容給他們提供了必要的參考材料。

在調查中我們曾問過郝心佛編造題記的根據是什麼？正像他所撰寫的材料所說：『彼時曹、尹兩家均屬滿人貴族，一任江南織造，一任兩江總督，同在金陵開府建衙垂數十年，喜慶答拜，自有通家之好。迨曹氏家道没落，其後裔投入尹之幕府者亦意中事。於是乃援筆杜撰，作題記一則。』由此可以看出他們對尹繼善、曹家家世以及紅學界對曹雪芹生平的研究等有一定的瞭解。但是他們畢竟是一知半解，所說的根據，又經不起推

敲。如曹雪芹之父曹頫因犯罪被罷官、逮捕、入獄，曹家已於雍正五年和六年相繼離南京回到北京，而尹繼善是雍正九年纔去南京做第一任兩江總督，他們兩家在南京根本未曾相遇，怎能『喜慶答拜，自有通家之好』呢？因此，我們在訪問時進一步問郝心佛：尹、曹兩家結為『通家之好』的根據是什麼？怎麼知道曹雪芹於乾隆年間曾去過南京做尹繼善的幕僚？尹的題詩寫得晚，曹雪芹死得早，這個矛盾如何解釋？郝心佛說，當時他們没去考究那麼多，只是想當然，無什麼根據。這就是他們編造的題記和曹雪芹的事迹所以不相符合的原因。

那麼他們編造的題記為什麼與俞楚江的事迹合拍呢？我們認為這與那本册頁的内容有很大關係。井氏回憶那本册頁裏面『有的有字，有的没字』。郝心佛明確地説全册有幾十頁，除了畫像和張鵬的題詩外，都是俞楚江作的詩。果真如此，其中很可能有反映他自己與尹繼善關係以及稱贊尹或他人博學多才方面的内容，朱聘之可能參照這些詩的内容和言辭，施展其長於寫作的才能，加上郝心佛的參謀，終於編造出題記。由於可能有這些内容作參考，纔使編造的題記與有關俞楚江的史籍記載相一致。但是朱聘之和郝心佛為使這幅畫像易於出售，就在題記之前冠以『雪芹先生』四字，假託為曹雪芹的畫像。因此，這則題記不能用來作為證明曹雪芹某些事迹的文獻依據。

其次，我們再討論一下為什麼説畫像題記是朱聘之書寫的問題。

前面我們已把朱聘之的三件墨迹作了介紹，現在再把這三件墨迹各自的特點作一説明。

釋文：法帖的表面是黑色，釋文是用紅廣告色書寫的。為求醒目，顏色調得稍濃了些。這就必然使筆毫臃腫、肥大，書寫起來感到滯阻，不那麼隨意自如，寫出來的字，也不像用墨筆寫的字美觀、飄逸、靈活。

條幅：字形較大，不像釋文、報告和畫像題記那樣是小字。因此，它與那幾種墨迹相比，乍看起來有些不類。但仔細分析，其筆致還是一樣的。

報告：字體大小與釋文和題記相若，惟因不像題記那樣受紙面大小的限制，寫得略修長，『歐』體的風格也較顯著。

下面我們分别將以上三件墨迹與題記中的字體作一比較。

釋文中的『先』、『江』、『以』、『致』、『識』五字，與題記中的這五字寫法基本一致。另外，釋文中的『原』、『庸』二字，與題記中的『府』、『賡』二字，左旁的一撇，都較放縱，特點非常突出。釋文中的『迹』、『逸』、『遇』三字，與題記中的『逸』、『通』二字，其『辶』偏旁，均有共同之處。

條幅中的『風』、『山』二字，與題記中的這兩個字十分近似，尤其是『山』字，不像一般人把中間一竪畫寫得較高，而是比兩旁的竪畫略高一點，並且在全篇文字中，比其他字都寫得小。條幅中的『雁』、『席』二字，和題記中的『府』、『賡』二字，左旁的一撇都較長，且與上面的平畫不連接，中間留有較大的空隙。條幅中的兩個『聲』字，上部右邊的『文』字末一畫與題記中『督』字上部右邊『又』字末畫，具有同一特點，即寫成向下彎曲的長弧形。條幅的『道』、『邁』二字，與題記中的『逸』字一樣，其『辶』都寫作『廴』，而且末一畫長而曲，顯得軟弱無力。條幅中的『鐵』字和題記中的『鏗』字，左旁『金』字寫法相同。條幅中的『蹄』字與題記中的『跡』字，左旁『足』字寫法一致。

我們再把報告中的文字與題記中的文字作一比較。

報告第一頁第六行中的『公』字，第八行和第十二行中的幾個『通』字，第十一行中的『作』、『時』二字，第二頁第五行中的『私』字，第八行中的『小』字，第十二行中的兩個『兩』字，第三頁第五行的『間』、『以』二字，第九和第十行的幾個『之』字，第四頁第一行的『督』字和第六行的『其』字等，與題記中同一字的寫法基本雷同。

報告第一頁第二行的『產』字，第二頁第十一行的『麽』字，第三頁第一行和第十二行的兩個『底』字，與題記中的『府』、『賡』、『厚』字比較，左旁的一撇也都較長。第一頁第四、七、八、十一行的『導』字，第二頁第六行的『遍』字，第七行的『達』字，第十一行的『過』字等，與題記中的『通』字一樣，其偏旁『辶』，均寫作『⻌』。另外，凡以『言』字作左偏旁的合體字，『言』字上面的一『點』，絕大多數點在橫畫的右上端，而不在中間，如報告首頁第六行和第九行的『設』字，第十一行的『請』、『議』字，第二頁第二行的『講』、『討』、『論』等字，都是如此。這一特點，我們從條幅、釋文和題記中，凡是以『言』字作左偏旁的合體字中，都可以清楚地看得出來。

綜合以上所述，可以得出下列幾點：即朱聘之的三件墨迹，尤其是報告一件和題記文字都是略具歐體的行楷書，但報告的歐意較重一些；朱聘之的字在習慣上總是把『辶』偏旁，寫作『辶』或『⻌』；『之』字寫作『之』或『㞢』；位於左偏旁的撇畫，總是寫得長而放縱。這些可以說是他的書體風格和特點。這些特點在只有七十五字的題記中，都有體現，因此，我們認為題記是朱聘之所書寫。

4.畫像作者陸厚信很可能是現代人陸潤吾的父輩，或陸潤吾假託的名字

根據畫像題記的落款所稱，這幅畫像的作者名叫陸厚信，字艮生，雲間（今江蘇松江）人。我們在調查中，郝心佛開始曾説陸厚信可能是陸潤吾的上輩人。根據陸潤吾的父親名陸厚堯、叔名陸厚培，還有一個或兩個叔父，不知其名，看來其中很有可能有叫陸厚信的。或者陸潤吾以其父『厚』字輩而僞託一個名『陸厚信』字『艮生』的人，並刻有此兩枚圖章。

在調查中陸潤吾的次子陸代瑩曾説，他老家是上海人。松江距上海并不遠，一九五八年由江蘇省劃歸上海市管轄。

陸潤吾的祖籍如果確屬松江，畫像上『雲間』這個古老名稱的寫出，很可能與陸潤吾有關，也許是從他父親陸厚堯的口傳知道的。

關於畫家陸厚信的情況，周汝昌同志説，有人『曾於某書中查到了陸厚信，是乾隆畫家，主要活動於揚州地區』。又説：『聽説上海顧景炎曾根據史料為之撰一小傳。』① 對此，我們十分高興。但不知前者是什麼書名？後者是否已發表？

關於『艮生』和『陸厚信印』兩枚圖章，經多次詢問查找，尚無踪迹。我們將隨時注意搜尋陸潤吾出售的仿古畫，看其上面是否鈐有這兩枚圖章的圖記。

① 周汝昌《曹雪芹小傳》，第二二四頁，百花文藝出版社一九八〇年版。

5. 關於是單頁或一部册頁以及收購價格問題的説明

（1）關於畫像購進河南省博物館時，究竟是單頁還是一部册頁的問題。

這個問題已由史樹青同志發表的、武志遠和趙新來同志給他的信①中，作過詳細的説明，現在仍有同志提及此事，這裏再略作陳述。

在這個調檢報告中，已記述了郝心佛對原來那部册頁的説明，已完全可以説明畫像購進省館時確實只是一個單頁。為了進一步證明這個問題，我們這次特將收購畫像的原始存根以及郭沫若同志寫給河南省博物館的信件一并發表，以資佐證。

有同志説，一九六三年有人在河南省博物館看到的是一部册頁，同年畫寄到北京時，有人看到的也是一部册頁，怎麽後來變成了孤零零的單頁了呢？對這一點我們只能根據調查瞭解的情況和推測來作回答。

這幅畫像購進時是由一位保管人員經手入存的（該同志已調到其他單位工作，經詢問，已回憶不起來存放的具體情況），估計他是把它夾在某一部人物像的頁册之中了。一九六三年來人看畫時，保管人員未講明此頁畫像原來不在該部册頁之中，致使對方産生誤會。這一誤傳傳出後，别的同志由於不瞭解情況，也誤以為原來就是一部册頁了。至於在北京看到這幅畫像的同志，並非都認為是一部册頁，也有説是一幅册頁的，如陳毓羆

① 見史樹青《再論『陸厚信繪雪芹先生小照』》。《紅樓夢研究集刊》第五輯，上海古籍出版社一九八一年版。

同志和劉世德同志看到的就是『一幅册頁』①。

為了探討這幅畫像的像主究竟是誰，必須弄明白原來是不是一部册頁。因此，同志們反復提出和討論這個問題是有道理的，這種認真的精神也是完全正確的，我們不也在尋找井氏和郝心佛所説的那部册頁的其餘部分嗎？但是話又説回來，如果我們寄到北京去的是一部多開的册頁，而且有些同志都見過，那麼為什麼這些年來在對此畫像的討論中，没有任何人把這部册頁中其他各頁的内容作為自己立論的依據呢？由此是否也可以證明寄到北京去的那部册頁是不存在的呢？另外，新發現的張鵬詩頁，過去無人知曉，現在出現了，這一事實也證明在郝心佛出售畫像之前，那部册頁已被拆散，寄給省館的只能是一幅單頁了。

（2）關於此像收購的價格問題。

近來在報紙上看到一些文章，同時還收到一些來信，對這幅畫像購進河南省博物館時，只付給五元、十元的代價，表示不可理解，進而懷疑題記是否後人編造。因為編造題記，偽託是曹雪芹畫像的目的是為了牟取高價，如果只售得五元、十元錢，何必如此作偽呢？對於這一問題有必要作一説明。

這幅畫像是連同『瘞鶴銘』拓本一起被寄到省館的。據郝心佛回憶，當時只求能把這兩件文物賣出去，没有提出具體的價格，只要給錢就行了。當省館收到畫像後，曾回信以十元價格徵求他的意見，他寫信同意後，

---

①『我們所見到的陸厚信所繪「雪芹先生小照」是一幅册頁。前半頁是小像，後半頁是尹繼善的題詩。』見陳毓羆、劉世德《紅樓夢論叢》：《曹雪芹畫像辨僞》，上海古籍出版社一九七九年版。

省館纔寄給他十元人民幣。

去年十二月，他又補充談到當時出售的情況說，那時正當自然災害的後期，生活還很緊張，吃的東西最貴，而一切日用雜物和古書畫之類倒很便宜。文物除國家博物館外，很少有人要，尤其在一個小縣城裏更没有人買。為了顧眼前生活，就把它寄給省博物館了，那時只想能換幾個錢就換幾個錢，誰還想到要高價錢呢？再者，還恐怕博物館認出來是僞品，不收購將其退還呢，所以根本没有計較價格高低的問題。

五、結束語

關於河南省博物館收藏的『陸厚信繪「雪芹先生」畫像』的真僞問題，從調查所得到的情況和資料看，證明這幅畫像原來所繪就是俞楚江像，後經朱聘之等人編造和書寫了題記，假託為曹雪芹像。同時又經人（可能為陸潤吾）修改了畫像的頭部，使其成為一幅改變原貌的俞楚江畫像。

但是，判斷一件文物（包括書畫在內）的真僞，應從多方面分析研究，在這方面我們做得還很不够。僅就調查來説，也還有不少不足之處。如那部册頁的其他各頁是否被出賣並燒掉了？究竟有無陸厚信其人？商丘俞姓與紹興俞姓的關係等等。這些問題都需要作進一步深入的調查瞭解。同時也建議有關單位、紅學界的專家學者共同努力，使這幅畫像的真僞問題能得以澄清。

我們在調查過程中，是以拜人為師的態度和實事求是的精神進行工作的，自信没有抱什麼偏見，也没有使用過不正當的手段。

歡迎讀者對我們的調查和這個報告提出批評和意見，如果有願意來河南對這幅畫像作進一步調查瞭解的，我們將熱情歡迎，並盡力相助。

執筆者　武志遠

參加研究整理者　郭久理　韓紹詩

一九八三年元月

（原載《中原文物》一九八三年第二期）

揭開『曹雪芹畫像』之謎的經過

程德卿

請允許我先簡介三個與陸厚信繪『雪芹畫像』有關的商丘人，以佐大家對此像的鑒察。一、郝心佛：原西北軍官佐，馮玉祥逐宣統出宮時，郝率兵士監守宮門，一太監潛攜《三希堂法帖》三希之一的《王羲之快雪時晴帖》出宮時，為之查獲。郝喜文學，能古體詩，愛收藏，早歲搜集圖籍、碑帖、書畫甚多，後佚散殆盡，至晚年輒賴售其殘存以自給。二、陸潤吾：其父善丹青，陸幼承家教，及長，擅臨摹，仿古作偽，欺世牟利。某古董商購得古畫一幅，訪陸過目，陸謂：『此乃我所作也！』並出示畫上鈐用之圖章為證。商丘多收藏家，其中以清早期之宋犖為最，其收藏之富，為當時江北之冠。到民國一二十年間，彼等後裔之不肖者，往往竊其家藏，間有售予陸者，陸或仿製出售，或將原件高價轉賣。三、朱聘之：其父曾中舉，幼承家教，後歸依舅氏，其舅有陳寶生者，前清拔貢，曾任知縣，善詩詞歌賦及書畫，朱從之受教於北京，弱冠即遍讀諸家名作，後又就學於前河北大學文科系。長於文學、書法，擅稿牘，曾參與本縣縣志之編纂。又曾任中學語文教師、偽區長、偽五十五軍二十九師秘書、偽鹿邑縣及偽商丘專署秘書，直至解放前夕。

置疑

一九八〇年十一月一日下午，我被約至商丘縣文化館辦公室，經該館主管文物工作的郭久理同志介紹，與河南省博物館的來訪者武志遠同志相見。武同志取出一幅畫像，對我説：『這是一九六三年您縣郝心佛賣給省博物館的「雪芹先生畫像」。我是為調查它的藏主、流傳等情況而來的，聽説您與郝心佛是筆墨文字之交，不知是否瞭解與這幅畫像有關的情況？若知道請您談談。』我一聽『雪芹畫像』四字，就聯想到過去曾聽郝心佛説賣過此像，但畫像是什麽樣子，我不僅没看見過，也未聽郝説過。

經展開册頁仔細觀察，有許多處引起我的疑竇：手、面的設色不一。拄地的左手，除拇指外，其他四指是並未泛黑的赭肉色，勾勒四指的淡墨綫條清晰顯見，但其拇指卻是深褐色，勾勒綫為褐色所掩；按在右膝上的右手，其色與左手拇指同，不但不見勾綫，且有兩處褐色□過了衣袖的勾綫；頭、面、頸是已泛墨的赭肉色。我雖不會畫畫，但知道小幅國畫人物像的面與手應是同色，畫家總是將用色一次調足，以免重調。我認為：這幅畫的頭、頸、手的總面積不過一個拇指大，其色有三，説明不是一人一次所調；有的泛黑甚至成為褐色，有的不泛黑，這説明所用鉛粉質量有優有劣；色調深淺不同，色料優劣不一，適足説明不是一人一時之作。

在我察看面部顏色時，發現右側脖頸與衣服勾勒綫緊相吻合，而左側脖頸與衣服勾綫相距約一點五毫米，從此間隙處往上，有一條與左手四指色調相似的隱約殘痕，沿頸、頤，至左耳下垂，於左耳輪向内凹處再向後，復由左耳上端至顳部逐漸窄細而泯迹；在這條淡赭肉色殘痕外側的紙面上，有水漬印痕，越往上越明顯，在頭頂左上側，似於紙濕時曾受輕微污染而泛黑。所有這些明顯的改易痕迹，説明那條淡赭肉色的殘痕是原作頭頸左側的輪廓綫。

當我再度端詳『雪芹先生』的面容時，覺得鼻端左側和嘴唇左上邊的敷色似較薄淺，便把注意力集中到此區域來。諦視之，見左唇上有黑色極濃的髯鬚數根，其中有傾斜的，並且間距大小不一；再察看右唇，敷色較左唇稍厚深，有鬚三數根，其間距相差亦甚大。我是戴四百度老花鏡的人，不相信自己的目力，便請武、郭二同志復驗。他們將畫像持至光亮處仔細察看，所見與我相同。我説：『這是試圖將髯鬚拭除而未能拭淨的結果。』

綜合以上觀察和分析，我認為：左手四指和面部左側的淡赭肉色殘痕纔是作品的原來設色；至於今日所見頭、面部已泛黑的深赭色及手部六指的黑色，則是後人塗改的結果。對我以上這些分析武、郭二同志都表示同意。

看罷畫像看詩文。從尹詩的内容來看，是為畫像而題的，墨色亦舊，絶非晚近所書。至於墨迹，因我未見過尹的手書，是真是假未敢斷言。

當看到畫像左上角的小字題記時，首先給我的感覺是這字迹似曾相識，卻一時想不起來是誰寫的。讀了一遍文字内容，無破綻，便再次端詳字迹，見『風流儒雅』四字的筆畫稍粗且發毛，顯係書寫時此處紙面潮濕所致。疑而諦察，四字左偏旁下，部分紙面上有未揩擦凈盡的墨迹殘痕，隱約可見，我便肯定地說：『這四個字是揩擦後改寫的。』武、郭二人也都分別對此處進行了詳察，武同志還拿起畫像對光映視，果見此處較四周明亮，確係揩擦過。

因『風流儒雅』四字的改寫，使我憶起了郝曾請我改寫一幅字的往事。一九六四年夏，郝持一詩頁對我說，這是他過去收藏的一幅張鵬給別人的手迹，現在想把它改為給袁子才的，以便易於賣掉換飯吃，但上面有四字須要改動。彼已將此四字揩掉，原打算讓朱聘之代寫，因朱的字體與張相徑庭，故想叫我仿寫填上，並帶來半錠清代陳墨。我代為改寫後，乍一看還勉強魚目混珠，但稍加注意，便可辨出貌且不似，遑論其神，且墨色新陳有別。

這樁往事的憶及，使我認為『風流儒雅』四字也有可能是郝請人代筆而為之。誰的代筆呢？這時使我憶起與我一起談論書法并一起多次為街道辦事處在墻上寫過標語的朱聘之。想到這裏復拿起題記仔細端詳，越看越覺得這四字像朱聘之寫的。

也是根據我那次為郝代筆的經驗，我將此四字與全文作了對比分析，從而得出下面的推斷：從『風流儒雅』四字的形與神來看，和整個題記的其他文字相一致，且墨色新陳相同，不可能是後人對原作的改寫；從題記與另扇尹繼善題詩的墨色有別來看，二者不可能是同時代的作品。由以上兩個推斷，使我產生了下面的臆測：是否為了好出手及多賣錢，郝請朱聘之寫題記，請陸潤吾改頭面，把這像說成是曹雪芹的呢？

收起畫像，我們三人坐下來交换意見。他二人問我，是否知道此畫是郝心佛購自何人之手？我說：『我不知道，没聽説商丘誰家藏有此畫。』他們又問我：這畫及題記所有改易處，會不會是郝心佛搞的？我説絶不會是郝親手所為。他二人讓我進一步談談我的看法，我説：『若此件是在到郝手以後、出賣之前纔有所改易的話，則改畫者定為陸潤吾，題記則出自朱聘之。』我還向他們二人解説了我的根據，我説：『陸潤吾與其父都會畫畫，陸又善於仿古作偽；朱曾多次和我談論過《紅樓夢》，他能把書中的詩詞大段地背誦出來，對曹雪芹的家世，還能把他的上輩幾代人一一説出，朱聘之又是本縣有名的文人，能寫作，以他的才學和文筆來説，這段題記是可以寫出來的。他的字也寫得不錯，與題記字迹相似；陸、郝、朱三人也都是文字交。據上述這些，若三人合作把此畫像改為曹雪芹，既易出手，且可牟得高價錢。』另外，我還説到我所見到的經朱為之釋文的《三希堂法帖》的情況。這份帖曾為郝心佛收藏，後來賣給了本縣小學教師王尊博，王對其中的草書字不能全認，曾請朱聘之為其釋文，朱即以紅廣告色將釋文書於帖文的行間。大約一九七七年，王又持帖來讓我過目并囑補釋個别未經釋出之字，我將朱未釋和誤釋之字書於拓本周邊的報紙上。原釋文為朱聘之所寫，就是王尊博同志告知，同時我也能認出是朱所書。我將這些情況告訴武、郭二位同志，是為了更進一步説明我判斷畫像頭部經人修改，題記文字為朱聘之所寫是有一定根據的，並非無根據的胡亂猜想。當然我還對他們説：『我這只是就現象的分析推理，事實究竟怎樣，還需您們多作瞭解。』

談了我個人的看法後，又向他二人介紹説：『朱聘之已死數年，陸潤吾現已不能説話寫字，間或神志不清，今天惟有郝心佛健在，你們二位只有向他瞭解究竟了。』武、郭兩同志説：『在未見您之前已訪問過陸潤吾了，他只是用手抓抓畫像的頭，又抓抓題記，然後擺擺手示意。至於郝心佛，去年也已找過他。他説畫像是在本縣街上買的，到手不久就賣出了，未經人修改過。畫像畫的就是曹雪芹。』對於我向他們二位談的情況，武同志說：『聽了您剛纔說的這一番話，我們感到是新情況，很有參考價值，我們就是要從多方面瞭解情況，來驗證郝心佛說的話是否正確。現在您既認為題記是朱聘之所寫，能不能請您幫我們找到那本《三希堂法帖》和朱聘之的其他墨迹呢？再説您與郝又是筆墨文字之交，能否以此關係找他談談，或許會向您談出更多情況。』對武、郭二位同志的委託，我說：『過去只聽心佛説過賣《曹雪芹畫像》及《瘞鶴銘》等書畫碑帖的事，但畫像是什麼樣子卻没聽他講過，更不知其他了。您們囑咐的事，我願意去做，能否做好，試試看吧。』

初探

在回家的路上，我想：省博物館的同志為調查畫像的藏主、流傳和是否有人作偽等問題已幾次來商丘；陸潤吾以手抓畫像的頭和題記，是想説又説不出來；自家雖感到其中有問題，但又不知實情；若袖手不前，於心不安，問心有愧；若能得到一些情況有助於學術界對此畫像的進一步探討，也是一件有意義的事情。主意既定，我就開始工作。

我專程到柘城縣高中借來一九七三年刊有介紹曹雪芹畫像的第二期《文物》雜誌（商丘縣文化館無此一期《文物》）放置案頭，打發女兒將郝心佛請來。我倆一仍慣例地『北碑南帖』、『顔柳歐趙』起來。當興趣濃酣之際，我將《文物》展開，指着上面的照片問他：『這是不是你賣給省博物館的那幅《曹雪芹畫像》？』他一看便說：『是的是的。』他既欣喜又感嘆，并給我講述了出售過程之後，問道：『文章上説些啥？』我便讀給他聽。讀到有關介紹畫像部分，他微笑着聽一句一點頭。讀到『有鬚』二字時，他立即正容駁道：『不對，没胡。』我說：『下面還説「鬚眉可數」哩，怎能没鬍。』他邊陷入回憶，邊自言自語：『唉，没鬍啊！』當我給他讀作者為題記作的疏義及其他考證時，他聽着，一邊摇頭，一邊啞然失笑，不以為然之情，形之於色。

讀完文章，我便借閑扯以測探。先問他這畫像是不是當年攆宣統皇帝出宫時，得自宫中？他説是一九六二年冬買自商丘街頭，春節時寄往鄭州售出。我以照片上手指特别黑，嘴唇周圍光綫虳亮，左脖頸與領有間隙，頭頂左側泛黑等，提出我認為畫像曾被人竄改過的看法，他都一一否認，並説在他手中從未改易過。接着我就問他：『這段題記我咋越看越像是朱聘之寫的呢？』他一聽此問，猛地神情一怔，旋即他顧而默不作答。過了一兩分鐘，他反問我：『你説這改啦，哪改啦？我問問你，改的人改它為的啥？』我回答：『將别人的像説成是曹雪芹的可以多賣錢。』他摇頭笑了笑，便拿起手杖，起身告辭。我送他走到院中，他囑我：『讓專家學者們去考證吧！你别問，别管，你管這事干啥！』

追　踪

送走郝心佛，我坐下來對剛纔的情景進行分析。他為什麽説像上没鬍？看來這畫像在他手中的時間不太長，且只略睹其形，未細察其貌，或他見此像時鬍鬚已被色彩覆蓋，今則色粉稍有脱落，又顯露少許。他對别人為題記作的疏義與其他考證，為什麽又是摇頭又是失笑呢？可能他認為那些考證是與事實不相符的。為什麽一提及朱聘之，他給我來個『王顧左右而言它』呢？為什麽他不讓我管這事呢？是不是我這一發有點中的了呢？看情况可能是中的了。此後我一方面繼續以朱聘之與題記為題同郝多次交談，另一方面就着手尋找朱聘之的墨迹，把王尊博同志的《三希堂法帖》借來以備用。一九八二年四月，省博物館武志遠和我縣文化館郭久理同志再次調查此畫像的有關問題時，我們曾一起將帖上釋文與畫像題記文字進行了對照比較，確實有些字很相像。

揭曉

大概是『誠則靈』吧，當一九八一年的七八月間，我又一次和郝談及『曹雪芹畫像』時，他説：『既然你認出來啦，今天都給你説了吧。』原來這出惡作劇的總編導及主演是朱聘之，郝與陸只不過是兩個配角而已（詳情見郝《揭開『曹雪芹畫像』之謎》）。

我問：『題記上落款中的畫像人陸厚信是誰？』他説：『陸潤吾家有好印泥，又有許多現成的印章，聘之到他家用着誰的印章就落誰的款。』

據我所知，陸潤吾的父輩中有叫陸厚培、陸厚堯者，若有陸厚信此人定是其父輩了。

我又問郝：『我幾次給您説「風流儒雅」四字是改寫的，您怎麽都不承認？』

他說：『聘之擬好題記後，拿來叫我看，我還提了修改意見，「通家之誼」就是我添的，他拿回家寫時我沒在跟前，不知道有改寫這回事。過了兩天，他將畫像拿給我看，我也仔細看了一遍，没發現什麽紕漏，纔寄往鄭州，不料這小小的破綻竟是「曹雪芹畫像」的一個潰堤蟻穴。』

（原載《中原文物》一九八三年第二期）

揭開『曹雪芹畫像』之謎

郝心佛

余中歲喜收藏書畫，羅致頗夥。解放後尚剩存少許，每每售之以自濟。一九六二年某日，同縣友人朱聘之挾一本册頁，前後夾有木板，上貼有題簽（内容已記不准），囑余過目賞評。逾數月，復持此本册頁，欲倩余代彼售出，然已無題簽。

全本約三十來頁，内容多為俞瀚所撰書之今體律、絶，後署『俞瀚書』。筆法漢、魏雜糅，自成一格。全本倒數第二頁，其右扇為畫像，人物着長衫、蔴鞋，席地而坐；左腿平盤，右腿曲竪；左手支地，右手撫右膝。風流儒雅，閑情逸致。其左扇為兩江總督尹繼善所題七絶二首。此畫像之次頁（全本最末頁），有楚門張鵬為此像所題七絶四首，字體似董玄宰之書風。

據朱云，此本册頁得之於本縣俞佾庭後人之手。俞佾庭之先祖名瀚，曾為尹繼善之幕僚，其後裔遷居商丘。此本册頁既出於俞姓，復有尹詩及張鵬『君是伯牙我子期』及『玉軸還留宰相詩』（指尹之題詩）之詩句為證，知其確係俞瀚之遺物而勿庸置疑矣。

余謂朱曰：『統觀全册之詩詞、書法，均臻上乘，惜俞瀚名不顯赫，恐不易出手。』朱然余見，思忖有頃，曰：『何不將畫像析出，李代桃僵，假之以姓氏，單獨出售，匪特昂其值，抑且一試今日名流學者之慧目，豈不更有意思！』朱初考與尹繼善交遊最密之名流莫若袁子才，擬將此像移作袁。余謂：『袁之畫像已有留傳人間者，不足為貴。』朱繼思近代紅學盛行，胡適之、俞平伯等人，紛紛作考證索隱，惟雪芹畫像尚屬闕如，何不使之為曹雪芹乎？朱即按彼時曹、尹二家均屬滿人貴族，一任江南織造，一任兩江總督，同在金陵開府建衙，垂數十年，喜慶答拜，自有通家之好。迨曹氏家道没落，其後裔有投入尹之幕府者亦意中事。於是，乃援筆杜撰，作題記一則。因畫像前後無空頁，不得不違例書於畫像左上側。適我縣有畫師陸潤吾者，亦吾等之友。其父名厚堯，善書畫。至潤吾，則專擅摹擬，仿古作偽，輒售高價。因此，題記之落款，乃假陸之氏里圖章而為之。

朱於畫上作偽題記竟，余參照所存《清代學者畫像傳》（書名不十分準確）一書之題名擬以題簽，由朱寫貼於畫背。其後，余持與所藏九十六字《瘞鶴銘》拓本徑寄鄭州博物館，幸館方收藏，並匯寄十元。其餘各頁，除張鵬詩頁①外，均由朱自行售予本縣新華書店。我以五元付朱時，笑謂：『君之惡作劇，或使學者真偽互辨，天下從此多事矣。』朱亦笑之，且曰：『有識之士，必據《清史稿·疆臣年表》及《尹文端公詩集》

---

① 作者注：畫像出售後，張鵬題詩原件由余收存，一九六四年，余將詩題中『楚江』二字及第四首詩中『吳門』二字擦去，請程君德卿分別改寫為『隨園』與『××』（已不復記憶，後覺不妥，又經挖補，回改為『吳門』二字）。然終未售出，即送於商丘市胡大建，胡又請人重加揭裱。去年十一月余復從胡處取回。多處致殘，惜哉！

等，詳加考究，真僞自可立辨；否則，必爲「通家之誼，羅致幕府」所惑，當奉此爲稀世之至寶也。』復囑余曰：『此中秘不足爲外人道也，待有人識出題記之僞，則可與言此謎之端的。』

朱死已近九年矣。其間河南省博物館曾數次來人向余調查此畫之源流，因守故友之囑，僅告以可據《清史稿·疆臣年表》等書查對，而未道其補寫題記之實。今題記既爲與朱有筆墨緣之程君德卿所識破，余仍遵故友之囑，盡言此謎之始末，並出示張鵬題詩原件，以釋世人之惑，抑且爲學術界澄清此一懸案，望紅學家諒察之。

（原載《中原文物》一九八三年第二期）

附録

校本《五慶堂重修曹氏宗譜》

校本《五慶堂重修曹氏宗譜》序

《五慶堂曹氏宗譜》世存兩部，都是舊抄本。一部是在上世紀六十年代初由曹家後人曹儀策等獻給北京市政府的，那時，北京市副市長紅學家王崑崙正在調查曹雪芹的家世，包括他的家世史料和墓葬等等。所以曹家後人即將他們家藏的宗譜獻出來了。

此譜於一九六三年左右，曾在故宫文華殿曹雪芹文物展覽會上展出，我曾見到此譜。此譜封面簽條上寫『恭呈叩求賜序』六字。翻開封面，有三十來頁空白頁，原是想求同治皇帝賜序的，但未求到。空白頁後第一篇序言題為《遼東曹氏宗譜序言》，署年為順治十八年，十一世孫曹士琦序。這篇序，當是此譜始修時寫的，順治十八年（一六六一）是康熙登基的前一年。譜文開始起首第一行寫『五慶堂重修曹氏宗譜』，字較大，占一行。譜文前有同治十三年孟冬衍聖公孔祥珂題《明宣寧侯安國公忠壯公像贊》，可見現存這個《五慶堂重修曹氏宗譜》已是同治重修本了。

此譜『文革』時曾一度『迷失』，後由北京市文化局追回，同時還追回了《豐潤曹氏宗譜》一部（刻本），曹氏《另譜世系表》一件（抄本，附説明文字）。此二譜及表追回後即交我使用多年。後來我將《五慶堂重修曹氏宗譜》加製函套後全部（共三件）歸還給北京市文化局。

此譜版心四周有瓜瓞綿綿圖，版心文字共七行，有朱絲欄。

《五慶堂重修曹氏宗譜》的另一抄本是曹家的自藏本，一九七五年我有緣經友人介紹，從曹家後人曹儀策先生處借到此本並抄録了全譜。此本封面是庫瓷青紙，譜名及前後序言與同治本同。抄本所用紙是乾隆鴻文齋印紅格紙，每頁七行，與同治本同。但此本的年代要早，當是同治本的底本。兩本文字經核校，完全相同。但自藏本上有少數幾處後添文字，現均已校入新本。

又自藏本因曹家内部矛盾，譜文多處被用毛筆濃墨縱横塗抹，幾成廢品，予曾親見此本被毁之狀。同治重修本於一九九〇年由北京燕山出版社影印出版，但已删去每頁四周之瓜瓞綿綿圖案，又未收與此譜並存且有重要史料價值之《另譜世系表》及説明文字，殊為可惜。故今拙著所刊之校本，已為《遼東五慶堂重修曹氏宗譜》之最後定本，幸識者鑒之。

馮其庸八十又九補序於石破天驚山館，
時在辛卯清明節，二〇一一年四月五日夜二時

校訂凡例

一、本譜以《五慶堂重修曹氏宗譜》正本為底本并以副本對校，凡副本上增改之文字，均酌予録入，以便讀者研究。

二、本譜排版格式仍依原抄格式，但遇到原本上單行未終行而又轉行處，則排作一行直下，以省篇幅，亦便於閲讀。

三、原譜無標點，今試為標點，有不妥處，希望讀者指出，以便修改。

四、原譜後所附曹寅詩，據康熙四十四年刻《楝亭詩鈔》校對一過，除少數錯別字確係抄錯者予以更正外，凡譜抄詩句、詩題有與《楝亭詩鈔》不合者，一般未加校改，目的是保留抄本原來文字面貌，以便於研究者研究。

五、兩譜避諱情況，列表另附於譜末，以供研究者參考。譜文亦仍依原抄避諱，以存原譜歷史真面。

一九七八年九月二十九日其庸記

校本《五慶堂重修曹氏宗譜》

遼東曹氏宗譜叙言

今夫水有源而木有本，況人參天地乎！吾家淵源甚遠，然家乘久逸，唐宋以前難稽矣，豈敢以簡編所載附會訓後也。惟元時為揚州府儀真〔縣〕人。元末群雄并起，鼻祖良臣，聚衆自保。後值明太祖起淮右，承元統，率衆歸附。累隨征伐，建立奇功，以元勳〔封宣寧侯，追〕封安國公。長子泰，襲宣寧侯。次子儀，封豐潤伯。三子俊，以功授指揮使，封懷遠將軍，克復遼東，調金州守御，繼又調瀋陽中衛，遂世家焉。歷代承襲，以邊功進爵為指揮使，世職者又三四人。子孫蕃盛，在瀋陽者千有餘人，〔副本『人』字圈去，旁改

『家』字〕號為巨族。而金州、海州、蓋州、遼陽、廣寍、寍遠，俱有分住者。其以文武功名顯耀元宗，不可勝紀。後因遼陽失陷，闔族播遷，家譜因而失遺兵火中。從前世系宗支，茫然莫記〔焉〕。猶幸豐潤伯處全譜尚存，不意未及繕録，又罹闖逆之變。叔豐潤伯匡詒及兄勳衛、鼎盛俱盡忠死〔副本『死』字圈去，旁改『殉』字〕難，而家乘益無徵焉。況今世代變遷，主伯亞旅，奮功名於各地，因之為家〔者〕，處處有人。倘及今不為詳列緒派，自兹以往，年久迹疏，子姓覿面相失者所必至也。先大人每為深慮，屬余輩繕録，以篤一脉於永世。乃余匏系一官，鞅掌王事，東奔西馳，數年來刻無寍晷，安能從容及此。會季弟於菽水承歡之餘，遵　先大人之志，以夙所指示及知聞者詳請詢諮，臚列成帙，自白下寄至署中。余一展閲間，覺山河雖隔，而祖孫父子不宛聚於一堂乎。若其紹祖武，光前烈，以永終譽端，有望於後之賢子孫矣。

順治十八年歲次辛丑仲春穀旦　　十一世孫士琦頓首謹撰

校記：此序據《五慶堂譜》正本。〔〕內之文字，係副本所增。

明宣寍侯贈太師安國公忠壯公功臣録

曹良臣，安豐『衛』人。英毅剛果，為衆所推。元季群雄并起，良臣亦聚衆練兵，立堡以御外侮，約束嚴明，無敢違其令者。至正壬寅，上駐金陵，良臣以所部附。上謂其持兵負固〔適當〕於兩間。（原注：謂西主之間。自至正十五年乙未六月至十八年戊戌正月，又自十九年己亥五月至二十三年癸卯三月，劉福通奉其偽宋王攻〔主據〕安豐，前後凡七年，良臣持兵負固其時。）可觀望而不觀望，乃來歸，（國初榜列勳臣，姓名各有標目，已上十七字是論良臣等七人，上所親定。『七人曹良臣、韓政、楊□、陸聚、梅思祖、黃彬、胡美，皆封侯』）大嘉其誠，命為江淮等處行中書省參政，握兵從征。時南昌既復，旁近郡縣，次第皆下。癸卯，攻廬州，三閱月，忽告陳友諒攻南昌急。七月，上率良臣等往征，大戰於鄱陽湖，友諒敗死。甲辰二月，征陳理於武昌，降之。乙巳五月，從上襄陽。是時，湖之南北，江之東西，所在咸附。上念淮東為張士誠北門，圖之宜先。十月，命良臣率兵從徐達等進取，克海安泰州。丙午三月，克高郵。四月，克淮安濠泗。八月，從伐張士誠，先湖州，以分其勢。十月，破陞山水寨，拔舊館。十一月，攻湖州，以呂珍徇城下，李伯昇出降，湖州平。圍蘇州，軍胥門，以弓弩火器巨炮百道攻擊，守兵屢戰不勝。丁未九月，士誠被縛。論功賜彩緞表裏八疋，陞江淮行省左丞。諭之曰：『朕自起兵以來，賴將士之力，拓地開疆，削平敵國。如陳友諒兵衆地大，已先摧滅；張士誠兵強積富，今已就擒。非爾將士用命，何以致此？今論功行賞，以報勞勩。自古帝王以征伐得天下，必皆有名世之將以佐之。爾等今日之功，亦何忝於古之名將乎！』是年冬，征取中原，克山東沂州，降王宣父子，破益都，下濟寍等處。明年，建元洪武。二月，克棣州。三月，克汴梁。四月，取河南府，至塔兒灣，戰敗元將詹同，獲衆五萬，進營於河南城北門，李克彝出走。於是，河南行省平章梁王阿魯温請降，乘勝克洛陽陝州潼關。七月，旋師渡河。閏七月，克衛輝。元守將平章龍二棄城走彰德。師至彰德，龍二復走，同知某等皆降。克廣平，遂大會師於臨清。從大將北上，取德州、長蘆、滄州、直沽，獲其海舟。至河西務，擊敗元平章俺普達朵兒只進巴，擒知院哈剌孫及省院將校三百餘人，獲馬匹船糧數多。克通州，元主及其后妃太子皆北走。八月，克元都。復與傅友德等將兵偵邏古北諸隘口，追元潰散遺卒，獲馬一千六百匹，牛羊八千餘頭，車二百五十輛，以功陞榮禄大夫山西等處行中書省平章政事。克保定、河間、澤州、潞州。十月，以大將命率兵守通州。二年二月，故元丞相也速來侵。時大軍征山西，北平守兵單寡，通州城中亦僅千人。也速將萬餘騎，營於白河。良臣諭其部下曰：『吾兵少，不可與戰。彼衆雖多，然亡國之餘，屢挫之兵，可以計破。』乃密遣指揮許勇等，於沿河舟中各樹赤幟，亘三十餘里，鉦鼓之聲相聞。也速望之驚駭，遂引遁去。城中出精騎渡白河追之，至薊州，不及而還。是年，從征陝西，復守通州。十二月，上大賞定中原諸將，謂良臣從大將徐達等克平山東、河南、燕、冀、秦、晉等處州郡，屢有戰功，賜白金二百五十兩，文幣二十表裏。三年正月，上以王保保為西北邊患，復命良臣從征。二月，領兵至潼關。三月，軍西安。四月，聞王保保與擴廓帖木兒營於定西，即趨擊之，大敗其衆，斬獲無算，生擒嚴奉先、韓扎兒、李景日、察罕不花等。擴廓與保保遁去。復領兵征哨沙漠。十一月，師還。大封功臣，授開國輔運推誠宣力武臣榮祿大夫上柱國，封宣寍侯，食祿九百石。令子孫世襲。賜鐵券，其文曰：『朕觀自古帝王以武定天下，必有英杰之士，知時達變，翕然來從，建立功勳，輔成帝業。如漢之竇融、馬援，唐之尉遲恭、李勣皆是也。朕效前王之所為，非智者不謀，非勇者不任。自居江左以來，日夜思得英傑而用之。而爾良臣，知彼無成，率衆來附，於今有年。其間東征西伐，功績昭著，可與漢唐諸名將媲美矣！今天下已定，論功行賞。朕無以報爾，是用加爾爵祿，使爾子孫世世承襲。朕本疏愚，皆遵前代哲王之典禮，茲與爾誓：除謀逆不宥，其餘若犯死罪，爾免二死，子免一死，以報爾功。於戲！風雲際會，千載一時，崇德報功，國家之制。爾尚益加恭慎，以保祿位，訓爾子孫，延於永久，豈不美歟！』誥文見後〔同〕。仍賜文綺及帛二十疋。四年，征蜀，克歸州李逢春烽火山寨，取桑植容美洞，攻茅岡覃垕寨，平之。由歸州進兵，自白鹽山伐木開道，臨紙房溪以趨夔州。至瞿塘關，廖永忠已先克之。乃與永忠自夔分水陸進，會於重慶。降僞夏主明昇，送京師。蜀平。五年春，從李文忠征迤北，領東道兵。五月，取和林。『六月甲辰日』，至阿魯渾河。孤軍深入，『敵騎大集，力戰死焉』〔與虜戰歿〕。事聞，上痛悼之，『輟朝三日』，贈光祿大夫，追封安國公，謚忠壯。歸葬安豐『衛』。塑像祭於功臣廟。『長』子泰，襲宣寍侯。『次』子義，字敬方。宣德初，平江西梅花洞賊。正統間，擢左都督僉事，充總兵官。鎮守遼東，廉介有守，遼人安之。與兀良哈大小數百戰。天順元年，封豐潤伯。世襲，加祿一千三百石。三子俊，封懷遠將軍，授指揮使，世襲焉。（原注：考安豐城在鳳陽府壽州南八十里，按今霍丘縣西南界有魏時安豐郡故址，即漢安風縣也。此則晉時僑置者，沈約著志云：『南豫州安豐郡，江左僑立，今為安豐鄉，元為安豐路軍，明則置安豐衛云。』）

校記：此文據明天啓刻本定遠黄金撰《皇明開國功臣録》卷六：《曹良臣傳》樣。凡『』内之文字，為明刻本所無，係《五慶堂譜》所增者；凡〔〕内文字，為明刻本所原有，而被《五慶堂譜》删去者。

明太師安國公忠壯公贊

並載《皇明開國功臣録》

古之人臣，託身以就功名，必慎擇其主而後可。若張良擇高帝，鄧禹擇光武，孔明擇先主，皆善托焉者也。而功名卒顯於後世。若范增，謀非不深，志非不潔，然不擇劉而擇項，所託誤矣。故功隳而名裂弗完。良臣持兵於亂世，值僞宋竊據安豐，兵非不多，談笑而取汴，勢非不盛，然無少意託焉，以其兵無紀律，不足與有成也。我聖祖東駐江左，初據〔**無**〕一檄之隅〔**招**〕，而趨附恐後，蓋以堂堂王者之師，本仁義而**行吊伐**。有以深〔**厭**〕服其心故耳。非有超然之見，安能『擇』〔**審於去就得**〕託真主如是哉！況勇冠**六師，戰收百勝，奇功著乎通守**，大烈揚於定西，茅土分封，河山**錫誓及乎和林死**『於元』事，廟祀褒忠，大節完名，直與**天地長存**『晉』**矣**。**嗚呼**！良臣其偉人哉。（原注：空處係字畫剥蝕莫辨，謹闕俟考。）

校記：此段文字，原與上文緊接，今被割裂，另按標題。又凡黑體字，皆《五慶堂譜》剥蝕之文字，據天啓本《皇明開國功臣録·曹良臣傳》校補者。

明宣寧侯安國公謚忠壯曹良臣贊

並載廿二史

贊曰：明祖之興，自決策渡江始。力爭於東南數千里之內，摧友諒，滅士誠，然後北定中原，南圖閩粵。則廖永安、胡大海以下諸人，厥功豈細哉！計不旋踵，效命疆埸。雖勳業未竟，然褒崇廟祀，竹帛爛然，以視功成命爵，終罹黨籍者，其猶幸也夫！

明宣宓侯安國公忠壯公像贊

並載聖公府忠良圖册

有明啓運，嵩岳生申。提三尺劍，静四海塵。名垂柱石，績著□常。明良喜起，封錫褒揚。高山崔嵬，大河清瀏。賢侯德威，山河同壽。

同治十三年孟冬衍聖公孔祥珂薰沐敬題

御祭太師安國公忠壯公文

上親為祭文曰:『嗚呼!訃音來報,云及爾亡。遂感傷終始,發究心之無窮,致涕淚欷歔而不已。又忽歡動衷情,謂識千古之將有所不及。蓋將能成功而不為敵所辱,朝野無議,但為國捐軀,遽然長往,此所以名世忠臣,爵及子孫也。然死生之道,今古不異,世人之常。於戲!摧堅撫順,披甲胄於年年,其報效忠勤,日星昭著。』賜葬安豐衛儀真五壩隅焉。上賜奠撰誥文贈光禄大夫柱國,追封太師安國公,謚忠壯。

誥曰:人臣有大功者,生則受爵,没則褒謚,所以彰其名於永久也。朕自開創以來,宣力效忠者衆,爾宣寍侯良臣,昔從征討,摧堅破敵,歷著功勳,廓清海宇,平定中原,爾皆與有功焉。是命顯膺爵禄,寵受侯封。今天下大定,正宜相與共樂太平,何其天不假年,遽然戰没。朕念爾勞,特加贈封謚,以慰爾於冥冥。於戲!生而著功當代,没而名書史册,人能若是,雖千萬世不朽矣。

敕宣寍侯曹泰

諭之曰：凡人臣子孫，得世其爵禄者，皆以其祖父有功於國家，故厚其報，以示不忘。然自古以來，世禄之家鮮克有禮，遂至傾覆。朕每用慨惜。爾父宣寍侯曹良臣，勳著國家，兹特命爾嗣爵為侯。爾當毋驕其志，毋怠其事，益篤忠貞，永延國寵。

洪武六年　　月　　日

宣寧侯安國公忠壯公列傳

曹良臣，儀真安豐衛人。穎寇旁掠，聚鄉里築堡自固。歸太祖於應天，為江淮行省參政。從戰鄱陽，克武昌、襄陽，取淮東，收浙西，進行省左丞。從大軍收中原，定河南，北取元都，略地至澤潞。進山西行省平章，還守通州。時大兵出山西，通州守備單弱，所部不滿千人。元丞相也速將萬騎營白河。良臣曰：『吾兵少，不可與戰。彼衆雖多，亡國之餘，敗氣不振。當以計破之。』乃密遣指揮許勇等，於瀕河舟中多立赤幟，亘三十餘里，鉦鼓聲相聞。也速大駭驚遁。良臣出精騎逐北百餘里。元兵自是不敢窺北平。復同大將軍達擊擴廓帖木兒於定西三不剌川，敗之。洪武三年，封宣寧侯，歲禄九百石，予世券。明年，從伐蜀，克歸州山寨，取桑植容美諸土司。會周德興撥茅岡覃垕寨，自白鹽山伐木開道，出紙坊溪以趨夔州，進克重慶。明年，同副將軍文忠北征，至臚朐河，收其部落。文忠會良臣持二十日糧，兼程進至土剌河，哈剌章渡河拒戰，追至阿魯渾河。敵騎大集，將士皆殊死戰，敵大敗走，而良臣與指揮周顯、常榮、張耀，千户萬斌，遂没於陣。事聞〔上〕震悼輟朝。贈安國公謚忠壯，列祀功臣廟。長子泰襲侯，次子義豐潤伯，三子俊〔授指揮使〕懷遠將軍。

校記：正文據《五慶堂譜》正本，〔　〕號內文字為《五慶堂譜》副本所有，副本上為正文直書，非旁添。

豐潤伯贈侯莊武公列傳

義字敬方，儀真人。襲職為燕山左衛僉事，累功至都督僉事，充遼東副總兵，代巫凱為總兵。凱名將，義承其後，廉介有守，遼人安之。兀良哈犯廣寧，義獲犯邊孛台等，詔戮於市。自是，數與兀良哈戰。正統九年春，會朱勇軍夾擊，斬獲多，進都督同知，累官左都督。十二年春，出廣寧，斬百餘人。十四年，追寇開原塞外，既又出廣寧，敗寇擒百餘人，進左都督。義部將施聚，其先沙漠人，居順天通州。父忠，為金吾右衛指揮使，從成祖北征，陣殁。聚嗣職，從義北征，擒可可帖木兒。宣德中，備御遼東。以義薦，進都指揮使，守義州。義與兀良哈戰，聚皆從。累官右都督。脱脱不花以三萬騎深入，義敗之。義守遼垂二十年，無赫赫功。聚以勇敢稱，官至左都督，然為義裨帥，未嘗特將。值英宗推恩，特封義豐潤伯，聚懷柔伯。義居四年，卒贈侯，謚莊武。繼室李氏殉，詔旌之。

按： 這篇傳記是據萬斯同《明史》（原稿本）卷七三：《曹義、施聚傳》及《明史·曹義、施聚傳》删削拼合的。

江西九江鎮總兵一泉公

國史列傳

清保字一泉，曹佳氏，漢軍正黄旗人。由筆帖式於道光十三年授驍騎校。十八年，遷印務章京。十九年，兼公中佐領。二十年十月，授湖北興國參將。二十一年，崇陽縣匪徒鍾人杰等乘歲饑嘯聚，陷崇陽及通城縣，踞城倡亂。崇陽界連咸寧蒲圻等邑，其東與通山縣接壤。清保以湖廣總督裕泰檄率兵駐通山進剿。二十二年正月，賊分股千餘人來犯，偕知縣顧羹梅率兵勇擊走之，殪數十名，俘二名。别股匪數百，由嚴家山繞道犯北境，亦奮力迎擊，殪數十名，餘迹遁，尋崇陽復出賊數千人，越嶺由西境突入，並分股由僻路踞山瞰城，以作聲援。清保等分投迎擊，適守備薛升堂、翟萬林率兵續至，遂合力進剿，殪百餘名。其遁匿山林匪，衆復經槍斃無數，俘數十名，餘匪大潰。我兵追殲數百名，奪獲炮械無算。時裕泰督師，由蒲圻咸寧分道並進。清保偕知府周鳴鑾等亦由東路進，奪泉口賊卡數處，隨大軍圍攻。崇陽城中被脅紳民内應，誘鍾人傑等出戰，我兵悉擒之，城遂復。通城亦平。捷聞，賞戴花翎，并加副將銜。六月，陞直隸河屯協副將。二十六年，擢江西九江鎮總兵。咸豐二年，廣西會匪倡亂，犯湖南，由長沙竄陷岳州，勢將蔽江東下，九江戒嚴。時清保已征調湖南，以大學士賽尚阿檄，由永州率兵偕總兵和春轉戰郴州、桂陽、黄泥塘，皆捷，復郴州。永興、茶陵各城池聞警，以巡撫張芾檄，馳回防守。比至，賊由湖北漢武一帶下竄。適提督向榮率兵至，遂合力在官排峽迎擊，兵勢不敵，賊另股繞東門陷城，府城失守。經巡撫張芾奏劾，得旨革職，尋以賊犯南昌省城，復留守城效力。六月，以賊轟塌城垣，竭力搶護，受槍傷。九月，卒。

諭曰：已革九江鎮總兵清保，搶護危城，受傷病故。着賞都司銜，照都司軍營病故例議恤。長子惠慶，二品蔭生，湖南岳州府通判。次子溥慶，蔭監生。三子榮慶，廩膳生。四子禎慶，刑部筆帖式。五子裕慶，監生。

五慶堂重修曹氏宗譜

始祖良臣

初任江淮行省參政，宣德侯。洪武三年十一月大封功臣，封開國輔運推誠宣力武臣，太傅兼太子太傅，特進光禄大夫上柱國，宣盇侯，予世券。洪武五年壬子，統兵北征，至阿魯渾河，六月甲辰，薨於陣。訃聞，上震悼輟朝，贈太師安國公，謚忠壯。塑像功臣廟，親臨祭奠，柩南旋，賜葬儀真縣西南隅五壩頭焉。生三子：長泰，襲爵；次義，封豐潤伯；三俊，授『世襲』指揮使，封懷遠將軍。

按：正譜末行『世襲』兩字為旁添，副本為正文。

二世

泰

良臣長子，洪武六年乙巳襲宣寧侯。七年八月，加禄至二千五百石，二十六年歿。因與藍玉有隙，玉譖之，爵除。

義

良臣次子，字敬方。襲職燕山左衛指揮僉事，累功都督僉事，遼東總兵官，晉都督同知，左都督。天順元年二月甲辰，封豐潤伯，加禄一千三百石，世襲。四年正月歿，追封侯，謚莊武。繼配夫人李氏殉，詔旌之。

三世

名

失莫記

義子，襲豐潤伯，生子振。

四　世

振

義孫，天順四年七月襲豐潤伯。成化十六年五月，坐神機營。洪治元年四月，提督操江，二年五月歿，生子愷。

按： 明代無『洪治』，只有『弘治』。此譜為清同治重修，作『洪治』，係避清乾隆弘曆的諱。

五　世

愷

振子，弘治三年二月庚子襲豐潤伯，總兵貴州。正德十五年十一月，提督操江。嘉靖五年六月甲戌歿，生二子，長松、次棟。

按： 『弘治』的『弘』字，原抄缺末筆作『弘』，避諱。

六世

棟

愷次子，嘉靖五年十月丁卯襲豐潤伯，七年正月庚寅歿。

松

愷長子，棟庶兄。嘉靖七年襲豐潤伯，歷興軍府，協守南京，改鎮兩廣，生子文炳。嘉靖四十年歿。

七世

文炳

松子，嘉靖四十年十一月戊戌襲豐潤伯。四十三年十月領南京左府。隆慶五年十月丙午領左府。

八世

名 因罹闖逆之變，譜失莫記。

文炳子，襲豐潤伯，生子允誠。

九　世

允誠　文炳孫，萬曆二十三年六月庚午襲豐潤伯。太傅兼太子太傅後軍都督府左都督。四十三年歿，生子匡治。

十　世

匡治　允誠子，崇禎元年二月戊戌襲豐潤伯。二年九月甲辰加少師兼太子太師。十一年四月辛丑，晉左府僉書管理紅盔將軍禁兵園子手，右軍都督府都督同知，十七年甲申殉難。生子鼎盛。

按：副本『僉書』作『僉事』，『將軍』兩字，正本為旁添，副本為正文。

鼎盛　一譜作鼎勳　匡治子，應襲豐潤伯。勳衛，崇禎十七年殉難。

按：『崇禎十七年』五字，正本為旁添，副本為正文。

二世

俊

良臣三子，世襲指揮使，封懷遠將軍，守御金州，後調瀋陽，即入遼之始祖。生五子，長昇、次仁、三禮、四智、五信。

三世

昇

遼東長房

俊長子，襲指揮使。

四世

名

失莫記

襲指揮使。

五世

名　失莫記

襲指揮使。

六世

名　失莫記

襲指揮使。

七世

名　失莫記

襲指揮使。以上因際播遷，譜失莫考。

諸　以前失考，配楊氏，生子世慶。

柏

前後失考，聞為諸胞弟云。

八世

爵

昇五世孫，襲指揮使，生子珮。

伯珍

以前失考，孫貴，贈光禄大夫，配張氏，生子崇政。住遼東瀋陽城東魚橋寨。

伯珠

以前失考，配陳氏，生子崇德。

世慶

諸子，配高氏，生子鴻祥、鴻猷。

九　世

珮
爵子，襲指揮使，生子懋勳。

崇政
伯珍子，生子邦輔。子貴，封光禄大夫。

崇德
伯珠子，配崔氏，生子邦彦、邦國。

芝美
以前失考，生子邦啓、邦禄。

鴻祥
世慶長子，配柳氏，生子永蕙。

鴻猷
世慶次子，配佟氏。生四子：長永安、次永康、三永宄、四永亨。

蛟
以前失考，配王氏，生三子：長懷仁、次懷貞、三閏子。

仕

以前失考，生子懷璽。

十世

懋勳

珮子，襲指揮使，降千户。生子好古。

邦輔

崇政子，巡撫左都御史，提督五軍。晉封光禄大夫。

邦彦

崇德子，配胡氏，生子天錫。

邦啓

芝美長子，後失考。

邦禄

芝美次子，後失考。

邦國

崇德次子，後失考。

邦助

以前失考，庠生，生子張公寶。

永蕙

鴻祥子，配王氏。

永安

鴻猷長子，仕烏林哈番，配胡氏。生三子：長大有、次大觀、三大復。

永康

鴻猷次子，配劉氏。

永宝

鴻猷三子，配□氏。

永亨

鴻猷四子，配□氏。

懷仁

蛟長子，字容宇，貢生，配郭氏，生子孔昭。住韓官屯。

懷貞

蛟次子，配盧氏，後失考。

閏子

蛟三子，配李氏，生子鳳彩。

懷璽

仕子，庠生，配胡氏，後失考。

十一世

好古

懋勳子，字廷瑞，襲千户，配陳氏，生子宏業。

天錫

邦彦子，康熙丙午科舉人。配胡氏，生六子：長芝芳、次蘭芳、三蓂芳、四莢芳、五成芳、六聯芳。

張公寶

邦助子，後失考。

大有

永安長子，配王氏，生子交化吐。

大觀　永安次子，配王氏，生色勒。

大復　永安三子，後失考。

孔昭　懷仁子，歲貢生，配□氏，後失考。

鳳彩　閏子子，配□氏，後失考。閏子一支住韓官屯。

十二世

宏業　好古子，字啓南。襲千户，無嗣。

芝芳　天錫長子，後失考。

蘭芳　天錫次子，後失考。

蓂芳

天錫三子，後失考。

萊芳六名聯芳

天錫四子，後失考。

成芳

天錫五子，後失考。

聯芳

天錫六子，後失考。

按：正本僅在『萊芳』名下寫『六名聯芳』，正本無『聯芳』，此據副本增入。

交化吐

大有子，後失考。

色勒

大觀子，後失考。

派係長房，莫知世次者，存俟訪問。謹按老譜式照録。

猷　瑩　朗　守真

守衷
守邊
　曹雷
　曹八
伯萬
伯銀　嘉賓　曹元綱長子
　嘉惠　曹元綱次子
嘉福
佳儒　庠生
萬錫　順治十六年任江南河道總督右營遊擊。
光肇　順治十八年任江南漕運總督右營遊擊。

三　世

仁　遼東二房

俊二子，以後失考。

三　世

禮

遼東三房

俊三子，一名讓。生二子：長彪、次衡。

四　世

彪

禮長子，太學生，生子璉。

衡

禮次子，生子璡。

五　世

璉

彪子，庠廪生。配劉氏，生子杲。

璡

衡子，太學生，生子仲。

六　世

杲

璉子，貢監生。配郭氏，生子瀛。

仲

璡子，生守位。

七　世

瀛

杲子，庠廪生。配温氏，生二子：長徵、次行。

守位

仲子，配李氏，續配李氏。生六子：長效思、次效周、三效孔、四效閔、五效張、六效冉。

八世

徵

瀛長子，庠廪生。孫貴，誥封奉直大夫。曾孫貴，晉贈通奉大夫。配劉氏，封夫人，生三子：長養直、次養静、三養才。

行

瀛次子，舉人。孫貴，貤封奉政大夫。配盧氏，封宜人，生二子：長養浩，次養盛。

效思

守位長子，驃騎將軍曾孫，貤贈光禄大夫。配達氏，封一品夫人，旌表貞節。

效周

守位次子，驃騎將軍曾孫，誥贈光禄大夫。配王氏，封一品夫人。生三子：長養性、次養心、三養名。

效孔

守位三子，後失考。

效閔

守位四子，後失考。

效張

守位五子，後失考。

效冉

守位六子，世襲指揮僉事指揮使。生七子：長養勇、次養功、三養正、四養愚、五養氣、六養身、七養元。

效曾

前失考，配王氏。

效孟

前後失考。

德三

前失考，子貴，誥封武義都尉，生子養和。

友三

前失考，生子養秀。贈武義都尉。

世爵

前後失考。

世忠

前後失考。

世禄

前後失考。

世臣

前後失考。

世真

前後失考。

按：副本無『世臣』、『世真』兩人，可能是抄漏。

九　世

養直

徵長子，字清軒，進士。子貴，誥封奉政大夫。孫貴，晉贈通議大夫。配宋氏，封淑人。生四子：長致中、次履中、三化中、四性中。

養静

徵次子，貤封奉直大夫。配祝氏，封宜人。生二子：長有中、次依中。

養才

徵三子。貤封承德郎，配甯氏，續配盧氏，俱封安人，生子溥中。

養浩

行長子。生二子：長秉中、次連中。

養盛

行次子，配范氏。生二子：長允中、次建中。

養性

效周長子，驃騎將軍，孫貴，晉封光禄大夫。配甯氏，封一品夫人，生子紹中。

養心

效周次子，太學生，盡節。子貴，誥封武義都尉。孫貴，晉贈通議大夫。配李氏，續配金氏，俱封淑人。生二子：長和中、次鼐中。

養名

效周三子，子貴，誥封武略騎尉。配范氏，封宜人。生二子：長本中、次鼎中。

養勇

效冉長子，指揮使。配王氏，生子權中。

養功

效冉次子，後失考。

養正

效冉三子，配孫氏，後失考。

養愚

效冉四子，後失考。

養氣

效冉五子，管內務府千總，配楊氏，生子進中。

養身

效冉六子，生子三格。

養元

效冉七子，生子中。

耕

前失考，配徐氏，生二子：長江、次海。貤封朝議大夫。

讀

前失考，配胡氏，生五子：長潤、次潮、三河、四湖、五滋。子貴，誥封朝議大夫。

訓

前失考，配李氏，生子懋成。

國用

前失考，舉人，生子維官。

國忠

前失考，生子必登。

國棟

庠生，前後失考。

國卿

前失考，驃騎將軍。子貴，晉封振威將軍，生子純中。

國輔

前失考，子貴，誥封武義都尉，生子進中。

養和

德三子，子貴，誥封武功將軍。生子得功，官遊擊。誥授武義都尉。

養秀

友三子，生子得位。一譜作養秀生五十三，五十三生得位。

養士

户頭前失考，生子曹五。

養德

前後失考。

養順

前後失考。

維舉

前後失考。

維翰

前後失考。

維顯

前後失考。

維行

前後失考。

維先

前後失考。

維光

前後失考。

維整

前後失考。

養志

前後失考。

養職

前後失考。

養男

前後失考。

養民

前後失考。

十世

致中

養直長子，字完我，號位育。江西贑州府通判。誥授承德郎。子貴，晉封資政大夫。配高氏，封夫人。生三子：士琦、士珣、士璘。

履中

養直次子，庠廩貢生。子貴，誥封文林郎，配王氏，封孺人。生二子：長士珍、次士璧。士璧出繼胞叔化中為嗣。

化中

養直三字，字蓋我，河南開封府密縣知縣。誥授文林郎。配佟氏，續配潘氏，俱封孺人。無子，以胞兄履中次子士璧承嗣。

性中

養直四子，京營遊擊，歿於任。誥授武義都尉，貤贈通奉大夫。無嗣。入江南江寍府上元縣。

有中

養静長子，庠生，後失考。

依中

養静次子，後失考。

秉中

養浩長子，後失考。

連中

養浩次子，後失考。

允中

養盛長子，後失考。

建中

養盛次子，配查氏，生子士瑜。

紹中

養性子，字柱石，指揮僉事，驃騎將軍。子貴，誥封光禄大夫，配王氏，續配何氏，俱封一品夫人。生三子：長德先、次仁先、三義先。女一，適沈。

和中

養心長子，字盛吾，庠生，錦州都司。誥授武義都尉，貤贈朝議大夫。配牛氏，封淑人，俱盡節。

鼒中

養心次子，子貴，誥封朝議大夫，晉贈通議大夫。配劉氏，封淑人，生三子：長禮先、次信先、三文先。

本中

養名長子，貤封武略騎尉，後失考。

權中

養勇子，字時軒，指揮使。配徐氏，封夫人，生子振先。女一，適甘公體恒室，甘國圻母。

按：康熙《甘氏家譜》『權中』作『全中』，『體恒』作『體垣』。按：『體垣』是。

進中

養氣子，配温氏，續配常氏，生子輔臣。

三格

養身子，生子有福。

中

養元子，後失考。

江

耕長子，後失考。

海　耕次子，後失考。

潤　讀長子，字豹山，管兵民備御章京。誥授中憲大夫。配蔣氏，續配高氏，俱封恭人。生二子：長復興、次得壽。

潮　讀次子，貤贈武略騎尉，配滿州氏，封宜人，生子得財。

河　讀三子，貤贈武略騎尉。配徐氏，封宜人，生子復榮。

湖　讀四子，後失考。

滋　讀五子，無嗣。

懋成　訓子，配李氏，生子天助。

維官

國用子，後失考。

必登

國忠子，官千總，生四子，名俱失考。原住城西塔灣，順治二年遷耀州虎獐屯。

純中

國卿子，順治五年同左夢庚入鑲藍旗，世襲阿達哈哈番，四川中軍副將，川北鎮總兵。誥授武顯將軍。配馬氏，續配董氏，俱封夫人。生子士琪，入八旗世族通譜，八旗通志。

按：『八旗世族通譜』，是指《八旗滿洲氏族通譜》，『世』字誤。

進功

國□子，字龍崗。龍旗總兵都督同知，誥授光禄大夫，生士珏，入鑲藍旗。

進中

國輔子，官守備。誥授武略騎尉，生子奉先。

得位

養秀子，入正藍旗。一譜作養秀生五十三，五十三生得位。

得位與得功差一輩，存考。

得功

養和子，官遊擊，後失考。

五

養士子，後失考。

得爵

前失考，歲貢生，江蘇淮安府知府。誥授朝議大夫。

按：正本『得爵』上有眉批云：得爵、得選係與十一世得壽、得財平輩，誤入十世與得位、得功平輩。得選子三捷、三才，係應在十二世。再修譜時，宜遞□之。

序班

前後失考，并忘其名，僅書其爵記之。

得選

序班之弟，從龍授梅勒章京漢文副都統。累功封阿思哈尼哈番漢文男爵。崇德六年，奉命同孔有德、鄭親王濟、睿親王多，歷征錦州等處。入關，以功晉昂邦章京漢文都統。誥授光禄大夫，建威將軍。配□氏，封一品夫人，生二子：長三捷、次三才。

鼎中

養名次子，官守備，誥授武略騎尉。配黄氏，封宜人，後失考。

一中

前後失考。

大中

前後失考。

偏子

維先子，以後失考。

八子

維光子，生二子，長六十、次二麻。

普中

養才子，後失考。

十一世

士琦

致中長子，字韓伯，貢生。順治二年任江南徽州府婺源縣知縣。十年，陞直隸宣化府蔚州知州。十三年，轉補廣西潯州府同知。歷遷陝西漢中兵備道、雲南安普道、貴州貴東道、陝西按察使司按察使、貴州布政使司布政使、雲南布政使司布政使。歷官多惠政。蔚州有去思碑、重修學廟碑記。誥授通奉大夫，歿於任。配徐氏、續配戴氏，俱封夫人。生四子：長桂芳、次縉芳、三綬芳、四綸芳。

士珣

致中次子，字叔玉，貢生。敕贈文林郎，配趙氏，封孺人，生四子：長啓芳、次肇芳、三建芳、四延芳。住江南江寍府上元縣。

士璘

致中三子，字季玉，貢生。配宋氏，封孺人，生六子：長揚芳、次振芳、三擢芳、四捷芳、五掞芳、六永芳。永芳出繼堂叔士璧為嗣。

士珍

履中長子，字仲玉。廣西梧州府岑溪縣知縣。敕授文林郎，配李氏，封孺人，生一子：祚芳。

士璧

化中子，字少玉。福建建寍府松溪縣典史。敕授徵仕郎，配甘氏，續配齊氏，俱封孺人。無子，以堂兄士璘六子永芳承嗣。

士瑜

建中子，字修玉，後失考。

德先

紹中長子，字牧民。從龍授阿思哈尼哈番漢文男爵、梅勒章京漢文副都統、右翼總兵、右將軍。崇德元年，奉命同定南王孔有德、鄭親王濟、睿親王多，歷征錦州等處。入關進剿流寇，滅闖逆，開北京，破潼關，征西安，平河南、揚州、鎮江、江盂，克江陰、盧口、魚磯，定廣西、湖南，開寶慶、武岡、黔陽、沅州、辰州。招安王允成，平撫靖苗。順治六年己丑五月，奉旨加封三等精奇尼哈番漢文子爵，予敕券，世襲。是月，復奉旨特晉湖廣都督同知，於九月至武昌任事。十一月，遣本督阿思哈尼哈番何進、勝圖章京董英、參將沈邦清，剿克燕子窩。十二月發副將鄭元勳、左翼總兵線國安剿常盂縣，破白水洞。復派參將何九成、張鼎，隨王征剿滇營、永州等處。七年正月，親統官兵攻克天柱、龍慶等關。二月，恢復盂遠、藍山、湯頭、嘉禾、臨武、新田等縣，破石家洞。三月收道州、永明、江華等縣。四月克白水、牛頭、鐵柱、雄關、龍虎等關，平撫鄭芝龍、黃朝選、胡一青等凡十有八，救援靖州。順治九年壬辰七月初七日同定南王盡節廣西省城，特恩加一等精奇尼哈番，賜祭葬，派員奠醊。誥授光禄大夫。葬順天府房山縣張坊鎮西、淶水縣之沈家庵村北，鐵固山陽，玉蟒河西，庚山甲向，正穴立祖。配程氏，續配王氏、董氏、楊氏、劉氏，俱封一品夫人，生三子：長盛祖、次光祖、三承祖。

愛民公生於明萬曆四十五年丁巳十二月十八日辰時，歿於大清順治十六年己亥七月初六日辰時。

仁先

紹中次子，字愛民。從龍累功授甲喇章京漢文參領，晉梅勒章京漢文副都統，封世襲阿思哈尼哈番漢文男爵、前鋒將軍。順治六年己丑五月，特命駐鎮廣東總兵都督同知，誥授榮祿大夫，分隸正黃旗漢軍。葬順天府房山縣張坊鎮西、淶水縣之沈家庵村北，鐵固山陽，玉蟒河西，庚山甲向。配劉氏，續配陳氏、黃氏，俱封一品夫人。合葬。生二子：長燕祖、次繩祖。愛民公及黃氏夫人朝衣雙像一軸，存聯蕙處。同治八年己巳，五慶堂重繪二軸，一存聯蕙處，一收五慶堂。

義先

紹中三子，字澤民。從龍入關，授梅勒章京漢文副都統。順治十年癸巳，奉旨襲胞兄德先一等精奇尼哈番漢文子爵、右將軍，特命駐鎮福建征剿各處。康熙十三年甲寅，平定福建，歷年進剿，各路軍事告竣。二十一年壬戌，奉旨入覲，晉昂邦章京漢文都統，在內大臣行走。分隸正黃旗漢軍，誥授光祿大夫。生於天聰元年戊辰十月二十日子時，歿於康熙二十八年己巳七月二十四日申時。葬順天府房山縣張坊鎮西、淶水縣之沈家庵村北，鐵固山陽，玉蟒河西，庚山甲向。配陳氏，續配李氏，俱封一品夫人，合葬。李氏夫人生於天聰五年壬申二月二十八日午時，歿於康熙二十一年壬戌十一月十六日子時。生七子：長耀祖、次封祖、三宏祖、四應祖、五英祖、六興祖、七振祖。生一女，適沈氏，通經史，有淑德。澤民公及李氏夫人朝衣大像二軸，并暮年杖履攜琴小照一軸蔡育寫，存聯印處。又朝服小雙像一軸，存嵩鎮處。同治三年甲子五慶堂重繪朝服小雙像一軸，八年己巳重繪杖履攜琴小照一軸，子爵誥封四軸，在得磬處遺失。襲爵敕書康熙二十四年六月十九日吏部查驗繳部未發，後澤民公歿，因未承襲。

按：在本段『葬順天府』一行上面，有眉批云：『配李氏，續配陳氏。』

禮先 由户部郎中

鼐中長子，字節民。分巡川東道、四川按察使司按察使。誥授通議大夫，配朱氏，封淑人，無嗣。

信先

鼐中二子，字壽民。候補知州。誥授奉政大夫，配馬氏，封宜人。

文先 一名智先

鼐中三子，字濟民，配朱氏。

振先

權中子，指揮使。無嗣。

輔臣

進中子，配靳氏。

有福

三格子，生子陳五，後失考。

復興

潤長子，字振之，襲他赤哈哈番漢文雲騎尉，改授山東兖州府捕河通判。誥授奉直大夫。配楊氏，封宜人，生子經。續配周氏，生子論。

得壽

潤次子，管驍騎章京，誥授奉直大夫。配宋氏，續配周氏，俱封宜人。生二子：長近忠、次近孝。

得財

潮子，配高氏，生子近明。

復榮

河子，後失考。

士珏

進功子，驍騎章京。誥授奉直大夫。配汪氏，封宜人，無嗣。入鑲藍旗。

士琪

純中子，字又韓。西安固山達漢文協尉。世襲阿達哈哈番漢文輕車都尉。四川督標中軍副將。誥授通議大夫，武功將軍。配李氏，封夫人，生子元芳。

奉先

進中子，浙江撫標守備。誥授宣武都尉。住揚州。

三捷

得選子，襲阿思哈尼哈番漢文男爵。誥授建威將軍。

三才

得選次子，後失考。

茂忠
前失考，生三子：長應舉、次應科、三應第。

三
前失考，生因答吽。

天助
懋成子，配楊氏，繼配張氏。生二子：長縈、次崐。

六十
八子長子，後失考。

二麻
八子次子，後失考。

十二世

桂芳
士琦長子，字攀一。配周氏，續配戴氏。生子炳。

縉芳
士琦二子，配□氏。

綬芳
士琦三子，字紫章。配潘氏，生子炤。

綸芳
士琦四子，字殿颺。配薛氏。

啓芳
士珣長子，字禹承。配李氏，無嗣。

肇芳
士珣二子，字蒼卜。配李氏，生子祥。

建芳
士珣三子，字植如。配雷氏，生子燦。

延芳
士珣四子，配□氏。

揚芳
士璘長子，字冠三。候補縣丞。配李氏，封宜人。

振芳

士璘二子，字開遠。候補縣丞。配張氏，封孺人，生三子：長煊、次烜、三炟。

擢芳

士璘三子，字枚公。配孫氏，生子炯。

捷芳

士璘四子，字雋茹。邑庠生，配祖氏。

掞芳

士璘五子，字摛華。配□氏。

祚芳

士珍子，字予公。配劉氏，生二子：長焜、次熤。

永芳

士璧子，字錫侯。配趙氏。

此支入江南江寍府上元縣。

盛祖

德先長子，順治八年應襲二等精奇尼哈番漢文子爵，特命駐鎮廣西總兵。順治九年四月，征僞王李定國在湖南湘潭地方力戰陣歿。奉旨加封一等精奇尼哈番，賜祭葬。無嗣。順治十年胞叔義先承襲，誥授振威將軍。

光祖　德先次子，隨定南五孔有德在廣西省守城。順治九年秋七月李定國陷省城，闔家三百餘口皆殉難。無嗣。配劉氏，封夫人，崇祀昭忠祠。

承祖　德先三子，同兄光祖在廣西守城，李定國陷城，同時殉難，無嗣。配胡氏，封夫人，崇祀昭忠祠。

燕祖　仁先長子，字子翼。廣東副將，襲阿思哈尼哈番漢文男爵，誥授武顯將軍、資政大夫。配易氏，封夫人，生二子：長肇善、次肇傑。

繩祖　仁先二子，蔭生，候補知州。誥授奉政大夫。配徐氏，封宜人，生子部欒。按另譜名肇緒。

耀祖　義先長子，字白山。蔭生。刑部員外郎、户部郎中，誥授朝議大夫。生於順治四年丁亥七月十三日酉時，殁於康熙四十四年乙酉七月二十九日午時。葬張坊鎮西、淶水縣之沈家庵村北鐵固山老塋。配徐氏，封恭人，生於順治三年丙午十一月初六日申時，殁於康熙四十九年庚寅九月十二日辰時。合葬。生三子：長肇基、次肇美、三肇任。

封祖

義先二子，字紫山。蔭胞伯男爵，蔭生，直隸涿州知州，有惠政。州北門留有『日邊衝要無雙地，天下繁難第一州』聯。賢明廉簡，治有循聲，民無繫獄。誥授朝議大夫。葬張坊鎮西、淶水縣之沈家庵村北鐵固山老塋。配王氏，續配沈氏、張氏，俱封恭人。合葬。生三子：長之彬、次之鑣、三之彭。

宏祖

義先三子，字屏山，太學生。貤封奉直大夫。配劉氏，續配徐氏，俱封宜人。

應祖

義先四子，字憲山，庠生。配劉氏，封孺人。合葬張坊鎮西、淶水縣之沈家庵村北鐵固山老塋。生二子：長之銘，次之錫。貤封奉政大夫。

英祖

義先五子，字華山。誥授朝列大夫。配劉氏，封恭人。官階未詳。

興祖

義先六子，字述山，驍騎校、印務章京。誥授奉政大夫。曾孫貴，晉贈武顯將軍。葬張坊鎮西、淶水縣之沈家庵村北鐵固山老塋。配董氏，續配紙氏，俱封夫人，合葬。生三子：長肇鐸、次肇梓、三肇源。

振祖

一書輝祖

義先七子，字作山。誥授正議大夫。官階未詳。配□氏，生二子：長肇燦、次肇坦。

近忠

得壽子，配周氏。

近孝

得壽三子，配胡氏，續配王氏。生二子：長有茂，次黑丫頭。

近明

得財子，配鮑氏。生子四黑兒。

經

復興長子，字濟遠。配楊氏。

論

復興二子，字王言。配馬氏。

縈

天助子，太學生，配李氏。

崐

天助二子，配□氏。

元芳

士琪子，襲阿達哈哈番漢文輕車都尉。兼參領。誥授武功將軍，配□氏，封夫人，生子燴。

宗堯

前後失考，阿思哈尼哈番漢文男爵。

宗禹

宗堯弟，二等護衛。

應舉

茂忠長子，後失考。

應科

茂忠次子，後失考。

應第

茂忠三子，後失考。

陳五

有福子，後失考。

十三世

肇善

燕祖長子，太學生。敕贈文林郎。配李氏，封孺人。生四子：長崐、次紳、三恩、四起。

肇傑

燕祖次子，孫貴，贈武略騎尉。配房氏，封宜人，生五子：長躬璧、次桓璧、三蒲璧、四信璧、五秉璧。

肇緒

繩祖子。配□氏。

肇基

耀祖長子，字開文。敕授登仕郎。生於康熙六年十二月初一日巳時，殁於康熙五十八年八月初六日酉時。配胡氏，續配王氏，生於康熙八年正月二十四日亥時，殁於雍正十三年四月二十二日寅時。生二子：長紀、次縉。

肇任

耀祖二子，字玉久。驍騎校、印務參領，誥授武略將軍。配高氏，續配李氏，封淑人。生三子：長綬、次純、三緯。

肇美

耀祖三子，配□氏，生子繡。

之彬

封祖長子，無嗣。

之鑣

封祖三子，無嗣。

之彭

封祖三子，無嗣。

之銘

應祖長子，配□氏，生子紱。

之錫

應祖二子，無嗣。

肇鐸

興祖長子，字震峰。子貴，敕封承德郎。孫貴，晉贈奉政大夫。生於康熙四十八年己丑十二月二十九日巳時，歿於乾隆四十年乙未八月初四日寅時。葬都城德勝門外土城内芒牛橋西南，子山午向，曹氏先塋。配劉氏，續配馬氏，俱封宜人。生於康熙五十三年甲午十一月二十三日巳時，歿於乾隆十六年辛未六月十四日申時，合葬。生三子：長繼德、次繼禄、三繼福。

肇梓

興祖二子，貤贈承德郎。配□氏，封安人。生四子：長繼卿、次繼柱、三繼平、四繼喆。

按：正本『繼柱』兩字點去，旁改『昱』字，副本作『昱』。

肇源　興祖三子，字幼山。太學生，孫貴，誥贈武顯將軍。生於康熙五十六年丁酉二月二十一日巳時，歿於乾隆五十年乙巳六月二十五日巳時，亨壽六十有九。葬都城德勝門外芒牛橋西南土城內，子山午向，曹氏先塋。配陳氏，封夫人，生於康熙五十四年乙未三月十四日未時，歿於乾隆四十四年己亥五月初一日寅時，亨壽六十有四。合葬。生四子：長繼祥、次繼太、三繼安、四繼盛。生女一，適正黄旗滿洲烏蘇氏。翻譯舉人明福室，廣東廣州府理事同知圖門保母，刑部委署主事、盛京工部司庫、太常寺典簿常謙祖母。

肇燦　振祖長子，配□氏。

肇坦　振祖二子，配□氏。

炳　桂芳子，『雍正乙卯科文舉人』，後失考。

按：『』內文字，正譜原有，後又圈去。又『炳』上有以下眉批：『五房十三世秉桓子炳，雍正乙卯舉人。』

炤　綬芳子，後失考。

祥

肇芳子，後失考。

燦

建芳子，後失考。

煊

振芳長子，後失考。

烜

振芳次子，後失考。

炟

振芳三子，後失考。

炯

擢芳子，後失考。

焜

祚芳長子，後失考。

煤

祚芳次子，後失考。

爚　元芳子，世襲阿達哈哈番，兼佐領。無嗣，停襲。

有茂　近孝長子，後失考。

黑丫頭　近考次子，後失考。

四黑兒　近明子，後失考。

十四世

崐　一名坤

肇善長子，武庠生。配薛氏，生四子：長惟林、次惟宼、三惟敬、四惟達。

紳　肇善二子，配□氏，生惟漢。

恩

肇善三子，庠生。生於康熙三十二年癸酉正月初四日寅時，歿於乾隆十八年癸酉六月初一日寅時。配趙氏，封孺人，生於康熙四十三年甲申十一月十七日戌時，歿於乾隆三十三年戊子十月初九日戌時。合葬芒牛橋曹氏先塋東偏塋地。生三子：長惟新、次惟屏、三惟藩。趙氏孺人繪有宗祠牌位圖，在聯蕙處。圖上有中表姻粵東許元通秉乾補題，時乾隆乙卯桂月。

啓

一作起

肇善四子，配□氏，生子惟。

躬璧

肇傑長子，無嗣。

桓璧

肇傑次子，貤贈武略騎尉。配周氏，封宜人，生二子：長景堯、次景舜。

蒲璧

肇傑三子，七品筆政，敕授文林郎。配□氏，生二子：長成德、次佛保。

信璧

肇傑四子，子貴，誥封武略騎尉。配□氏，封宜人，生子景隆。

秉璧

肇傑五子。配□氏，生子景雲。

紀

肇基長子，字漢臣。敕授登仕郎。生於康熙辛未年二月初四日巳時，殁於乾隆庚午年十二月二十六日亥時。配馬氏，生於康熙三十一年八月二十二日子時，殁於雍正十二年四月十四日戌時。生二子，長執御、次執射。

縉

肇基二子，敕授登仕郎。生於康熙四十一年正月三十日辰時，殁於乾隆四十四年四月二十五日戌時。配郭氏，生於康熙四十九年正月二十四日子時，殁於乾隆三十一年二月十二日寅時。無嗣。

綉

肇美子，配周氏，無嗣。

綬

肇任長子，配王氏。

緯

肇任二子，配□氏，生子黑保。

紱

之銘子，配□氏。

繼德

肇鐸長子，字慎修。原任都城西便門城門吏，敕授承德郎。子貴，誥封奉政大夫。生於乾隆元年丙辰十二月二十七日酉時，歿於道光二年壬午九月二十七日寅時。配楊氏，續配李氏，俱封宜人。李氏宜人生於乾隆八年癸亥十二月初十日子時，歿於嘉慶二十年乙亥正月十三日丑時。生三子：容保、工保、長保。長保出嗣胞叔繼福為嗣。

繼禄

肇鐸次子，字康之。原任武備院宜都達，敕授承德郎，貤贈奉政大夫。配周氏，封宜人，生二子：長成保、次盛保。

繼福

肇鐸三子，字佑之。原任刑部司獄筆帖式，委署主事，敕授承德郎。配□氏，封安人，無出。胞兄繼德三子長保承嗣。

繼卿

肇梓長子，敕贈武略騎尉。配□氏，封安人。

昱

肇梓二子，敕贈武略騎尉。配王氏，封安人，生子魁保。

繼平

肇梓三子，字子正。誥封武德騎尉。配劉氏，封宜人，生三子：長闟保、次佛保、三麒麟保。

繼善

肇梓四子，字子元。敕贈武德騎尉。配林氏，封宜人。

繼祥

肇源長子，字雲卿，敕授文林郎，子貴，誥贈武顯將軍。生於乾隆九年甲子十二月十六日辰時，歿於嘉慶七年壬戌二月初十日寅時。享壽五十有九。葬芒牛橋土城內曹氏先塋。配夫人陳氏、蔣氏、紀氏，俱封二品夫人。合葬。生二子：長富保、次清保。紀氏太夫人生於乾隆二十三年戊寅三月初五日亥時，歿於道光十七年丁酉十月十四日巳時，享壽八十歲。

繼太

肇源次子。

繼安

肇源三子。

繼盛

肇源四子。

十五世

惟林

崐長子，庠廩生，配□氏。

惟宖

崐二子，配□氏。

惟敬

崐三子，配□氏，生子國瑞。

惟達

崐四子，配□氏。

惟漢

紳子，配□氏。

惟新
恩長子，孫貴，誥贈武義都尉。配□氏，封恭人，生子國章。

惟屏
恩次子，貤贈武義都尉。配□氏。封恭人。

惟藩
恩三子，配□氏。

惟
啓子，領催、副驍騎校，敕授武略騎尉。無嗣。

景堯 更名景明
桓璧長子，配□□，生子慶霖。

景舜
桓璧次子。

景隆
信璧子，原任驍騎校，誥授武德騎尉。配□氏，封宜人，生二子：長慶輅、次慶輻。

景雲
秉璧子，配□□，生子慶瑞。

執御 又名執玉

紀長子，屯居舒城鎮，種高祖母胭粉地，及越村老圈地。時純皇帝巡幸江南，執御以世爵湮没，叩閽驚駕，得罪配陝西歿，由是襲職事愈寢息。生子達子。

按：『又名執玉』四字據副本增。

執射

紀次子，領催，配□氏。生三子：長長生、次長雯、三雯魁。

容保

繼德長子，敕贈徵仕郎，貤贈奉直大夫。生於乾隆丁亥年九月二十六日亥時，歿於道光辛巳年四月十八日丑時。配邢氏，封宜人，生於乾隆庚寅年十一月二十九日巳時，歿於咸豐壬子年十月二十四日寅時，合葬。生二子：長興輻、次華輻。

玉保

繼德次子，字逸亭。原任内閣中書，舊太倉監督，委署侍讀。誥授奉直大夫。生於乾隆壬寅年七月二十七日辰時，歿於道光甲午年正月十五日辰時。配王氏，封宜人，生於乾隆庚戌年十月二十五日丑時，歿於同治丙寅年六月初十日卯時。生一子：英輻。女一，適本旗邵氏、公中佐領玉亨室。

成保

繼禄長子，配□氏。生二子：長多輻、次金輻。

盛保　又名勝保

繼禄次子、武備院弓柏唐，敕授承德郎。配王氏十九歲守節，旌表。生一子：增輻。

按：『又名勝保』四字據副本增。『弓柏唐』副本作『固山達』。『敕授承德郎』，副本作『誥授奉直大夫』。

長保

繼福子，配馮氏守節四十年。旌表。無嗣。

關保

繼平長子，貤贈武德騎尉。配李氏，封宜人，合葬西直門外兩間房塋地，庚山甲向。生二子：長五福一名順輻，次九輻。

按：副本『輻』字作『福』。

佛保

繼平次子，善撲營二等官，賞戴花翎，誥授武義都尉。配李氏，封宜人，合葬兩間房塋地。生三子：長明寬、次青輻、三春輻。

麒麟保　又名其林保

繼平三子，配劉氏，生一子：安輻。

按：『又名其林保』五字，據副本增。

魁保

昱子，配聞氏，生子承輻。

按：原作『繼善子』，點去『繼善』，改為『昱』字。

富保

繼祥長子，字伯泉。貤贈武顯將軍。生於乾隆戊子年正月初十日寅時，歿於道光戊戌年七月初八日酉時，享壽七十有一。配褚氏，封夫人，生於乾隆三十四年八月十二日寅時，歿於道光甲申年三月二十日酉時，享壽五十有六。合葬芒牛橋曹氏先塋。生四子：長全輻、次生輻、三常輻、四裕輻。女一，字正黄旗滿洲完顏氏，護軍校景奎室，景運門筆帖式賡音布母。

清保

繼祥次子，字一泉。由考中印務筆帖式，歷官驍騎校、印務章京兼公中佐領。道光二十年，簡湖北興國營參將，出師崇陽、通城，克七里銃，擒首逆鍾人杰、陳寶銘、汪敦族。軍務平，經兩湖總督宮保裕泰疏請，欽加副將銜并賞戴花翎。二十二年，擢直隸河屯協副將，經直隸總督訥爾經額、熱河都統桂良奏請堪勝提鎮，二十六年十二月特放江西九江鎮總兵，陛見，屢荷温諭，賜克食，二十七年四月到任。己酉、辛亥兩科武鄉試監射大臣，歷巡封禁山閱兵大臣。咸豐二年，廣西會匪倡亂，以欽差大學士賽尚阿檄，統領江西官兵出師湖南，由永州轉戰新田、郴州、桂陽、黄泥塘等處，收復郴州、永興、茶陵各城池。時粵匪由長沙竄陷岳州、武昌，蔽江東下，九江府城失守，經巡撫張芾奏劾。三年五月，賊犯南昌省城，經巡撫張奏留守德勝門，賊於沙井連營築木柵數十里，賊艘蔽江，德勝門適當其衝，晝夜嬰陴固守，賊屢攻受挫。五月，賊用地雷轟塌城墻數丈，督兵搶護。六月深夜，賊復用地雷轟缺城墻十七丈，霹聲裂地，火光燭天，督率兵勇猛力搶堵，擊退，轉危為安。身受刀矛火罐重傷，於九月十三日傷歿。經巡撫張以搶護危城受傷病故入奏，奉旨照都司病故例賜恤，賜祭葬，蔭襲，國史列傳，誥授武顯將軍。生於嘉慶五年庚申四月十一月未時，歿於咸豐三年癸丑九月十三日申時，享壽五十有四。咸豐五年乙卯十一月初一日，安葬於都城西便門外角樓西守備署西墻外曹氏清宅塋地，壬山丙向，正穴立祖。配袁氏，封一品夫人，生於嘉慶十年乙丑六月二十三日子時，歿於同治二年壬戌十二月初四日子時，享壽五十有八。同治三年癸亥十二月初一日午時合葬。生五子：長惠慶、次溥慶、三榮慶、四積慶、五裕慶。女二：長字內務府正白旗漢軍劉氏知府銜山東上河廳通判毓明子、同知銜候補知縣增瑞室。次字正黃旗滿洲額哲特氏世襲一等輕車都尉兼世管佐領前任福建建寧鎮總兵懷他布次子、世襲一等輕車都尉兼世管佐領兵部郎中世恒室。平定崇陽有碑記，建湖北武昌黃鶴樓下。附錄譜後。

按：本文末雙行注『毓明子』以下『同知銜，候補知縣』七字，副本旁改為『署山東泰安府濟南府知府』。

又在本段文字上有眉批云：『袁氏太夫人本旗原任驍騎校、正黃旗官學校教習、誥授奉直大夫神世齡靜亭公次女，武進士原任涿州守備張永興公堂妹，武舉名坤、武舉密雲路守備名岐姑母。』

三世

智 遼東四房

俊四子

四世

名 失考

五世

名 失考

六世

名 失考

七世

名 失考

八　世

名

失考

以上因際播遷，譜失莫記。

九　世

錫遠

從龍入關，歸內務府正白旗。子貴，誥封中憲大夫。孫貴，晉贈光禄大夫。生子振彦。

十　世

振彦

錫遠子，浙江鹽法道。誥授中議大夫。子貴，晉贈光禄大夫。生二子：長璽、次爾正。一譜作鼎。

十一世

璽

振彦長子，康熙二年任江南織造，晉工部尚書。誥授光禄大夫。崇祀江南名宦祠。生二子：長寅、次荃。

爾正 另譜名鼎

振彦二子，原任佐領。誥授武義都尉，生子宜。

十二世

寅

璽長子，字子清，一字楝亭。康熙三十一年督理江寍織造，四十三年巡視兩淮鹽政，累官通政使司通政使。誥授通奉大夫。著有楝亭藏書十二種：計《法書考》八卷、《琴史》六卷、《釣磯立談》一卷、《梅苑》十卷、《禁篇》五卷、《硯箋》四卷、《墨經》一卷、《聲畫集》八卷、《録鬼簿》二卷、《糖霜譜》一卷、《都城紀勝》一卷、《後村千家詩》廿二卷。《詩鈔》；《文鈔》；《詞鈔》；《居常飲饌録》。《詩鈔》五卷、《詞鈔》一卷入《欽定皇朝文獻通考經籍考》、《皇朝通志藝文略》。《欽定熙朝雅頌集》亦有詩計五十五首，附録《譜》後。崇祀江南名宦祠。生二子：長顒、次頫。

荃

璽次子，原任內務府司庫。誥授奉直大夫。

宜

爾正子，原任護軍參領兼佐領，誥授武功將軍。生子頎。

十三世

顒

寅長子，內務府郎中督理江南織造。誥授中憲大夫。生子天佑。

頫

寅次子，內務府員外郎督理江南織造。誥授朝議大夫。

頎

宜子，原任二等侍衛兼佐領，誥授武義都尉。

十四世

天佑

顒子，官州同。

按：『顒子，官州同』五字，原譜上是後添，故未避『顒』字諱，副本上有此五字，也未避諱。

三世

信 遼東五房

俊五子。

四世

名 失考

五世

名 失考

六世

名 失考

七世

名 失考

八世

名 失考

并九世因播遷譜失，名俱莫記。

十世

恭誠

從龍授三等阿思哈尼哈番，累功加封三等精奇尼哈番漢文子爵，分隸正白旗。誥授榮禄大夫、建威將軍。生子熙麟。

十一世

熙麟

恭誠子，襲三等子爵。誥授榮禄大夫、建威將軍。生子秉桓。

十二世

秉桓

熙麟子，襲三等子爵。歷任正白旗、正藍旗副都統，鑲白旗都統。誥授光禄大夫。生三子：長烘、次焜、三炳。

十三世

煐　秉桓長子，降襲阿達哈哈番漢文輕車都尉，兼公中佐領。誥授宣武都尉。

焜　秉桓次子，康熙丁酉科武舉，襲三等輕車都尉。

炳　秉桓三子，雍正乙卯科舉人，生子國培。

十四世

國培　炳子，襲三等輕車都尉，兼公中佐領。生子廷鑰。

十五世

廷鑰

國培子，襲三等輕車都尉，兼公中佐領。生子文蛟。

十世

邦

僅記世次官爵，不知房分，存俟考證。

順治十八年任員外郎，歸內務府正藍旗。生二子：長忠、次元。

十一世

忠

邦長子，官盂紹臺道。生子秉和。

元

邦次子，官知縣。生子秉政、秉泰。

十二世

秉和　忠子，官同知。

秉政

秉泰　元子，俱官通判。

蔚州曹侯去思碑

郡大夫曹侯刺蔚三年，擢粤西潯江府，倅去。去之日，蔚氏賢者執爵，愚者攀轅，愛侯如慈母，蓋侯治蔚有循良風云。既去十閱月，父老忽以去思碑文請余。起而應之曰：世之頌德政者多矣，大抵任則頌，不任則不頌，頌以任而脅也，思者百無一焉。嘗聞頌羊叔子之文，遠者悦觀；贊狄梁公之碑，不獲見者憾焉。無他，情在其中也。今者父老言之，而今記之，夫亦何所脅而為之者，甚矣！我侯之賢，而民之思之，此其情至也。衣不深練，食不重豆，我侯之儉以愛吾民也，民思之。不用勾攝，不擾車牛，不受飲酖投繯詐詞，以長輕生之習，我侯之嚴以愛吾民也，民思之。革贖鍰，絶請託，我侯之正以愛吾民也，民思之。修學宫以課士，飭保甲以緝盗賊，我侯之勤以愛吾民也，民思之。禁私派，懲健訟，聽訟不加嚴刑，兩造俱服，我侯之明以愛吾民也，民思之。夫民有情而無文，其丐余者文也。余文曷能文，文而不及情，勿文可也。聊採衆之所言者書於石，以誌蔚民之情如此。前之去此土者，可以知蔚民之情矣。後之官此土者，亦可以知蔚民之情矣。曹侯名士琦，號韓伯，遼東人，由貢士順治十年任，十三年去任。

蔚州今直隸宣化府屬，碑文敏果公魏象樞環溪先生作，并選入寒松堂全集。

重修蔚州學廟碑

人文之盛衰，繫於學廟之興廢，余觀蔚事而有感也。蔚為三晉邊徼，地方人文盛時，若德行氣節，經濟文章，以及理學名儒，載在郡志者，代不乏人，育之成之，率出於鄉校。明末學宮傾圮，乏科第者凡十八年。舊州守陳公鵬舉，拓修明倫堂，課士較文，科目始開。其後官此土者，僅朔望一瞻趨耳，雖茂草盈階弗問也。嗟乎！為天子命吏，曾不聞操激勸者何政哉！會有曹侯者，以淇令擢知吾州事，下車以來，有百廢俱興之志。甫謁廟廷，曰：士首四民，學宮所以養士，為國家用。此而可緩，孰不可緩？遂捐俸修葺，無煩民力。閱數月而工訖，自殿廡以至肩垣，悉燦然可觀。郡諸生魏宗周、閻之秀等董是役，感侯之德，走書屬余記，將勒石焉。余亦德侯者，曷敢以不文辭乎？余惟

天子右文，前歲幸太學行釋菜禮，畿省士子肆業國雍者，咸與觀聽，一時人文丕變，紀清朝盛事。曹侯仰體上意，以愛吾蔚士，所謂上作之斯，下應之茲，舉其作之者也。諸士方明倫正經，絃誦不輟。盍惟是尋章摘句，紆青拖紫以應之耶？抑志尹學顏，流鴻樹駿以應之也。孔孟顏曾之書，童而習之，濂洛關閩之學，長而聞之，余不悉舉。吾蔚先輩中典型尚在，人皆吾師：以德行應，則有史先生東昌之孝無間言；以氣節應，則有龔先生諒之從容就義；以經濟應，則有郝先生傑之鞠躬盡瘁；以文章應，則有尹先生耕之著述自命；以理學應，則有鄒先生森之致知格物。是皆產於蔚，學於蔚，至今尚凜凜乎有生氣者。詩曰：伐柯伐柯，其則不遠。諸士身近高山，又何必仰止。遍海內先名後實，以辜我侯作之之美意乎？來年科第多人，後先輝映，諸士入學

宫，承教澤，霞起雲蒸，奮然而興，以待異日之用，即與吾蔚先輩諸君子聯踪接武，又何多讓。且人視蔚為窮邊絶徼者，論地也，非論人也。人傑則地靈，亦非風水家荒唐之説也。合觀壬午以前，甲申以後，盛衰興廢之理，皆實有徵驗在人耳目間，即我侯藉手以報天子者，尤勿作尋常文具觀矣，諸士其善應我侯哉。

熙朝雅頌集御序

皇清荷天恩，承祖佑，開基遼瀋，定鼎燕京，以弧矢威天下。八旗勁旅，藎臣世僕，同心一德，肇造億萬年丕基。都城公駐，列戍雲屯，黄白紅藍，有鑲有正，參贊河鼓之象，允協韜鈐之機。皇哉唐哉，世德作求，金湯永固。卜年應邁姬周，長鞏河山帶礪矣！夫開創之時，武功赫奕；守成之世，文教振興。雖吟咏詞章，非本朝之所尚，而發抒心志，亦盛世之應存。此熙朝雅頌集之所由作也。斯集為巡撫鐵保所編，自八旗諸王、百僚、庶尹以及武士、閨媛，凡有關風俗人心，節義彰癉諸篇，得一百三十四卷，薈萃成書，請名具奏。朕幾餘評覽，遍拾英華，紬繹旬餘，未能釋手。敬仰列聖作人，培養之厚，穆然想見忠愛之忱，英靈之氣。或從征效命，抒勇壯之詞；或宰邑治民，發肫誠之素。炳炳麟麟，珠聯璧合，洵大觀化成之鉅製，右文盛代之新聲。是以命集名為熙朝雅頌，視周家小雅，殆有過之。涵濡祖恩考澤，百有餘年。名臣碩彦，代不乏人。經文緯武之鴻才，致君澤民之偉士，不可以數計。夫言為心聲，流露於篇章，散見於字句者，奚可不存。非存其詩，存其人也。非愛其詩律深沉，對偶親切，愛其品端心正，勇敢之忱洋溢於楮墨間也。是崇文而未忘習武，若逐末舍本，流為纖靡曼聲，非予命名為雅頌之本意。知干城御侮之意者，可與言詩，徒耽於詞翰，侈言吟咏太平，不知開創之艱難，則予之命集，得不償失，為耽逸厭勞之作俑，觀斯集者，應諒予之苦心矣！我八旗臣僕，豈可不深思熟慮，以乃祖乃父之心為心，以乃祖乃父之言為法，各勉公忠體國之忱，毋負命名雅頌期望之深意，朕之至願也。

嘉慶九年歲次甲子五月十九日御筆

欽定熙朝雅頌集卷第九

太子少保山東巡撫前吏部侍郎八旗通志館總裁臣鐵保纂輯
協辦大學士户部尚書臣朱珪、禮部尚書臣紀昀、原任工部尚書臣彭元瑞校閲
洗馬臣法式善、侍讀學士臣陳希曾、侍講學士臣汪廷珍、左庶子臣汪滋畹、侍讀臣吳鼒編次

曹　寅　五十五首

寅字子清，一字楝亭，漢軍人。累官通政使。有楝亭詩鈔、文鈔、詞鈔。

欽定皇朝文獻通考經籍考：楝亭詩鈔五卷，附詞鈔一卷，曹寅撰。
欽定皇朝通志藝文略：楝亭詩鈔五卷，附詞鈔一卷，曹寅撰。
欽定八旗通志：楝亭詩鈔五卷，附詞鈔一卷，曹寅撰。

其詩一刻於揚州，計盈千首；再刻於儀徵，則寅自汰其舊刻，而吳尚中開雕於東園者，此本即儀徵刻也。其詩出入於白居易、蘇軾之間。韓菼有懷堂文稿：三韓曹使君子清，乃誠善讀書者，其取之博，蓋七略四部十二庫無不窺也。業之恒，環衛周廬，奉使北南，寢食居處，弗之一釋也。情之專，聲色貨財之誘，蹋踘博塞青

烏快牛馳騁之娛，弗之一問也。蓋熟鑒於萬物成虧之數，一切泊如，無易吾書者。顧獨好射，以為讀書射獵，自無兩傷，間騎快馬，拓弓絃作霹靂聲，差強閉着車中作貴人，而餘矢納房與客酬對，捭闔古今，種別文家源流高下，坐客默然無抗者，亦如子建子對邯鄲生也。毛際可序：蒼然以樸，澹然以雋，悠然以遠。朱彝尊序：先生博綜群書，練習掌故，胸中具有武庫。流覽全唐詩派，多師以為師。宜其日進不已，譬諸茼騮驥騄，郭椒丁檪，騰山超澗，馳騁既熟，下而縱送，劇驂之區，其樂有不可喻者矣。姜宸英序：棟亭諸咏，五言今古體，出入開寶之間，尤以少陵為濫觴。故密咏恬吟，旨趣愈出。七言兩體，胚胎諸家而時入宋調，取其雄快，芟其繁蕪，不失我法。顧景星序：清深老成，鋒穎芒角，篇必有法，語必有源。沈德潛序云：子清歲暮遠為客，起十字寫盡辭家之苦，可與別賦併讀。

歲暮遠為客

曉燈寒無光，驅馬別親故。殘月墮楓林，荒煙白山路。
十年遊子懷，惜此歲華暮。載咏無衣詩，何以蒙霜露。

書院述事三十韻，答同人見投之作，兼寄前詩會諸君及匯南、於宮、綺園

南轅不涉江，秣駒亦戀楚。投鞭入荒庭，叢竹欣有主。焚膏覺夜長，餐糲笑儒腐。

幸脱酒肉場，闌入典籍府。此地結文緣，俯仰孰眉嫵。比鄰二三子，夭矯簇鱗脊。
知我别酸鹹，老眼困針組。笠屐數過從，廓落謝阱罟。相將弄匏卮，間一揮燕麈。
曠放無端倪，高論窮物祖。横空盤健翮，獨力拓勁弩。搜羅極杳冥，剔剥屏解詁。
有時隱春燈，待月上墻堵。哦詩達吏舍，驚起遍兩廡。不審客胡為，逡巡縱奎踽。
時豪侈狂譫，犄角自枝柱。憑威走群狐，塞穴多幸鼠。疇起往拯之，播禍及鷇乳。
盲瞽踐軔虺，喑殘茹奇蠱。經義與治事，枘鑿兩鉏鋙。重茵坐堂皇，何以答恩詡。
緬昔京雒舊，見面各爾汝。樸略倒瓶罍，附意摘瓜苣。風簾擲葦藁，委巷驚寒杵。
為歡詎在盛，寤寐今覼縷。人生富若貴，手足易惰窳。昨夜荒江雲，老屋被幽雨。
我懷寄淵澹，庭户久延佇。因誰作漁歌，把臂話鷄黍。庶幾近俗情，斯須慰羈旅。

坐宏濟石壁下及暮而去

我有千里遊，愛此一片石。徘徊不能去，川原俄向夕。
浮光自容與，天風鼓空碧。露坐聞遥鐘，冥心寄飛翮。

不　寐

月落茅屋暗，青燈耿幽光。領鷄競咿喔，寒水結方塘。

輾轉不成寐，默數更籌長。曉車如秋潮，雷鳴過空堂。

西山道上口占懷耦長

落日散餘陰，晴山澹相倚。歸鞭不惜遲，幽懷自難已。

野空人語寒，風静群鷗起。回首紅塵中，心懸碧雲裏。

觀打魚歌

白沙城南觀打魚，日長一舸臨泱漭。亭午𩙪移水界凉，青山正遠潮頭上。不愁㵱瀠隨潮長，祇怕顛風吹五兩。瞥眼旋看鳧鷖飛，鳴榔早徹江天響。垂老應知口腹貪，望洋轉起煙嵐想。回帆戲作打魚歌，斜陽罷曬芙蓉網。

菜花歌

吳中菜花天下無，平疇耀照黄金鋪。朝陽夕陽幾百里，惟剩白水連青蕪。四月吳中春事足，四郊花氣穿城瀆。平分曲巷摇畫船，農家兒女無拘束。農家兒女飯出遊，踏歌不出畦兩頭。頭蠶繅絲小麥穗，油菜結子柔桑抽。勸農使者休徵税，廳前畫諾花前醉。水曹散吏舊期門，也騎細馬傍山村。君不見、他鄉井徑無尋處，春風遠拓黄花戍。含哺鼓腹祇吳儂，菜花中朝菜花暮。

銅鼓歌

雅州銅鼓鳥羽青，四蟾蜍鈕鏤虺形。豈堪懸注肆考擊，或疑烹飪充鑾廷。又云丞相渡瀘時，鑄以張軍留模型。前賢遺迹不可測，語患怪誕多離經。物非適用貴取意，居常磨洗來寒廳。納水三斛副是腹，爬梳膩垢光而熒。毫芒差若列支紀，圜轉直可窺盤星。刑天獨舞猛志在，珍惜腐朽求精靈。豪華徒誇子父鼎，賞鑒何重哥窑瓶。階除蔓菁吐紫雪，吾方灌溉開疃町。

諸敏庵彈平調琵琶，手法特妙，無和之者，感賦長句

近代四絃誰第一，野乘虛傳查八十。能操北調變清鐘，前有短朱後曚鐵。二子神理苦未超，鵾皮玉撥矜兒曹。紫花札札白翎雀，聽風有耳臨官橋。高宫入破無繁徵，楓香一拍崑崙死。雙彈重按海東青，邊關略犯河滿子。蘆管角角鷄登木，胡撥嘈嘈怪鳥啄。輕攏慢撚得餘閑，猶截紅牙整巾束。葉兒惝惡笑揚州，官筵粉墨雜啁啾。套數空翻村衙鼓，晚風不唱十三樓。錦堂碧月荒煙冷，隋唐宫調無人省。群看輪手拂檀槽，四座蒼蒼亂花影。

琴磚歌

鄭州古磚五尺強，方花隱起鶩鸞翔。嶄然廉角不苦窳，口尻哆豁如車箱。稗官流傳號琴薦，土鼓康瓠

函宮商。甄陶堅致嘆前代，應有響屧連雕墻。開元連錢陋穿鑿，見鄭世子堉律呂精義。昭華截管隨弛張。麼絲誰聞九寡珥，匏巢空沸千蜩螗。坐靡宗禄奉遊豫，行唱簽記稱清狂。乃知流韻託槁木，未若磨礪親沙場。磚兮笑爾不經濟，為爾湔滌勤周防。聖朝聲教被海寓，一物不棄包遐荒。八窗洞達散煩慍，兒童擊壤歌時康。君不見支鐺擘紡有功用，猶勝踐踏拋街坊。

題馬湘蘭長卷

雨荒橋堉波無影，烏上白門啼不醒。嚨胡鼓出渭城聲梁伯龍句，耳畔鏗然金磬冷。練裙橫抹胭脂筆白練裙劇為屠赤水波及，板旋削去，文苕印得春風迹。秀輔千方粲曉煙，蛾眉幾簇分遥碧。徐娘不道回身早，何年鬆髻歸房老。琢玉難求並命人，爇香枉化空心草。華髮玲瓏白項兒，那堪滴淚濕荷衣。當時納錦成調笑見秋碧傳奇，此日零縑足慰饑。粉窟後生誰繼起，上春冠蓋如流水。躧步仍推巾幗雄，數錢多傍牙郎死。藏迷賣笑説家家，翻手為琵覆手琶。貶眼寒灰飛十紀，西窗落墨賞幽花。

讀施愚山侍讀稿

疇昔攜尊處，斜陽依舊過。匡時聞大略，絶筆想餘波。歲月窮經史，衣冠夢薜蘿。九原皆故舊，涕淚幾人多。

聞孫冷齋有琴來閣看雪詩，率和代柬，兼念子猷

朔雪殘冬盛，河流凍復艚。望風覲謦欬，釃酒祝亭皐。
貧悉家居穩，寒爭眼界高。西軒亦清絶，揮涕手頻勞。

其　二

寂歷誰同賞，寰區意向闌。忽開孤嶂曉，獨坐白雲寒。
琴有移情悟，詩工聚景難。因君乞三筆，裂取畫圖看。

喜程恥夫至

官齋熱如釜，有客説黄山。奇極語難造，晝長心肯閑。
石松寒瀑布，空翠冷潺湲。仿佛乘鸞去，天風滿珮環。

謁文山先生祠

清肅瞻儀表，叢祠枕水宫。兩間存正氣，一脉接隆中。
世有人心鑒，天如國步窮。明明大江月，吹薦白蘋風。

懷高澹人學士

良友今何處，秋風雁一繩。暮塵窗外海，寒月定中僧。
易痌文園病，曾分蕭寺燈。相思常不見，清冷玉壺冰。

赴淮舟行雜詩十首

荒江乘遠眺，餘靄薄西崚。沙草微喧雁，菰蘆乍隱鐙。
民瘝謀野得，生業愧漁能。冉冉孤帆興，滄浪去未曾。

其　二

離程半九十，愁對隔江峰。寒汐争飛鳥，晴沙隱卧龍。
行歌惟牧豎，荷簣有村農。取次棲霞近，丹楓暗幾重。

其　三

回帆重起碇，月没青山頭。旋旋鴉盤曙，蒼蒼霧翳洲。
浮光延蚤景，穩卧趁寒流。借問蘆中客，何如水上鷗。

其　四

盥漱凌晨罷，青簾上海霞。殘山多磊砢，柔櫓自嘔呀。
承掬金焦小，分風吴楚賒。無人瞻使節，野鶩起蘆花。

其　五

楊子橋邊路，愁牽百丈長。逆流聲潏蕩，寒月影清揚。
炬火明津驛，貂褕滿座床。黔黎正艱食，舉酌莫相忘。

其　六

憶昔長淮水，乘流直上天。估船歌得寶，魚市聚攤錢。
近郭吟黄葉，寒煙漫白田。西風三屈指，無恙託殘編。

其　七

雲帆初破浪，當午更傳餐。鳧臛來方物，車螯上食單。
簿書慚素飽，風水幸平安。欲上淮陰廟，消摇凝睇寒。

其八

事異樵風便，舟輕接淅來。浪文仍纈眼，驥足不沾埃。
但覺揚州近，遥瞻江霧開。布帆須努力，遲賞射堂梅。

其九

北固凍雲合，南徐寒浪多。江天餘澹沲，日月易消磨。
一水週龍藏，群帆雜鳥囮。誰期千載後，遺恨暨陽阿。

其十

危峰如卓傘，百里望龍潭。支水穿寒碧，晴雲上蔚藍。
客程過大雪，家信祇空函。或問淮南事，中冷水一甔。

田梅岑自南城來卻贈

醉吟俱不輟，世許作狂猜。肩鍤行方並，春城飲卻回。
易眠氈屋暖，相待草橋開。花事耽餘子，同時尚有梅。

其　二

隱者皆株列，長安笑捉衿。枯匏容一扣，掌劍有微音。
居隔連街樹，清如冠雪岑。頻傷飛動意，争免鬢毛侵。

送胡進野之秦州

西風吹荔葉，向客作秋聲。聚散知何極，淒涼空復情。
酒人辭易水，柳色到西京。日暮平原上，長歌涕淚横。

和冷齋雨後泛舟天池

蘭橈回極浦，魚網曬平沙。聚雨添新漲，遥天起暮鴉。
冥心甘釣戈，清興足煙霞。自笑南溟闊，逍遥亦有涯。

花笑軒步月留别蒲庵

獨行沙岸白，江月逐人清。細柳隨潮活，危磯到寺平。
鐘鳴塵外夢，花笑静中情。回向知何日，風前惜此生。

北行雜詩

野艇方離雨，城隅花出闌。一群紅不賤，六月水初寬。
泥飲新荷葉，叢歌舊棗竿。猶憐波上燕，未及渡江看。

其　二

微咏倚疏竹，風清歌窅如。開門飛白鴿，彈指出朱魚。
衣色迎涼改，杯香近客徐。無才甘飲飫，落照兩躊躇。

其　三

浮生長不達，霍霍視頭顱。倚棹思千古，迎風灑一壺。
奇雲臨楚散，修竹到淮無。漁笛如知己，憑陵為客呼。

其　四

日氣挾飛燕，蓬窗晚食時。關河淒欲斷，鉦鼓競相持。
節候風來早，鄉心馬去遲。不眠空剪燭，已照鬢成絲。

其　五

水鳥啼中夜，朱霞晃一朝。轉看妻亮舫，清共許由瓢。
秋草深何有，寒城近不囂。愁心與襏襫，日日飯魚苗。

其　六

楚蛩如恨客，卧穩槪頭船。白露看成霰，青莎合共氈。
更長蟾不進，秋好蝶難翩。送爾天西岸，支機織女邊。

其　七

殘杯澆濁浪，滚滚散清愁。蟲鳥誰先得，蛟龍難共遊。
洪音趨下土，素景逼高秋。寥闊存真賞，空餘百尺樓。

其　八

層陰孤月出，返照下邳城。去路秋將半，思家眼倍明。
齊波青玉色，趣櫓白鵝聲。滿坐滄浪客，從誰借酒兵。

其　九

齊魯語不辨，城村時一經。秋陽暴衣白，晚棗墮船青。
漸喜無蠅蚋，相看有鶺鴒。地圖還共指，直北建高瓴。

其　十

濟水寒無滓，空多縮項鯿。網罛充下澇，城郭冒高煙。
曉食觀須曠，秋山坐不偏。猶傷髀裏肉，三月柁樓前。

其十一

野風吹側帽，斷岸始登高。闊絶無鴻雁，提攜有桔槔。
清寒蕎麥氣，哀響白楊號。掩淚看孤弟，西山思鬱陶。

和同人舊江月下聞蟬之作

青林不翳月，嘒嘒若為吟。此地夕陽淡，往時江水深。
草蟲初學語，秋柳最傷心。除是題詩侶，停橈一賞音。

過舊縣

洛浦誰能賦，魚山空舊聞。棲遲西魯道，慷慨東阿君。
古石壘殘鐵，寒流生細雲。如何汶泗上，日噪烏鳶群。

鷺

雪翼不輕下，孤飛野艇前。自來幽意浹，相就晚風偏。
緑占空巢雨，波横故渚煙。月涼人倦釣，清淺宿魚天。

蒼翠庵看梅

經年不浪出，孤策自逍遥。野寺彌春旭，清霜濕半橋。
護垣叢竹老，念佛炷香銷。闃户無塵迹，繁紅太寂寥。

過溪

亂石蒼山口，清溪十里遥。居人寒不涉，落葉自成橋。
去去空塵轍，行行急暮飆。曾為五湖長，沙鳥漫相驕。

月夜和卓鹿墟見懷韻

小院長窗徹夜明，炷煙不起覺香清。老遲乳鵲分枝睡，秋逼涼潮上岸平。
庭樹於人俱寂歷，風光隨月自經營。白頭為報能詩侶，飛過江皋一鶴聲。

晚酌同九迪、秋屏、鹿墟、元威、又昭、允文、冶堂、俊三、序皇拈得七虞

江船歸近夜相呼，酒盡何愁滿眼酤。夢裏前塵三度過，冬來漫興一篇無。
短檠不耐爇官燭，好語還思捋客鬚。明日放閑公事少，插花重醉錦氍毹。

讀洪昉思稗畦行卷感贈一首，兼寄趙秋谷贊善

惆悵江關白髮生，斷雲零雁各淒清。稱心歲月荒唐過，垂老文章恐懼成。
禮法誰讓輕阮籍，窮愁天亦厚虞卿。縱横捭闔人間世，祇此能消萬古情。

送陶奉長還長沙

不見海榴紅照眼，翻驚萬里泛歸槎。燕臺燕市全非古，湘草湘雲自有家。
五月江濤新戰水，百年籬落舊栽花。懸知更在羲皇上，寄語梁園客漫嘩。

題　畫

蘆花楓葉誰能咏，落木飛鴻漫乞詩。一段寒江魚網水，空簾看到日斜時。

西軒即事

野蝶曬衣來紙上，老夫瞥眊坐窗中。恍然一笑成陳事，門外寒江正北風。

渡潞河題壁

水流沙闊岸無塵，策馬東來此問津。楊柳青青隔春浦，晚風愁殺渡河人。

《五慶堂譜》諱字表

諱字	文句	諱主	説明
宖	**遼東曹氏宗譜叙言：**	避道光帝旻寧諱	
	封宣宖侯		副本同
	長子泰襲宣宖侯		〃
	廣宖宖遠俱有分住		〃
	刻無宖晷		〃
	明宣宖侯贈太師安國公功臣録：		
	破益都下濟宖		〃
	封宣宖侯食禄九百石		〃
	長子泰襲宣宖侯		〃
	明宣宖侯安國公謚忠壯曹良臣贊		〃
	明宣宖侯安國公忠壯公像贊		〃
	御祭太師安國公忠壯文：		〃
	爾宣宖侯良臣		〃
	敕宣宖侯曹泰：		〃
	爾父宣宖侯曹良臣		〃
	宣宖侯安國公忠壯公列傳：		〃
	洪武三年封宣宖侯		〃
	長子泰襲宣宖侯（副本）		正本作『長子泰襲侯』
	豐潤伯贈侯莊武公列傳：		

	兀良哈犯廣寍 十二年春出廣寍塞 又出廣寍 **江西九江鎮總兵一泉公** 崇陽界連咸甯 時裕泰督師由蒲圻咸甯分道 **始祖良臣** 特進光禄大夫上柱國宣寍侯 **泰**　**洪武六年乙巳襲宣寍侯**		副本同 〃 〃 副本同 〃 〃 〃
洪、弘	**振**　洪治元年四月 **愷**　振子，弘治三年	避乾隆帝弘曆諱	〃
	鴻猷　三子永寍	避道光帝旻寧諱	〃

	永寍 **養才**　配甯氏 **養性**　配甯氏 **性中**　入江南江寍府上元縣 **士珣**　住江南江寍府上元縣 **士璧**　福建建寍府松溪縣典史 **德先**　平河南揚州鎮江江寍 剿常寍縣 恢復寍遠藍山 **永芳**　此支入江南江寍府上元縣 **崐**　此四子……次惟寍 **惟寍** **清保**　福建建寍鎮總兵 **寅**　督理江寍織造		〃〃〃〃〃〃〃〃〃〃〃〃〃副本同〃
顒	寅　生子顒 十三世　顒	避嘉慶帝顒琰諱	〃 副本未避諱
紘	**重修蔚州學廟碑記** **紘誦不輟**	避康熙帝玄燁諱	副本同
紘	紘惟是尋章摘句	避康熙帝玄燁諱	副本同
紘	**曹寅詞（玲瓏四犯）** 四條弦各訴伊懷抱	避康熙帝玄燁諱	副本同

伫	庭户久延伫	避咸豐帝奕詝諱	副本同
宏	坐宏濟石壁下	避乾隆帝弘曆諱	〃
紘	近代四紘誰第一	避康熙帝玄燁諱	〃
			總計避： 寍　三十六字 甯　四字 共四十字，另有兩處寧字未避 紘　四字 弘　一字 宏　一字 伫　一字 洪　一字 顒　二字 全部避諱字共五十字

後序

楊廷福

近百年來，世界各國有無數學者對十九世紀的現實主義大師巴爾扎克的生平和《人間喜劇》進行了探討，至於對震撼世界的戲劇家莎士比亞的研究，那更是難以數計了。可是，我國最偉大的小説家曹雪芹，直到清末纔有人開始認真探索，近半世紀來《紅樓夢》的研究者，從不同的立場、角度，覃思考察，分析、評論，或多或少地取得了一定的成果。國内外千千萬萬《紅樓夢》的讀者，多少年來若大旱之望雲霓，盼望有一部翔實的曹雪芹傳記或年譜問世。然而就連曹雪芹的家世和籍貫，至今還聚訟紛紜，更難説其他人。因此，認真地弄清楚這些問題，應該是我們責無旁貸的任務。

要寫成一部翔實的曹雪芹傳記或年譜，除了應正確地掌握馬克思列寧主義的理論外，還必須搜集豐富而信實的史料，然後纔談得上以生動的文筆如實地傳達出人物的生平活動來。然而，要做到這一點，真是談何容易！科學研究，原無捷徑，探索歷史人物首先是要實事求是，既不能想當然，更不能向壁虚構，要有充足的文獻根據，經得起事實的檢驗。尤其是曹雪芹，在封建社會裏坎坷蹭蹬，顛沛流離，沉淪了一個多世紀，史料杳茫，記載闕如，給科學研究帶來了極大的困難。科學研究是一門老老實實的學問，為了恢復我國最偉大的小説家的本來面目，使其接近歷史真實，如果没有堅毅勇敢的實事求是的精神；没有為學術而『求法』與『獻身』的精神，是很難有所發展、有所發明的。治學猶如在沙漠中跋涉，當『上無飛鳥，下無走獸』，四顧茫然，『夜則妖魑舉火，爛若繁星；晝則驚風擁沙，散如時雨』，『而無一滴霑喉，口腹干焦，幾將殞絶』①的時候，是知難而進，還是畏難退卻？是攻關到底，抑逡巡而返？這就是對一個研究者的考驗。考查文獻不足徵故的曹雪芹生平及其家世，如同大海撈針。即使『針』撈到了，還得搜集旁證，經過一番鑒別、考辨，纔能去僞存真，去蕪存菁，獲得歷史的真實。科學研究者在治學過程中的甘苦與辛酸，是識者所共喻的。

其庸同志在『四害』横行的歲月裏，白天『斯文掃地』，夜裏回來偷偷地抄寫全部庚辰本《紅樓夢》，筆退成堆，積稿盈案，並且潛研《紅樓夢》及其作者。後來獲見《五慶堂重修曹氏宗譜》，對於曹雪芹的家世和籍貫，好比滄海浩波中撈到了『針』，似乎有了綫索，但還得從文獻和實物中進行實事求是的考核；幾年來於翻閲資料外，多次風雪載途，炎暑蒸人到河北省淶水縣山區及遼寧瀋、遼地區訪問五慶堂曹氏祖墓和有關曹雪芹上世的歷史文獻，剔除苔蘚，摩挲碑碣，進行調查研究，終於在沙漠中發現了緑洲，纔寫成《曹雪芹家世新考》（下簡稱《新考》）。《新考》是其庸同志研究《五慶堂重修曹氏宗譜》（下簡稱《五慶堂譜》）的一部專著，通過大量歷史資料的搜集和剖析，證明了曹雪芹上世的籍貫是遼陽（後遷瀋陽）。作者用確鑿的材料，證

① 慧立《大慈恩寺三藏法師傳》卷一。

實了曹雪芹的上世與五慶堂上世是同宗。從而考定了曹雪芹的籍貫確是遼陽而不是河北豐潤。於是幾十年紛爭的問題，得到了確切的結論。下面略舉數例，以見作者功力所在。

《新考》據《五慶堂譜》細核《明實録》、《明史》等資料以印證地方志的記載，僅《壽州志》一書就查閱了今存最早的嘉靖本和順治本，并探究《浭陽曹氏宗譜》考定曹良臣原籍是安徽壽州安豐，與五慶堂的遠祖不是一家，更非五慶堂的始祖；同時以《呆齋存稿》、《儀真縣志》和史料對勘，疏證地理沿革，考出曹義為曹勝之子，把他的上三代下六代也弄清楚了。其邏輯之嚴密，可以令人信而不惑。

考定一個偉大作家的家世，『是亦論世知人之學也』①。《新考》的功績就在於，從實物《壙記》復核《奉天通志》、《遼陽縣志》與有關史料，考出曹雪芹的真正祖上和入遼的始祖是曹俊，并證明他與曹良臣、曹義是風馬牛不相及的。尤其《新考》於『三房諸人』，翻閱了幾十種史籍、宗譜、方志、詩文集，凡查考出二十一人，為瞭解曹雪芹的上世提供了具體的材料。把康熙、嘉慶、道光的《瀋陽甘氏宗譜》和《遼東曹氏宗譜》細校，查清楚了曹權中和甘體垣、甘文焜的姻親關係，及其輩次，甘國基（文焜子）就是曹寅的表兄，從而證明了三房『禮』和四房『智』（即曹雪芹上世）確是同宗，也就證實了曹俊確是曹雪芹的始祖，其籍貫確為遼東。誠如作者所云：『創作了《紅樓夢》這部偉大作品的曹雪芹，在他自身歷史尚且無從查考清楚的情況下，我們居然還保存着他的上世譜牒，基本上能瞭解他上世的歷史情況，這不能不說是一件幸事。』『四房』（智房）十一人，就是曹雪芹的一家六代。當代《紅樓夢》的研究者均有所考論，已毋庸置疑。

① 見章學誠《韓柳年譜書後》。

但作者將近年來陸續所發現的新資料一一考釋，對於曹雪芹的上世活動事迹，更為瞭然。在浩繁的文獻中，罕見的方志中，作者細心抉擇，一一和碑碣考校，就更進一步證明了『三房』（禮房）和『四房』（智房）確是同一父親的兄弟。這一可喜的收獲，確實來之不易。

此外，如《新考》根據《曹氏宗譜》，勾稽《清實録》中的天聰、天命史實，校核《新建彌陀寺碑記》、《大金喇嘛法師寶記碑》、《重建玉皇廟碑記》等實物，查明『三房』為孔有德部下，『四房』屬佟養性管轄，而曹振彦諸人的歸附後金則早於『三房』；如在『人物考五』中，用《五慶堂譜》對勘《八旗滿洲氏族通譜》、《浭陽曹氏宗譜》，參證史料，剖析其第十世曹邦與五慶堂的祖上，他們只是同姓而不是同宗。凡此等等，都是物證俱全的鐵案，也可説是不刊之論。《新考》皮相地看來引文長篇累牘，似乎是一部資料書，其實則大不然。『在歷史科學中，專靠一些公式是辦不了什麽事的』①，『科學的態度是「實事求是」』②，必須從事實出發，充分地佔有材料，這是稍具馬列主義觀點的人都知道的。可是在『四害』肆虐時，這一馬克思主義的科學態度早就被踐踏了，流毒所及形成極其惡劣的學風和文風，那些大講『儒法鬥争』的所謂『學術論著』，實際上是遊談無根，不學無術，引文則尋章摘句，截頭去尾，隨心所欲，以逞臆説。馴至人們不悦學，不讀書，甚至只要所謂觀點，無視資料與事實，還自以為是。『志士多苦心』，《新考》有鑒於此，所以引文原原本本，以明真相，而能清楚説明問題，更何况所録的大都是罕見的資料，為讀者和研究者提供了許多方便呢！至於糾

① 馬克思《哲學的貧困》，《馬克思恩格斯選集》第一卷，第一三〇頁。
② 《新民主主義論》，《毛澤東選集》第二卷，第六二三頁。

正某些論著將兩個『桑額』誤以為是一人的疏忽，考辨把『西堂』當作是曹頫的錯誤等等，就不一一列舉了。《新考》是從《五慶堂譜》和其他《宗譜》、《家譜》、《族譜》中細心爬梳，廣稽文獻纔考定曹雪芹家世、籍貫的，因此不能不涉及『譜牒之學』。譜牒學原本是中外歷史科學中的專門學科，而至今在中國幾乎成了絶學！現即借此略作叙述。

譜牒之學，由來已久。《史記》卷十三《三代世表·序》：『序其歷譜牒。』司馬遷據《帝系》而為《世表》。①《周禮·春官》：『小史奠系世，序昭穆。』鄭玄注：『系世謂帝系世本之屬，小史主次序先王之世，昭穆之系，述其德行。』賈公彦疏：『天子謂之帝系，諸侯卿大夫謂之世本。』所以梁朝的劉杳認為譜牒始於周代，②大體還是可信的。《國語·魯語上》有『夫宗廟之有昭穆也，以次世之長幼，而等胄之親疏也。故工史書世，宗祝書昭穆，恐其逾也』。三閭大夫屈原是大家比較熟悉的偉大詩人，而他就是掌管王族屈、景、昭三姓，叙其譜屬的長官。③周代的譜牒，已不得其詳，今天我們只能看到《大戴禮記》中的《帝系篇》和後人所輯的《世本》以及見於著録的《春秋公子血脉譜》而已。④恩格斯説：『氏族是以血緣為基礎的人類社會的自

---

① 《史記》卷十三《三代史表·索隱》：『按《大戴禮》有《五帝德》及《帝系》篇，蓋太史公取此二篇之牒及《尚書》，集而紀黃帝以來為系表也。』

② 《南史》卷四九《劉杳傳》：『王僧孺被命修譜，訪杳血脉所因。杳曰：「桓譚《新論》云，太史公《三代世表》，旁行斜上，以此推之，當起周代。」』

③ 王逸《離騷注》：『三閭之職，掌王族三姓，曰昭、屈、景。屈原叙其譜屬，以厲國士。』

④ 王應麟《玉海》卷五十：『《春秋公子血脉譜》，其傳本曰荀卿撰。秦譜下及項滅子嬰之際，非荀卿作明矣。然枝分派別，如指諸掌，非殫見洽聞不能為，其間不無訛謬。』

然形成的原始形式。』①周代利用從氏族制度演變而來的血緣紐帶關係和祖先崇拜觀念建立宗法制度。而這種組織是『同姓從宗合族屬』的結合，因此必須有譜牒來説明他們的所自和血胤的支派。《白虎通義・宗族》云：『族者，湊也，聚也。謂恩愛相依湊也。生相親愛，死相哀痛，有合聚之道，故謂之族。』族和宗是有區别的，族凡血統有關的人統稱為族，宗則於族中奉一人以為主，主者死了，就奉其嫡子為繼世的主。《詩經・公劉》：『君之宗之。』《毛傳》：『為之君者，為之大宗也。』《詩經・板》：『大宗維翰。』《傳》：『王者天下之大宗。』這説明在奴隸社會中自天子之於諸侯，諸侯之於大夫，是大宗之於小宗。族與宗必須有一記載，纔不致紊亂，此所以有《帝系》和《世本》，後世的『宗譜』、『族譜』由此而起。

族權源於宗法，封建制取代奴隸制，宗法組織隨之瓦解。封建郡縣制時代，官無世禄，各代雖有爵位、封邑，其繼承者限於一人，自無大小宗之别，故宗法成了歷史遺迹。但新社會脱胎於舊社會，必然存在舊的陳迹，譜牒并未隨之消失，宗法的變相在魏晉南北朝演變成為左右社會政治文化的世家士族。例如《宋書》卷八十八《薛都傳》載世為豪宗强族，同姓凡千餘家。宋孝王《關東風俗傳》謂瀛冀諸劉，清河張宋，并州王氏，濮陽侯族，一宗將近萬室，都是明證。在封建大土地所有制基礎上起而代之的是大家族。家長類似小宗，成為一家或一支派之主；族長好像大宗宗子，為全族之主（但族長、家長之分并不嚴格，有時族長也稱家長）。要聯繫這個大家族，須得有譜牒，故程頤謂：『使人不忘本，須是明譜系。』張載認為『宗法不立，則人不知統系來處。古人亦鮮有不知來處者。後世尚譜牒，猶有遺風』，正説明了這個道理。實際上，在階級社會裏，宗

---

① 恩格斯：在馬克思《資本論（第一卷）》第三版加的注（一八八三年十一月）。《馬克思恩格斯全集》第二十八卷，第三〇〇頁。

族內部總是劃分為階級的。宗族內部的不斷分化，族權也標誌着宗教中的階級分化，是統治與被統治的關係。

在封建的自然經濟中，家庭是隨着私有制的產生而產生的，一開始就不僅以血緣關係為其自然基礎，並且以私有財產作為其經濟基礎。其『安土重遷』，以族居的形式出現，所以有強烈的家族觀念與地域觀念，此所以凡『宗譜』、『族譜』必冠以地望。北齊顏之推《顏氏家訓·治家篇》記載『至能守其業者，閉門而為生之具以足』的生產、生活情況，正説明自然經濟的農民家庭是一個小單位。但是在封建大土地所有制的剥削形態下，把一個個小單位都組合起來，所謂『以親九族』，目的就是使勞動人民服從父權家長制和宗族的絕對統治，借以鞏固地主階級的專政。因此在父權家長制下，親屬關係，只從父親方面來計算。《爾雅·釋親》：『於父曰宗族。』凡是同一始祖的男系後裔，都屬於同一宗族集團，所謂『九族』，包括自高祖至玄孫九個世代。①

---

① 關於九族的解釋，漢代學者有二説，而各説又有所不同：一、今文家夏侯、歐陽以為包括異姓有『服』的親屬，謂父族四、母族三、妻族二。據孔穎達《書法注疏》父族四，指五族之內為一族，父女昆弟適人者與其子為一族；母族三，指母之父姓為一族，母之母姓為一族，母女昆弟適人與其子為一族；妻族二，指妻之父姓為一族，妻之母姓為一族。此外如《白虎通義》則以父之姓為一族，不限五服之內，母性指母之父母一族，母之昆家一族，這與孔穎達疏又有些不同；晉杜預《左傳·桓公六年注》以九族為外祖父、外祖母、從母子、妻父、妻母、姑之子、姊妹之子、女子之子，非己之族。以為九族皆外親有服而異族者。二、孔安國、馬融、鄭玄之説，都指九族限於父宗，上自高祖，以至玄孫。此後陸德明、賈公彦以迄顧炎武均從之。《日知録》詳載其説。自從唐代以後，一般都以《喪服小記》以三為五，以五為九之説為根據，已成定論。《元典章》、《明律》、《清律》定本宗九族五服圖，九族專指父宗，已為定制。九族以所謂『服制』言，《禮記·喪服小記》：『親親以三為五，以五為九。上殺、下殺，帝殺而親畢矣。』《禮記·大傳》：『四世而緦麻，服之窮也，五世而袒免，殺同姓也，六世而新屬竭矣。』故服制範圍以它的輕重作為親疏遠近的標準。詳《元典章》卷三十《五服圖》，《明全典》卷一〇二《本宗九族五服圖》，《清律例》卷二《喪服圖》、《本宗九族五服圖》，但歷來親屬集團以四世為限，緦麻為斷。

為了瞭解封建社會中國宗族的特殊形態，這個歷史陳迹還是要提一下的。《儀禮・喪服傳》：『大宗收族者也。』《禮記・大傳》：『有百世不遷之宗，有五世則遷之宗。百世不遷者，别子之後也。宗其繼别子之所自出者，百世不遷者也。宗其繼高祖者，五世則遷也。』是故，大宗是百世不遷的，也是百世不易其宗的，凡始祖的後裔都包括在這一宗體之内，都以大宗子為宗主。《白虎通德論》説：『宗，尊也，為先祖主也，宗人之所尊也。』所云宗者主也，宗的本身就是一種統治，宗子權即統治之權。『宗譜』、『族譜』宣揚『尊宗愛親』的血緣關係，把人們聯合成一個共同體，就以『温情脉脉的面紗』『把人們束縛於天然首長的形形色色的封建羈絆』①下了。

漢代的譜牒之學已莫能詳考，僅知漢承秦制設宗正以管理皇室的親屬，明帝室諸王的譜系，②《漢書・藝文志》著録《帝王諸侯世譜》二十卷。唐宋的宗正寺，金代的大睦親府，元代的宗正院和明清的宗人府均昉自此。私家的譜録，今可知的只有《揚雄家譜》③、《鄧氏官譜》和《萬姓譜》④而已。

封建統治集團為了選拔它所需要的人才，從西漢的『徵辟』，發展到東漢形成了察舉制度。它注重社會上

---

① 《共産黨宣言》第二十六頁，人民出版社一九七二年版。

② 《漢書・百官公卿表》：『宗正，秦官，掌親屬，有丞。』劉昭《補漢書百官志》：『宗正卿一人，中二千石，本注曰：「掌序録王國嫡庶之次，及諸宗室遠近，郡國歲因計上宗室名籍。」』胡廣曰：『又歲一治諸王世譜，差序秩第。』

③ 見《七略》所徵引，並見《藝文類聚》卷四十，《太平御覽》卷五五八。

④ 《鄧氏官譜》見《隋書・經籍志》及清姚振宗《後漢書・藝文志》卷二；《萬姓譜》見鄭樵《通志・氏族略序》。

的『清議』，必須有頭面人物的『月旦評論』，就漸漸講究門第和家世了。門第和聲望，形成了封建特權的官僚集團，這和大土地所有制的莊園剥削形態是分不開的。曹魏代替劉漢政權，曹操的智囊之一法學家陳群，為了鞏固曹魏的統治，壓抑傾向劉漢的集團以收攬人才，籠絡人心，制定九品官人法（九品中正制）。它在州郡設中正評定士人的品德，在中央設吏部尚書執選用人才的權柄。這種人才由地方評議推舉，經中央詮叙任用的辦法，當初的立法用意不能説不對，但在階級社會裏，有幾個能真正做到『内舉不避親，外舉不避仇』呢？事物總是一分為二的，九品官人法到兩晉南北朝卻形成了士族門閥制度，則非立法者始料所及了。在登庸入仕的道路上，大多數中正官只依據士人的籍貫及其祖、父、官品的門第高低，吏部也把門第的高低作為用否的標準，稱之為『門選』。它流弊所及，不僅成為辨天下氏族，品評門第之法，①而且『文之弊，至於尚官；官之弊，至於尚姓；姓之弊，至於尚奸』②。我們不是經常看到『上品無寒門，下品無士族』的陳言嗎？

①《舊唐書》卷一九九《柳沖傳》：『魏氏立九品，置中正，尊世胄，卑寒士，權歸右姓。州郡中正，皆以著姓為之，以定門閥。於是有司選舉，必稽譜牒，以考其真偽。』《魏書》卷八《世宗紀》載正始二年『乙丑詔曰：「任賢明治，自昔通規，宣風贊務，實惟多士。而中正所銓，但存門第，吏部彝倫，仍不才舉。遂使英德罕陞，司務多滯。不精厥選，將何考陟？八座可審議往代貢士之方，擢賢之體，必令才學并申，資望兼政。」』《魏書》卷六六《崔亮傳》亦云：『立中正不考人才行業，空辨姓氏高下。』

②《舊唐書》卷一九九《柳沖傳》。

『有司選舉，必稽譜牒』①，負責選官的固然必須瞭然譜牒②，就是被選人，也要明白譜牒。而九品取得官人的特權，其後又取得蔭親屬的特權，在階級社會裏，地主階級中真正淡泊的那是鳳毛麟角，因此，大小地主無不熱衷，輒以門第相夸耀，幾乎家家有譜系，而家譜就紛紛出籠了。清代大學者王鳴盛説：『北史凡一家之人，必寓於一篇，而昆弟子孫後裔，咸串連之，令國史變為家譜。』③趙翼也有同樣的看法。④由於譜牒之學已成為當時社會的實用學問，而一時蔚為風氣，群相鑽研，⑤著作極夥，今雖蕩然無存，但見於各書所徵引和

---

①　同注①②，《南史》卷二四《王晏傳》：『永明中，武帝欲以明帝代晏領選，晏啓曰：「鸞清千有餘，然不諳百氏，恐不可居此職。」乃止。』

②　《南史》卷五九《王僧孺傳》載王弘詳熟衆譜『弘日對千客，不犯一人之諱』。《陳書》卷二一《孔奂傳》載當時『封賞選詮，紛紜重叠，奂應接引進，門無停賓。加以鑒識人物，詳練百氏，凡所甄拔，衣冠縉紳，莫不悦服』。《陳書》卷二七《姚察傳》『察既博極墳素，尤善人物，至於姓氏所起，枝葉所分，官職姻娶，興衰高下，舉而論之，無所遺失。且澄鑒之職，時人久以梓匠相許，及遷選部，雅允朝望』。

③　見《十七史商榷》卷六八。

④　趙翼《廿二史札記》卷一：『一人立傳，而其子孫兄弟宗族，不論有官無官，有事無事，一切闌入，竟似代人撰作家譜，自魏收始。』

⑤　《南史》卷二七《賈希鏡傳》：『祖弼之廣集百氏譜記，專心習業，晉太元中，朝廷給令史書，撰定繕寫，藏之秘閣，及左户曹。希鏡三世傳學，凡十六州氏族譜，皆其所參校繕定。』《南史》卷五九《王僧孺傳》：『賈弼篤好譜狀，文集群家，大搜衆族，所述一十八家，一百一十六部，凡諸大族，略無遺缺，藏之秘閣，副在左户，子孫世傳其業。』《魏書》卷三九《李神儁傳》：『博學多聞，朝廷舊章及人倫氏族，多所諳記。』《梁書》卷二五《徐勉傳》：『該綜百氏，皆為避諱。』《梁書》卷二六《徐昭傳》：『博極古今，尤善人物，魏晉以來，官宦簿伐，姻通内外，舉而論之，無所遺失。』

《隋書·經籍志》、《新唐書·藝文志》、《舊唐書·經籍志》所著録的，有一百幾十種。鄭樵的《通志·氏族略氏族序》對這一時期譜牒之學的興盛，曾作了總結：

『自隋唐而上，官有簿狀，家有譜系。官之選舉，必由於簿狀，家之婚姻，必由於譜系。歷代并有圖譜局置令郎令史以掌之，仍用博古通今之儒，知撰譜事。凡百官族姓之有家狀者，則上之官，為考定詳實，藏於秘閣，副在左户；若私書有濫，則糾之以官籍，官籍不及，則稽之以私書。此近古之制，以繩天下，使貴有常尊，賤有等威者也。所以人尚譜系之學，家藏譜系之書。』

社會風氣積重難返，隋代雖然廢除了九品官人法，直到唐宋仍然以氏族、郡望相誇耀。李澄是遼東襄平人，『始封隴西公，後乃進王爵，每上章，必疊署兩封，時人笑其野。』① 李義府貴顯了，『乃言系出趙郡，與諸李叙昭穆』，重新修撰《姓氏録》，甚至收集過去的氏族志付之一炬，以掩盡天下人耳目。② 同樣，朝廷也沿以往遺風，詔修《大唐氏族志》③，私人撰修的據《新唐書·藝文志》所著録計有《皇室譜》十種、《總譜》二十種、《家譜》三十一種。也涌現出像劉知幾、柳沖、韋述、蕭穎士等對於譜牒之學深有研究的學者。

唐末五代，藩鎮割據，戰亂頻仍，歷代尚存的譜牒都化為灰燼，蕩作寒煙了。文獻不足徵故，這對歷史學

① 《舊唐書》卷一四一《李澄傳》。
② 《新唐書》卷二二三《李義府傳》。
③ 《新唐書》卷九五《高儉傳》，卷一九九《柳沖傳》。

家來説，是莫大的損失，宋代學者歐陽修、蘇洵等感慨萬分，極注重譜牒之學，撰《歐陽氏譜圖》①、《蘇氏族譜》②。新舊《唐書》互有優劣，而《新唐書》的《宗室世系表》和《宰相世系表》正是歐陽修的功力所在，也是勝於《舊唐書》之處。歐、蘇二譜，流傳至今，後世的宗譜大都奉其體例而有所損益，原書具在，不引録。

遼、金、元三代的譜牒，均已失傳。盧文弨《補遼金元藝文志》，繆荃孫《補遼史藝文志》對於遼代的譜牒，一無著録。金門詔《補三史藝文志》和錢大昕的《元史藝文志》著録金代的姓氏譜録只有三種，元代的家譜、總譜、皇室譜著録的也不到三十種。《明史·藝文志》列有譜牒一門，所著録的只有三十八部，五百四卷，而明代的宗譜、族譜、家譜還有些保存至今。《清史稿·藝文志》『史部』十六類，雖不列譜牒，但譜書卻存在不少。清代的史學家，大都對譜牒之學作了研究，像萬斯同、紀昀、章學誠等在這方面更有成就。

前面談到小生産自然經濟是家族的基礎，隨着封建經濟的發展，租佃制的確立，各地方聚族而居的大小地主為了把同姓的佃農束縛在固定的土地上，加強主奴的依附關係，借口『敬宗睦族』，無不大修譜牒，沿用歷來通行的如族譜、宗譜、家譜、支譜、家乘等名稱，不一而足。『中國的國家以家族為基礎』③，毛主席深刻地

① 《歐陽文忠外集》卷二一。
② 《嘉祐集》卷十三。
③ 《魯迅全集》第五卷《禮》。

指出：『封建的家族組織十分普遍』①。所謂家族，指家與族，家長與族長都是一個單位的首腦，這還得從父權家長制談起。父，《説文》云：『矩也，家長率教者，從又舉杖。』它本義就含有統治和權力。中國封建社會的家族是父權家長制的，一切權力都集中於父、祖，支配着家族中所有人口的經濟、政治、法律、文化等權益。族是家的綜合，家只是一個經濟單位，族則是共同生活團體。家雖由家長父權負統治之責，而一族中家與家之際，必有一個最高的主權者，使家與家之際受其統治，故族長權是父權的延伸。它以宗法血緣為紐帶，為了家族的綿延與凝結，所謂『慎終追遠』，即以崇拜祖先為核心，族長權因家族祭司（主祭人）的身份而神聖化。歷代封建法律承認并予支持，它的權力就盤根錯節不可摇撼了，這正是封建統治者加强其國家機器反動職能的需要。正説明『宗法封建性的土豪劣紳，不法地主階級，是幾千年專制政治的基礎』②。也正因為封建的土地所有制用以束縛、奴役農民，就需要『恤農以系其家』，『聚其骨肉以系其身心』，必然需要與之相適應的譜牒和族規，以維護族權和父權。同時地主階級憑借它的政治、經濟特權，為維持其所屬之族的綿延和擴張，也必須修譜牒以明系統，宋代以後，尤其在明清時期，族譜雨後春笋般地涌現，並規定三十年一修（舊社會叫做『進譜』）的原因，即在此。

上面把中國譜牒之學的沿革及其實質作了簡略的回顧，《五慶堂譜》是清代修的，就有必要把明清的族譜、

---

① 《毛澤東選集·井岡山的鬥爭》。

② 《毛澤東選集》第一卷《湖南農民運動考察報告》。

家譜的編纂體例、書法、内容作些説明，以見二者的關係。從現存的明清宗譜、家譜看來，在卷首都載有編纂的體例和書法。例如《須江藍田王氏宗譜》光緒十七年瞿鴻序，説明其體例云：『譜學本於史漢，而成於蘇、歐。溯遠祖猶本紀也，分房派猶世家也，系圖蟬聯，則有似於八表，輩行雁序，則有仿於列傳，其他閭里墳塋，則輿地之遺意，傳贊詩詞，則藝文志之成規，以家擬國，以族擬天下，横竪錯綜，既繁且遠，其為事不亦重大也哉。』

他將宗譜看作宗族的歷史，故仿效史書的體例。

明代以前的譜牒之書，蕩然無存，就現知的明代《率東程氏重修家譜·凡例》看來，它明白地規定：『譜史例也，史則善惡具載，譜則載善不載惡，為親諱也。』而《洪氏家乘·譜例》也明示：『譜記一家之事，善者書而惡者削，雖所以嚴删次之法，實亦為親者諱也。』譜書既然為親者諱，就只記載『好』的，而删削『壞』的，幾乎成了通例。另外，修譜就是為了明血統，序昭穆，對於『防亂宗也』一事，極為重視。紀昀的《景城紀氏家譜序例》開宗明義就説：『譜題景城，示别也，有同縣而非族者也。』法坤宏的《宗譜例言》提出『干犯名義者不書，逃入二氏（僧、道）者不書，螟蛉抱養者不書，不詳所出者不書，防亂宗也』，這個原則也成了通例。這裏例舉光緒年間何乘勢的《方何宗譜》的凡例、書法以見一斑。它在《宗譜》中揭示削其名不書的九種人和不韙者六條：九種人指男子為樂藝、僧、道、義男、奸盜、過惡、并犯祖塋、盜賣墳地、嫁娶不計良賤；不韙者六條是一曰棄祖、二曰叛黨、三曰犯刑、四曰敗倫、五曰背義、六曰雜賤。

《五慶堂譜》『四房』下未載曹雪芹，從上面所舉『削其名不書』的凡例中，再據《新考》所記曹儀策的話，可以得到參證。《紅樓夢》在清代是禁書，為封建禮法所不容，按譜法曹雪芹是屬於所謂「過惡」的人，是列於「背義」、「雜賤」的不韙者，《五慶堂譜》當然要「削其名」了①。

宗譜、家譜還有一個特別的通例，即嚴禁公開，是「內部發行」的。譜書修好後每部編好號碼，只頒給族人，不能借與外人，更不許私售，否則便是大逆不道的行為。明代成化年間汪讓的《休寧城北汪氏族譜・凡例》規定：「立宗子為號，次第分給，俾其謹藏，毋容私鬻別系。有此許族衆經公懲治責贖，苟能改過，使衆周知，仍將原帙付給。」《尤氏蘇常鎮宗譜》引乾隆癸卯舊譜跋云：「編號發給，注名領取，以絕冒濫私售之弊。」宣統年間刊印的《吳趨汪氏支譜》附刊有《領譜總號》，編成「久長綿世澤，孝弟振家風」十個字號，凡支下承領的「將其世系及名注於某字、某號之下，以備考核」。《桐城陳氏支譜・家規》明定：「甚或鬻譜賣宗，又或謄寫原本，瞞公射利，鑽改塗抹，借端生釁，此種不肖，深可痛恨，重加懲罰，并出黜之，追其譜牒，不許入祠。」

《五慶堂譜》業經《新考》考定，論證俱全，絕非偽作。以上引證譜牒凡例不許外傳、私售，更可說明《五慶堂譜》決非贋品。從中國譜牒學的史實看來，唐代以前為了出仕和地位，多以氏族郡望相矜，所以譜牒學盛，有假造譜牒，聯於甲族的事，唐以後譜牒完全失去作用，漸形泯廢，不為人所注重。這在鄭樵的《氏族

① 在《五慶堂譜》的四房下，除曹雪芹未載外，還有曹家的其他人如桑額、曹順等也未見記載，故上述分析，只能作參證，不能即以為確證。

略・氏族序》中已作了説明，所以乾隆收天下之書編《四庫全書》獨不收家譜，《清史稿・藝文志》也不為譜牒列目。凡作偽造假，都有目的和作用，非圖名即牟利，譜牒禁止私售，曹氏又不是顯赫的大族，即以常識與常情來判斷，哪有這樣的呆漢痴子去偽造一部宗譜呢？

宗譜、家譜的内容一般先叙族姓的源流，世系譜表，次明郡望及分派和移住始末①；然後是所謂恩榮表，舉凡制誥、進士、舉人、武進士、武舉、貢生、仕宦、徵辟、封蔭、文學、武學、國學、恩例、冠帶、頂帶、旌節、耆壽，無不備載。《祠宇志》記載祠堂，並及祠規、祠記、祠産、義莊、義田以至家禮。『家墓志』以明祖先塋墓之所在及其四至，有些譜牒還附有圖記。以下則是家傳，並收録其墓志銘、行狀、壽序，或年譜、像贊等。最後有著述一門，載族中祖先的著述、詩文等。

修譜之一就是為了明血統，序昭穆，所以最忌『竄入别派，紊亂吾宗』，認為是『獲罪前人』、『獲戾於先世』的，除因歷世邈遠，考核失真以致錯誤外，是涇渭分明的。紀昀的《景城家譜序例》首先聲明：『譜題景城，示别也，有同縣而非族者也。崔莊著矣，曰景城不忘本也。漢將軍，晉司徒，族系既别，少瑜吴姓，史亦明書，流合源殊，邈無顯證。』像曹寅著述等身，一時名流，皆與交遊，曹鼎望之子曹鈖（沖谷）和曹寅的交往尤為深切，但曹鼎望在康熙九年重修《浭陽曹氏族譜》時卻隻字不提曹寅一家，這只能説明正因為曹寅既

---

①《桐城陳氏支譜・家規》：『家譜之修，祖先詳書，世系歷載，凡有考核，開卷了了。』《嘉祐集》卷十三《蘇氏族譜》：『蘇氏族譜，譜蘇氏之族也。蘇氏出於高陽而蔓延於天下，唐神龍初長史蘇味道刺眉州，卒於官，一子留於眉，眉之有蘇氏，自此始。』明清的譜牒，叙郡望和分派及移住始末，多以蘇洵的體例為本。

不是豐潤人，又『非我族類』，所以隻字不提。特别是到了康熙三十一年由曹鼎望修撰、曹沖谷訂正重修《豐潤縣志》時，仍不提曹寅一字，由此足證曹雪芹的籍貫確實不是豐潤，而是遼陽。

正因為屢次修譜，後譜多收録前譜的舊序跋，以宗譜統支譜，追溯較遠，説明其分派和移居始末，後世的纂修者考核不清楚，此所以《五慶堂譜》誤羼入不是同宗的元末明初的曹良臣，這可能是一個原因。

修譜必明郡望，譜前大都著明里籍，但在封建社會裏為了炫耀自己的祖先，多虚經勳閥，自擡聲價，譜牒作為史料的缺點正在此。錢大昕《十駕齋養新録》卷一二《郡望》條云：

『魏晉以門第取士，單寒之家，屏充弗齒，士大夫始以郡望自矜。唐宋重進士科，士皆懷牒就試，無復流品之分。士既貴顯，又多寄居他鄉，不知有郡望者，蓋已五六百年。惟民間嫁娶名帖，偶一用之，言王必曰琅玡，言李必曰隴西，言張必曰清河，言劉必曰彭城，言周必曰汝南，言顧必曰武陵，言朱必曰沛國。至於始祖何時，遷徙何時，則概置之不問，此習俗之至為可笑者也。』

攀附陋習，不僅流播民間，《漢書·蕭望之傳》顔師古注有一則記載：

『近世譜牒，妄相依附，乃云望之蕭何之後，追次昭穆，流俗學者，共祖述焉。夫酇侯，漢室功臣，名商位重。望之巨儒碩學，博覽古今，若其相承，何以後之史傳不詳。《漢書》既不序論，後人焉所取信？不然之事，斯可識矣。』

一個時期的社會積習，要消除它的影響不很容易，明太祖朱元璋是雄才有為的一代開國之主，卻也未能免俗，幾乎鬧了笑話。

吕毖《明朝小史》卷一載：『帝（朱元璋）始與諸臣議修玉牒，欲祖朱文公。一日，見徽州有姓朱者，為黄史，問其果為文公後乎？其人對曰「非也」。帝心頓悟，謂一典史，尚不肯祖朱子，而我國家，又可祖乎？乃卻衆議。』

引録這幾條資料，無非説明一個問題，為什麽明清曹姓的宗譜、家譜多以曹參、曹彬、曹良臣為先祖？杜甫是有識見的偉大詩人，同時佩仰曹操老氣横秋的詩篇，所以在《丹青引》贈曹將軍霸，恭維他『將軍魏武之子孫』，也有些根據。明清時期姓曹的頗諱言為曹操之後（封建社會流俗對曹操的評價，與近現代是截然不同的），同時又多根據歐陽修『姓氏之出，其來也遠，故其上也，多亡不見』的譜例，説是曹參之後，又怕扯得太遠，所以《五慶堂譜》會附會一位明代的開國功臣，皇帝賜『鐵券』的曹良臣作為始祖吧。總之，《五慶堂譜》的始祖不是曹良臣，這一點已是無可懷疑的事實，那末，現在此譜以曹良臣為始祖，如果不是誤會，便是出於攀附，除此之外似乎不大可能再有别的原因了。

譜牒，已是歷史陳迹了，但譜牒之學是歷史科學中的一項專門學問，用以佐證歷史，並且可供研究社會學、民俗學、人文地理、遺傳學等的參考，還可以補地方志的不足，它是有一定作用的。我們翻閲習見的書籍，如裴松之注《三國志》就引用了家譜，裴駰的《史記・索隱》和顔師古的《漢書注》就引用家譜來證史事，此外像李善的《文選注》，酈道元的注《水經》，劉孝標的注《世説新語》等，都是引證家譜而獲得實證，有的還糾正了原書的錯誤。

其庸同志治學謹嚴，據《五慶堂重修遼東曹氏宗譜》，參證大量文獻與實物，考定曹雪芹的籍貫，為我們堅持馬克思主義的科學態度，實事求是的研究方法提供一個樣式。但考定曹雪芹的籍貫，僅僅是研究《紅樓夢》及其作者的新的長征起點而已，為提高整個中華民族的科學文化水平，任重道遠，還有無數艱巨的工作在後頭哩！

一九七八年九月二十二日序於京華旅次

後記

本書的寫作開始於一九七五年秋末，當時剛讀到曹儀策先生借給我的《五慶堂重修遼東曹氏宗譜》的抄本。從那時起，我就決定進行考證這部《曹氏宗譜》的工作。在準備的階段，我重讀了已故的朱南銑先生考證此譜的文章，給我很多啓示，同時又覺得尚待深入。經過反復考慮，我認為要辨明此譜的真僞，首先必須抓住譜上這些人物，如果能查證出譜上這些人物的史料，以之來與譜文所叙的内容對照，這樣這部《曹氏宗譜》的真僞，它的史料價值也就可以得到確定的答復。因此，我對此譜的研究，就從考證這些人物的歷史開始，經過了整整三年（前後是四年），到現在纔算把這件工作初步結束。現在我呈送給讀者的，就是這三年來我對此譜所作的調查研究的結果。這個結果是否正確，結論是否符合客觀實際，不在於調查者自己對此具有多大的自信，而在於今後廣大讀者對這項結果的嚴格審查和檢驗，在於今後繼續發現的有關這方面的可靠的史料是否能與這個結論符合，如果以後繼續發現的可靠史料與我的調查結果是矛盾的，不一致的，那末，這個結論是否正確就要重新加以考查。總之，只有千百萬人民的實踐，纔是檢驗真理的唯一標準，除此以外，没有第二個標準。

康熙二十三年于成龍纂修的《江寧府志》未刊稿本《曹璽傳》説：曹璽是『宋樞密武惠王彬後。』康熙六十年唐開陶纂修的《上元縣志》裏的《曹璽傳》也説：『其先出自宋樞密武惠王裔也』。這兩篇新發現的《曹璽傳》都説曹家是北宋開國大將曹彬的後代。周汝昌的『豐潤説』就是從曹彬開始，一直沿流尋派，從河北靈壽起，追尋到江西武陽渡，再追尋到河北豐潤，再追尋到遼東鐵嶺的，河北豐潤就已經斷了綫，没有能與曹錫遠、曹振彦接上。我的調查，是從《五慶堂譜》上的這些人物開始的，也可以説是從流往上溯源的，這樣溯源的結果，往上一直追查到曹良臣、曹俊，往下一直追查到曹錫遠、曹振彦，結果新發現的幾種可靠的史料都證實他們最早是在遼陽，他們與五慶堂確是同宗，他們的共同始祖應是曹俊。目前曹俊其人的原籍還未查明，但經查考，他與在永樂初年由江西武陽渡遷到鐵嶺去的曹端廣，無論在時代上或在經歷上都接不上，所以還無法把這兩者聯繫起來。因而我認為曹雪芹的上祖不是曹端廣。至於説曹雪芹一系的最早的遠祖是否是北宋初年的曹彬，這就需要進一步的研究了。由於種種原因，我對這個問題還没有下功夫去考證，因為我認為對研究曹雪芹具有實際意義的，還是明清之際入關以前的一段，上溯到明初，已是對研究曹雪芹和他的《紅樓夢》没有多大關係了。當然作為一門專門的學問，能弄清這些問題仍然是有意義的，對於這種研究，我們完全可以不必抱狹隘的態度。

近十多年來，特别是『四人幫』横行的時期，在社會科學領域内，流行着一種學風，就是只要觀點，不要材料。只要觀點能符合一定的政治需要，即使完全没有材料作根據也可以，或者歪曲引用一些材料也可以，或者斷章取義，截頭去尾，割取中間幾句也可以。什麼歷史唯物主義與辯證唯物主義，什麼實事求是，什麼材料與觀點的統一等等，根本談不上。這種風氣影響很壞，使得青年人以為做學問只要憑空瞎説一氣就可以了，甚而至於有些不算青年人的研究者，也傳染上了這種風氣，對於做艱苦的資料工作不大看得起，更甚而在寫文章的時候，只引符合自己觀點的材料，對自己觀點不利的材料只當看不見，以此來提出他們的論點，構成他們的理論體系，并以此來批評别人。我認為上述這種學風，也可以算作是『四人幫』的流毒之一種。這種學風所表現的哲學思想，就是主觀唯心主義和形而上學。在掃除『四人幫』的餘毒的時候，應該把這種主觀主義、形而上學的惡劣學風，予以徹底掃除。

我在考證這部《曹氏宗譜》的時候，接觸和研究了資料，其中有相當一部分資料是新發現的。為了糾正上述這種唯心主義、形而上學的學風，我寫作這部書的時候，大量地比較完整地引用了不少材料，然後再提出我自己的觀點。我的觀點或結論，都是從這些引用的材料中研究出來的，而不是先有一個什麼觀點，然後再去找材料、湊材料的。

我在引録材料的時候，儘量注意它的完整性，除了實在太長的材料不得不摘引外，一般我都喜歡引全。引全有幾個好處，一可以免去讀者翻檢之勞，因為有些資料並不是隨便什麼圖書館就可以找到的；二可以讓讀者據這些材料來復按我的觀點和結論，看這些結論的根據是否過硬，是否站得住；三是引了完整的材料，使讀者可以放心，如果截取幾句或一小段材料，讀者有時就會擔心被截掉的部分裏是否還有有用的材料，或者是否有與你的觀點根本相矛盾的材料。所以我寧可引得完整一些。當然，這樣一來，讀者也許會感到有點繁瑣。然而我認為充實的材料，是一部學術性著作的基石，資料貧乏的書，往往它提出的結論也就會顯得空洞無力。

我的這部書，基本上是在每天的深夜或凌晨斷斷續續寫出來的，寫出稿子後，我實在没有時間抄寫了。這項艱苦的工作，是由丁正良同志給我承擔的，老友江辛眉同志的兒子江宏同志，幫我謄録了另外一部分稿子。對於他們的辛苦，我由衷地表示感謝。

特別要謝謝老友楊廷福同志在百忙中為此書撰寫後序，使這部謭陋的不成熟的作品，生色不少。

學無止境，我衷心希望別的同志能在這個問題上作出新的成績來，更盼望得到同志們的批評指正。

一九七八年九月二十一日夜一時寫畢於寬堂

又記

最近我高興地見到了曹儀簡同志，並聽他詳述了這兩部《宗譜》的收藏經過，使我對這部《宗譜》的來龍去脈更為清楚了，我因此請儀簡同志把他講的情況寫成文字，以供讀者參考。現引録如下：

《五慶堂重修遼東曹氏宗譜》是在清同治年間由五慶堂重修的。所謂『五慶堂』，是因為清保有五個兒子叫：惠慶、溥慶、榮慶、積慶、裕慶。當時五慶堂的地址是在北京順治門城根松樹胡同老宅，光緒年間族人賣掉老宅，在兵部窪胡同立了祠堂，委託我的父親曹麟（第十八世）承祀。祠堂裏有神主四十二座，曹良臣、德先、仁先、義先等影像十二幀，遼東曹氏族譜世系表一份，定陶曹氏族譜一部，生辰忌日録一册，徐世昌書『彤管揚輝』横匾一幅，華世奎書對聯一副。聯語曰：『節用愛人能得國，正心誠意乃修身。』再有就是這部《五慶堂重修遼東曹氏宗譜》和《賜序遼東曹氏宗譜》。一九二？年，族人又賣掉兵部窪祠堂，上述資料就收藏在我父親曹麟手中，一九四二年我父親去世，此後二十一年中，家境變遷較大，其間一九四七年至一九六三年因寄居在西單宏廟胡同岑家，按舊的禮法，宗譜是不能進另姓正室的，所以，譜系資料就只得放在一間破爛堆房裏，後來堆房又被佔用，又把資料放在廊沿下角落裏，而神主則被嗣出的哥哥曹儀策全部拿去賣掉。直到一九六三年夏，為了紀念曹雪芹逝世二百周年，在王昆侖副市長親自主持下，北京市文化局組織了『紅樓夢調查組』，遍歷東北、華北各省作了廣泛的調查，在查譯清宮滿文檔案上尤其花了很大的功夫。北京市文化局馬希桂同志查遍了北京的曹姓，最後找到我家，纔從廊沿下角落裏把上述譜系資料找出來。十六個寒暑，數度播遷，這兩部譜系資料雖幾至泯滅，但終於保存了下來。當時我們就獻出了大本的《五慶堂重修遼東曹氏宗譜》，王昆侖副市長親自選贈『光緒賞瓶』以為紀念，《賜序遼東曹氏宗譜》并影像等就交給我收藏。在文化革命期間，我見到已獻出去的那部《宗譜》保存在北京市文物保管部門，而且還經過毛主席過目，所以就下決心將自己保留的這部《宗譜》一定要好好保存下來，我輾轉託存，多處覓地收藏，最後交給了黨支部收存，終於幸運地把它保存了下來。以上就是自同治迄今，這部《宗譜》保存下來的經過。如果要説這兩部《宗譜》的保存者或收藏者，那就是我母親王淑貞和我。我哥哥曹儀策是早已出嗣的，他從來也沒有保存和收藏過這兩部《宗譜》。

我聽了他的講述和看了他寫給我的這篇文章，想到還有幾點意見要説一説：

一、我最初見到此譜的另一抄本，是承曹儀策同志借給我，並承他親自將此譜送到我家裏，我纔看到的，因此我曾一度以為曹儀策同志就是此譜的收藏者，聽了曹儀簡同志的口述和書面意見，我纔瞭解以上這許多曲折過程。我認為曹儀簡同志和他的老母親王淑貞老太太，對保存此譜是有貢獻的。特別是一九六三年將此譜的正本慷慨地獻給國家，没有接受國家的報酬，僅僅由國家贈送給他一件『光緒賞瓶』，這個『賞瓶』已在『文化大革命』中被打碎了，王淑貞老太太和曹儀簡同志實在是保護此譜的功臣，而他們將此譜正本無條件地獻給國家的行動，更是值得我們稱道的。按照此譜的譜系來看，曹儀簡同志是屬於三房，我們知道曹雪芹是没有後代的；那末，現在三房的後人曹儀簡，也就是曹雪芹的堂房後代了。

二、曹儀簡同志講到原先他們家還藏有《定陶曹氏宗譜》。這是一個極為重要的綫索，我認為遼陽曹氏的來源，很可能就是出於山東定陶，因為當時遼東半島上的曹姓，有很大一部分是從山東遷去的。這樣就徹底弄清了曹雪芹上世的來龍去脉。當然定陶位於山東的西南部，離靠海的山東半島較遠，但既然他們家一直保存着《定陶曹氏宗譜》，那末，這個定陶曹決不可能與他家的上世無關。若果如此，那末，他們遷往遼東半島的途徑，也可能是先從定陶經山東半島，然後過海到遼東半島的遼陽，或者在到遼陽以前先在靠海的地區如金州等地定居過一時。以上雖然屬於推測，但這個《定陶曹氏宗譜》確實是很能説明問題的。

三、康熙二十三年于成龍纂修未刊稿本《江寧府志·曹璽傳》説：『曹璽，字完璧，宋樞密武惠王裔也。及王父寶宦瀋陽，遂家焉。』康熙六十年刊唐開陶纂修的《上元縣志·曹璽傳》也説：『曹璽，字完璧。其先出自宋樞密武惠王彬後。著籍襄平。』這兩篇重要傳記都説曹璽是『宋樞密武惠王彬』的後代。《浭陽曹氏族譜·曹氏宗祠碑記》説：『曹氏發源於真定靈壽武惠公彬佐宋定天下，由乾德至咸平出入將相，仁恕清慎，美不勝書。爵魯公，追封濟陽王。公有七子：璨、珝、瑋、玹、玘、珣、琮皆顯官，瑋名尤著，與公并圖形昭勳崇德閣。五傳至孝慶公，公生南宋之世，以朝散大夫知隆興府即豫章，今江西南昌府，遂家焉。生子二，長善翁，一名浩，字天其，登進士第。當宋元之際，卜居新建縣之武陽渡。次美翁，別居於進賢縣。曹氏之由靈壽而南自孝慶公始也，故曹氏之祖即推孝慶公為一世。傳至四世，端明公字伯亮，於永樂年間偕弟渡江而北，卜居豐潤縣之咸寧里，弟就遼東之鐵嶺衛。曹氏之由武陽而北，自伯亮公始也。』以上三段有關的材料，都談到了曹家最早的始祖是北宋開國功臣曹彬。但是在這些史料面前，卻有重大的分歧。『豐潤說』依據後一材料及其他與此有關的材料①，認為曹氏從河北真定靈壽南遷至江西武陽渡，再遷至河北豐潤，再遷至遼東鐵嶺。然而此說的致命弱點是鐵嶺曹與曹錫遠的關係無法得到文獻的確證，從鐵嶺曹到遼陽曹錫遠這之間的一段史實無法得到實證，因而此說本身斷了綫。『遼陽說』則是據上述兩篇傳記以及還有更多的有關材料，其中特別重要的是《五慶堂譜》和在遼陽發現的兩塊曹振彥銜名碑和一塊《五慶堂譜》上人曹得選、曹得先、曹世爵銜名碑，根據以上材料，確認曹雪芹的上世籍貫是遼陽，後又遷瀋陽。然而此說遼東曹與上代的靈壽曹也還連接不起來。對待以上兩篇傳記，我只注意它講的『著籍襄平』，『宦瀋陽，遂家焉』，而不注意『宋樞密武惠王裔』，這仍然不是全面地辯證地去掌握和研究史料，這種對待史料的態度，仍舊不够實事求是。但是這次由於曹儀簡同志於無意中回憶到『文化大革命』以前，宗祠中還藏有一部《定陶曹氏宗譜》，這纔使我恍然大悟，

① 參見《紅樓夢新證》第三章第一節，附記所引李西郊一文，詳引了《浭陽曹氏族譜》的材料，本節中還有許多觀點與上述材料大體一致的史料。

遼東曹是山東曹遷去的，但這個山東曹又是從哪裏來的呢？為了徹底弄清問題，我又認真查閱了《浭陽曹氏族譜》。在卷三《譜世》下載：始祖孝慶，子二：善翁、美翁。第二世：善翁，字天其，子二：子義、子華。葬辟邪曹家山，始由豫章徙居今南昌府新建縣之武陽渡。美翁，子二：子玉、子田。玉卜居進賢，田卜居山東，因字號功名仕宦配氏俱失載，不詳。第三世：子義，子三：端可、端明、端廣。子華，子一：端奇。第四世：端可，子二：孔直、孔方。端明，字伯亮，永樂二年占籍豐潤，為北曹始。端廣，占籍遼東，後人失載。端奇，子一：孔德。看了以上這些材料，我纔明瞭，曹氏南遷後的子孫，又分為：江西系、山東系、豐潤系、鐵嶺系四系，李西郊的文章裏不提山東系，是重要的遺漏，同時後三系實際又是由南北遷了。我們要指出這個『卜居山東』的曹子田，一直被研究者們忽視了，我認為他就是定陶曹氏之始祖。他的後人，再由定陶遷居到遼東的遼陽和瀋陽。這樣，從靈壽曹彬一直到遼陽的曹振彥纔全部接上了綫。因此遼陽曹錫遠、曹振彥最早的老祖宗確是曹彬。也因此，我們對康熙時期的兩篇《曹璽傳》所提到的曹彬之後和『著籍襄平』這兩者，纔能作出歷史的統一的理解。

四、曹儀簡同志的回憶文章裏提到他所藏的《賜序遼東曹氏宗譜》。這部《宗譜》實際上與他獻出去的《五慶堂重修遼東曹氏宗譜》是一樣的，詳細情況我已在本書裏作了説明。那部正本的封面上寫着『恭請叩求賜序』的字樣，家藏的一本因為是作留存用的，所以就不必寫『恭請叩求』四字，而只寫《賜序……》，事實上那部正本前面至今還空了三十多頁空白頁，沒有求到同治皇帝的『賜序』。至於兩譜的全部正文，如前所述，完全是一致的，只有極少的地方是因為兩譜後來各自有個別文字的改動，略有差異，但這種差異是後起的差異，不是原書的根本不同。因此，我認為這兩部《曹氏宗譜》的價值也是相同的。

五、曹儀簡同志提到的五慶堂舊址等情況，也極為有用，它幫助我們瞭解了五慶堂的歷史情況，增加了對此譜的歷史真實感。文章中提到的曹良臣、曹德先、曹義先、曹仁先的影像，與曹儀策同志，還有一九六三年『曹展』時看到這些影像的曹孟浪、馬希桂等同志的回憶也是一致的。曹良臣的影像，曹孟浪同志還曾拍了照片，前年承曹孟浪同志見惠，我現在手裏還保存有孟浪同志拍攝的曹良臣的影像的照片，只是因為曹良臣確非此譜的始祖，所以我没有在我的書中刊用此像。

由於曹儀簡同志的見訪，使我深深感到做學問必須有認真踏實的作風，必須實事求是，必須堅持實踐檢驗的精神，必須認真做好調查研究工作，陸放翁詩説：『紙上得來終覺淺，絶知此事要躬行。』確實，如果光憑紙上的一點材料，不與實際的調查研究結合起來，知識就不會很深很全面，因而也就難免會有主觀片面和形而上學的毛病。我仍希望能不斷得到廣大讀者和專家們的指教。

一九七九年五月九日又記於寬堂

增訂本後記

本書自初版至今，已經十六年了，近幾年來，在一片曹雪芹祖籍的喧鬧聲中，不少同志要尋找本書，可惜出版社早已賣完，我手頭也無存書了，面對着學術界和紅學界的要求，我只有感到歉然！

感謝文化藝術出版社的領導願意出版本書的增訂本，這當然是我久已盼望的，因為十六年來，紅學確實有了很大的進展，有關曹家的史料也發現了一批，如果再不增訂，就實在太遺憾了。

本書附録的《校訂五慶堂重修遼東曹氏宗譜》，是迄今為止惟一的一部有關曹雪芹上世家世宗派的珍貴歷史文獻。在曹雪芹自身的資料非常缺乏的情況下，我們還能保存他上祖百年以來直至他父、祖輩的世系宗譜，這實在是太難得太珍貴了。單憑這一件珍貴的歷史文獻，就使得我的這部小書，自然地增加了它的學術分量。

本書還附録有關曹家家世和曹寅、李煦等人的資料，大部分是轉引自《關於江寧織造曹家檔案資料》和《李煦奏摺》兩書，還有一部分是録自《歷史檔案》和《紅樓夢學刊》。這些都是有關曹家的非常重要的歷史文獻，研究曹雪芹是不能離開這些文獻資料的。

本書刊用的圖版，大部分是初版時由本人拍攝的，其中《大金喇嘛法師寶記碑》是本次重拓和重拍的，其餘除删去一部分外，多是沿用初版時的圖片，謹向原提供協助的有關單位和同志，表示深切的謝忌。

一九九六年五月三日於京華瓜飯樓

三版後記

本書三版，承老友張書才兄和任曉輝學弟代為校核，至為感謝。

我的助手高海英又為我找到原始資料，一一查核，又糾正了不少錯誤。古人説校書如掃落葉，此話一點也不假。

此書卷帙浩繁，引用文獻極多，估計還會有錯誤，我自當見錯必改，以謝讀者！

新得雍正五年范時繹的貢墨一錠，范時繹是江南總督，奉命於雍正五年十二月二十四日查封曹家家產，這錠墨，也可算是有關曹家敗落的一件實物，彌足珍貴，况雍正朝存墨不多，尤為難得。

去年秋末，我又重訪了涞水張坊鎮沈家庵村的五慶堂曹氏墓地，墓地依然如故。我又重拍了照片。特別是意外地得知怡親王墓也離此不遠，汽車行程不過半小時多一點，我們決定去尋訪，終於找到了怡親王墓。墓的大致規模還在，墓的石牌樓還巍然屹立，巨大的神道碑和雕刻精致的華表也完整無損，墓前的金水橋也在；

但墓已被發掘，只剩下一個深坑，其他片瓦無存。據説是抗戰時期被盜的。因為怡親王與曹家的關係非比一般，何況他還留下來一部最早的《石頭記》抄本（已卯本），所以我將拍攝的照片：牌樓、神道碑、華表也載入本書，以資讀者想像。這些新增的圖片，是海風為我製作的，併此道謝。

謝謝文化藝術出版社的領導和責編的支持，使此書得以三版。

二〇〇七年二月九日

二〇〇八年十月十六口三校後記

新版後記

本書改為繁體豎排後，幸得老友張書才、朱玉麒兩兄各為重校一遍，青島出版社的董建國和杨慧同志，也細校了一遍，最後由我核校，今晚剛好核校完畢，我在核校過程中，發現了前三版遺存的差錯，這次重排校對時，基本上將前三版的遺誤糾正了，使我長期以來對讀者的歉疚心情，亦可畧得寬緩。

本書的三張世系表，在二版時出過重大差錯，直到文化藝術出版社三版重排時，纔被我意外發現了，因而全部重做，但还並不理想。此次改為繁體直排，這三張世系表，是由我的助手高海英據我的原稿，花了很大的功夫，纔重新準確改製完成的，她還幫助我作了本書最後的核校，使我終於能放下心來。

古語說：『校書如掃落葉。』近百萬字的書稿要做到一字不錯，實在是件難事，儘管我們用了很大的力氣，也不敢說此書無一錯別字。昔年我有一詩云：『年來老眼已漸花。看字飛蝱黑影遮。一字校定浮大白，風前落葉忽新加。』現在我的眼睛已遠不如前，杜甫說『老年花似霧中看』，現在我真正是整天霧裏看花，如果不是友人和編輯的努力，是不可能有現在的成果的，所以我從心底裏感謝以上各位朋友。昨天剛好有一位朋友送一本他主持編排的書來，他本來是想做到無一字之差的，可偏偏出了一個錯字，他居然竟為此一字之錯，拆毀重印了五百本，其餘各本印一張更正此一字之差的夾條。他送我三本，一是有一字之錯的本子，二是拆毀重印的本子，三是夾更正條的本子。他對我說，看到了這個錯別字，整天的感覺就像吃了一個蒼蠅，心裏非常不舒服，直到重印五百本和夾更正條後，心裏纔算寬緩過來。我聽了這段話，真如聞空谷足音，心胸為之大快。這件事是真的，這本書的名字叫《藝衡》，今年第四期，改正後的書剛剛出來。我寫這段文字是為了與同仁們共勉，要相信世上癡人是有的，癡人也就是真人，就與我接觸的範圍來說，這樣的人真不少，我願與大家都做一個癡人！

二零一一年五月十二日夜一時，
於石破天驚山館，時年八十又九